民事訴訟の仕組みと理論

小嶋 明美
KOJIMA Akemi

Theory and Mechanism of Civil Procedure

北樹出版

改訂版はしがき

　債権法改正（2020年4月1日施行）に伴う民事訴訟法の判例等変更、民事訴訟のIT化に伴う改正（令和4年5月25日公布。施行日は各条文により異なる。）により、本書も改訂が必須となった。

　改訂までのスケジュールは、筆者にとっては厳しいものであったが、それを可能にしてくださった学生さんがいた。ある年の創価大学通信教育部のスクーリングにおいて、とても丁寧に本書を読み込み、誤植（自らの校正ミス）を指摘してくださった。誤植は恥ずかしいことながら、スクーリング授業の範囲は限られているのに、すべて読み込んで臨んで下さったこと、とても興味深く楽しく読めたと言ってくださったことは、たいへん有り難く、嬉しかった。改訂できることになったら、お礼を申し上げたいとずっと思っていたが、ここでしか申し上げる術のないことに忸怩たる思いである。

　改訂に際し、初版同様、少し残念なのは、ほんとうは複雑訴訟まで書きたいところ、頁数に制約があることから叶わなかったことである。また、出版事情から、同一価格の下でハードカバーからソフトカバーへと変更することになった。しかし、この点は、学生さんにとっては重みが減るという利点もあると考えている。

　厳しい出版事情の中、本書の改訂をお引き受けくださった株式会社北樹出版と、初版に引き続き、改訂版もご担当くださり、たいへんお世話になった編集部の古屋幾子さんに心よりお礼申し上げたい。

　2023年秋

小嶋　明美

はしがき

　民事訴訟法は、私的生活関係の中で揉め事が生じ、国家機関である裁判所に紛争が持ち込まれた場合に、どのようなやり方で解決が図られるのか、そのルールであり、民事訴訟では、身の回りで起こる身近な出来事が対象となる。けれども、民事訴訟それ自体はちっとも身近ではない。テレビドラマでみることのできる法廷のシーンも、大学等で行われる模擬裁判も、たいていは刑事裁判である。また、民法等の民事実体法は、事故に遭ったときには、「損害賠償を請求できるだろうか？」、買い物をして品物に不本意な点があったときには、「返品できるだろうか？」、婚姻生活がうまくいかないときは、「慰謝料は、子供の養育費は払ってもらえるだろうか？」等々といったように意識に上ることはあろう。しかし、では、それを裁判にと、民事訴訟法の領域に入ると、日常を超えたものとなる。

　要因はそれだけではないであろうが、民事訴訟法は難しいと言われる。また、学生の頃、「眠素」と呼ばれるのだと教授から伺った。自分で授業するようになってからは、熱心に学ぶ学生から「難しい。」と訴えられれば、何とかしたいと努力してきたし、「民訴が面白くなってきた。」と言われれば、とても嬉しかった。そして、このたび、本書を書くにあたって、初めて民事訴訟法を学ぶ人にも、わかりやすく書くことを目指さなければならないと思い、方針をいろいろと考えた。

　難しいと感じられそうなことは書かずに、理解したと自信をもたせて次のステップに上っていただくという方法もあるだろうが、大学生が学ぶ学問である以上、それは避けたいと考えた。現在は法科大学院で教鞭をとるが、法学部だけでなく、学部も多様な大学で民事訴訟法を教える機会をもたせていただいた。学ぶ側のモチベーションにより、どのような教授法が適切であるのかは確かに異なるが、民事訴訟法を学んでいただく以上、教えなければならない内容は変わらないはずだと考える。

　柔らかい言葉で書く、リアルに身近に感じられるように書くということ、こ

れが望ましいことは確かである。また、理解できないもどかしさから解放するために、基礎から議論の詳細までひとつひとつ丁寧に書く、詳しく書く、というのもひとつの方法である。しかし、柔らかい言葉で、また、リアルに書くということは、それなりの分量を要することになる。ひとつひとつ詳細に書いて行くことになれば、やはり当然ながら大部のものになる。モチベーションが相応に高くないと、通読していただき、全体として理解していただくことは難しくなるであろうと考える。語学を学ぶときの辞書のように、困ったら、その箇所を読むと必ずわかるという本はとても貴重である。また、ある程度の力がつけば、そのような本も読みこなせるようになる。

　しかし、私が本書で目指したのは、早春の森のような概説である。「木をみて森をみず。」は、とりわけ民事訴訟法ではよろしくない。全体としての仕組みと手続の流れを理解しつつ、理論を学ぶ必要がある。次に、個々の手続・制度を一本一本の樹にたとえるなら、枝振りまではしっかりと書きたい。だが、葉を生い茂らせると森全体を見失う、あるいは見通せなくなりそうである。望ましいのは、芽吹かせて、葉の茂る枝が想像できるような理解に達することである。本書を読みながら、「ここに芽があるな、このあたりの議論をもっと知りたい。」と思われたなら、とても嬉しい。

　本書は、実は、1年前に出版の予定であったが、約束を果たせずに1年遅れとなった。北樹出版の木村哲也社長にはご心配、ご迷惑をおかけし、たいへん申しわけなく、心よりお詫び申し上げたい。また、編集部の古屋幾子さんには、多くのご教示をいただき、とても心強く有り難く、感謝の気持ちでいっぱいである。

　最後に、非力でしばしば仕事が能力を超えてしまう私を支えてくれる夫にも感謝の気持ちを述べたいと思う。いつもありがとう。

　2013年冬

小嶋　明美

4

目　　次

凡　例

法令略語一覧

条文のみ	→	民事訴訟法
一般社団財団	→	一般社団法人及び一般財団法人に関する法律
会更	→	会社更生法
会社	→	会社法
下裁管轄	→	下級裁判所の設立及び管轄区域に関する法律
家事	→	家事事件手続法
規	→	民事訴訟法規則
行訴	→	行政事件訴訟法
刑訴	→	刑事訴訟法
憲	→	日本国憲法
戸	→	戸籍法
債権回収	→	債権管理回収業に関する特別措置法
裁	→	裁判所法
裁判外紛争解決	→	裁判外紛争解決手続きの利用の促進に関する法律
自賠	→	自動車損害賠償保障法
借地借家	→	借地借家法
商	→	商法
消費契約	→	消費者契約法
人訴	→	人事訴訟法
信託	→	信託法
製造物	→	製造物責任法
建物区分	→	建物の区分所有等に関する法律
仲裁	→	仲裁法
手	→	手形法
特許	→	特許法
破	→	破産法
非訟	→	非訟事件手続法
不登	→	不動産登記法
弁護	→	弁護士法
民	→	民法
民再	→	民事再生法
民執	→	民事執行法
民訴費	→	民事訴訟費用等に関する法律
民調	→	民事調停法
民保	→	民事保全法
労審	→	労働審判法

条文は以下のように記す。
115条1項4号　→　115 I ④

判例略語一覧

最判	→	最高裁判決
最決	→	最高裁決定
○○高判	→	○○高等裁判所判決
○○高△△支判	→	○○高等裁判所△△支部判決
○○高決	→	○○高等裁判所決定
○○地判	→	○○地方裁判所判決
大判	→	大審院判決
民集	→	最高裁判所民事判例集大審院民事判例集
高民集	→	高等裁判所民事判例集
下民集	→	下級裁判所民事裁判例集
裁判集民	→	最高裁判所裁判集民事
民録	→	大審院民事判決録
家月	→	家庭裁判月報
金判	→	金融・商事判例
金法	→	旬刊金融法務事情
判時	→	判例時報
判タ	→	判例タイムズ
訟月	→	訟務月報

民事訴訟の仕組みと理論

12

第1章　民事訴訟とは

1　実体法と手続法——民事訴訟の領域

　お金を貸したのに返してもらえないという場合には、返せと言える権利（債権）がある。返すと約束をして金銭を借りた者は、約束の期限になったならば、返さなければならない。民法 587 条には、その定めがある。このように、権利・義務という法律関係の内容を定める法が実体法である。

　しかし、民法上は貸した金を返せという権利が認められているとしても、相手が返さない場合には、力ずくで取り戻すというわけにはいかない。我々の社会では、自らの実力により権利を実現すること、自力救済は認められていない。その代わりに、金を貸したと主張する者（債権者）は、借りたと主張される者（債務者）を被告として裁判所に貸金返還請求の訴えを起こすことができる。権利があると主張する者に果たして本当に権利があるのか、国家機関である裁判所が法に定められた手続に則り判断する。民法等の実体法で定められた権利を実現するためには、裁判所は、民事訴訟法に基づく手続により審理し、原告の主張する権利があるのか否かを明らかにする必要がある。

　民事訴訟法は、どのように裁判をするかという裁判の方法・手続を規律する手続法であり、民事実体法で定められている権利義務関係を明らかにする順序・次第を定めた法である。貸金返還請求訴訟においては、裁判所は、民事訴訟法に定められた手続による審理の結果、民法 587 条により債権が認められると判断するときには、「被告は、原告に対し、金〇〇万円を支払え」という判決を言い渡すことになる。狭義の民事訴訟法は、民事訴訟法、民事訴訟法規則によって規律されるこの判決手続を意味する。

　また、裁判所の判断が示されても債務者が従わず、金銭を返還しない場合に

は、債権者は、判決に基づき、債務者に対して民事執行法により強制執行し、債務者の財産を強制的に換価して支払わせることができる。広義では、このように権利義務を実際に実現する民事執行法、さらに民事訴訟や強制執行を補完する民事保全法、包括執行手続である倒産法等も含めて民事訴訟法と言う。

　そのほか、特別手続として、金銭その他の代替物または有価証券の一定数量の給付を目的とする請求権について、簡易迅速な確定を行うための督促手続、手形金などの請求についての手形小切手訴訟、60万円以下の金銭の支払いを求める請求についての少額訴訟、婚姻または親子などの人事法律関係に関する人事訴訟があり、それぞれ、事件に即した手続となっている。

②　民事訴訟の対象──民事紛争とは何か

　では、民事訴訟では、どのような紛争を解決するのであろうか。貸したお金が返ってこない、売買代金が支払われないといった金銭上の揉め事から、事故により被った損害の回復を求めるもの、相続争い、離婚等感情に深く纏わるトラブルまで、その対象となる紛争は様々である。しかし、それらはいずれも民法、商法などの私法によって規律される「対等な主体間の身分上または経済上の生活関係に関する事件」であり、このような民事の領域は私的自治に委ねられている。民事訴訟の主要な対象である財産権は、それぞれの意思に基づく処分に委ねられるとともに、自らの意思による権利処分の結果については自己責任として拘束を受ける。そして、この考え方は、訴訟外のみならず、そこで生じた紛争解決の場としての民事訴訟手続においても妥当するものと考えられ、民事訴訟では当事者の意思が尊重される仕組みとなっている（→第5章②、第8章③）。

③　民事紛争の解決方法
──紛争解決制度・手続の多様性とその選択の自由

　私的自治に委ねられる民事の領域では、紛争の解決方法も裁判に限られな

い。揉め事は嫌だとして諦めることによっても争いは止む。例えば、借地借家のトラブルで、争いを避けるべく、賃貸人の言うとおりに引っ越しをするという形で、納得したわけでも、本意でもなく争いに終止符を打つことも、当事者がよしとするのであれば構わない。

　また、紛争の渦中にある当事者同士、直接に交渉して合意により解決することも、もちろん認められる。当事者間で納得が得られ、その意思で解決がなされるのであれば、後々に禍根を残さないという意味でも望ましいと言えるし、仮に完全に納得したのでなくとも、紛争を長引かせるよりは、相応のところで解決する方が利益となるといった判断により、手を打つといったことも認められてよい。しかし、感情の問題も絡み、合理的な利害得失の判断により終息させることのできない揉め事もある。

　当事者間で自主的な解決に至らない場合には、第三者を介在させることが考えられ、我が国には、自主的・任意的解決のための中立的解決機関として訴訟以外にも多様な解決方法がある。しかし、自主的・任意的解決のためには当事者双方に自主的な解決に向けた意思、意欲が必要であり、それらを欠くために、または、双方の対立が埋まらず、最終的に合意が得られずに解決に至らない場合もある。強制的解決制度である民事訴訟制度が必要とされる所以である。

　民事訴訟においては、紛争を国家機関である裁判所で解決することを望む当事者が訴えを提起することにより、被告は応訴の意思のあるなしにかかわらず、手続に組み込まれる。当事者間に合意が成立しなくとも、裁判所は判断を下すことにより紛争を解決する。

　そして、先に述べたとおり、民事紛争は、離婚、親子といった感情や血縁に関わる争い、相続のように感情にも金銭的利害にも関わる争いもあれば、純然たる金銭トラブルもあり、紛争も多様である。また、同じ類型の紛争であっても当事者間の対立の度合いも、紛争自体の複雑さも異なるであろう。民事紛争の解決にあたっては、当事者は紛争解決方法の中から当該紛争に相応しいものを自由に選択することができる。

④　訴訟と ADR（Alternative Dispute Resolution）

1　紛争解決機関

　訴訟、裁判のほかにも民事紛争の解決方法はいろいろある。訴訟によらない解決方法を ADR（裁判外紛争解決方法、代替的紛争解決方法）と呼び、狭義では組織や手続が法定されたものに限り、広義では、それに限らず、調停、あっせん等といった手法によるものを言う。

　訴訟は国家によって設営され、法律専門家によって主宰されるものであるのに対し、ADR の設営主体は様々である。設営主体の違いにより、司法型、行政型、民間型に分類することができる。

　例えば、民事調停、家事調停は司法型である。訴訟上の和解も司法型の ADR として分類されることもある。裁判所の関与はあるが、いずれも当事者の互譲による自主的紛争解決方式である。裁判所における調停は、民間機関の調停とは異なり、一方当事者の意思で開始可能である。手続の主宰者は、裁判官または民事調停官や家事調停官と 2 名以上の民間人とで構成する調停委員会である（民調 5）。民事調停、家事調停においては、第三者たる手続の主宰者は、紛争当事者に解決案を提示し、紛争解決に協力するという形で当事者間に介在していく。具体的な紛争の実情に即して妥当かつ現実的な解決を図り（民調 1）、当事者の合意が成立すれば調書に記載し、それにより確定判決と同一の効力が生ずる（民調 16、267）。そのほか、裁判所で行われるものとしては、訴訟開始前に当事者双方が簡易裁判所に出頭して行う起訴前の和解（275 即決和解）、既に開始されている訴訟手続の中で行われる訴訟上の和解（89・264・265・267）がある。起訴前の和解は、金銭、その代替物、有価証券以外の給付を目的とする請求については執行証書（公正証書。強制執行のために必要とされる文書であり、強制執行によって実現されるべき請求権が存在すること、その内容について公証する文書である。執行官はそれに基づいて強制執行することになる。）は債務名義と認められていないことから、簡易な債務名義作成の手段として使われている。

　行政型の例としては、公害等調整委員会は公害に関わる被害についての民事上の紛争の調整にあたる。あっせん（和解契約の締結を促す。）、調停、仲裁及び

裁定を行い、裁定後 30 日以内に損害賠償に関する訴訟が提起されないときは、裁定内容と同一の合意が当事者間に成立したとみなされる。裁定資料は職権により収集され、裁定委員会の事実認定は裁判所を拘束する。労働委員会も、あっせん、調停、仲裁を行い、労働争議の調整にあたる。建設工事紛争審査会も、あっせん、調停、仲裁を行い、工事完成引渡請求、瑕疵修補請求、未払工事代金請求等の請負契約に関する紛争を扱う。それぞれ、扱う紛争は専門性を有している。利用数は、年間、それぞれ数十件程度である。

　紛争解決も民営化され、弁護士会による仲裁センターはあらゆる種類の紛争を対象としている。交通事故紛争処理センターは、航空機・船舶・鉄道関係の事故を除いた陸上の交通事故に関する事件を対象とし、相談から和解あっせん、審査裁定まで無料で行っている。当事者は保険会社の担当者と被害者であり、嘱託弁護士が担当し、相談の段階では法的知識を被害者に供し、対等な交渉になるよう後見的役割を果たす。交互面接方式により、和解が成立しないときは当事者の一方の希望により審査手続が開始され、裁定を被害者が受諾したときは保険会社は尊重するとの協定が結ばれている。訴訟への移行は、損保協会を通じた訴訟移行の書面による申立てをセンターが認めた場合にのみ許される。

　また、医薬品、化学製品、ガス石油機器、家電製品、化粧品、自動車、住宅部品、玩具、建材、生活用品、プレジャーボート及び防災製品の各種 PL センターも製造物責任関連事故の紛争解決にあたっており、それぞれ相談、苦情処理、あっせん、審査等を行っている。

2　手　続

　手続について言えば、民事訴訟は、原則として公開の法廷で、中立公正な裁判官の面前で、口頭審理、直接審理、双方審尋、適時提出、集中審理等の手続ルールに則り、両当事者の主張・立証活動を中心に展開される。慎重で厳格な仕組みとなっている。それに対し、ADR は、事案の専門性に応じ、その手法も交互面接方式を採用するなど柔軟、簡易な方式が採られ、手続・解決内容を非公開とすることも認められ、また、一審制で行われる等、手続の厳格さより

も迅速が優先されている。

3　解決基準

　解決基準について言えば、訴訟は、あらかじめ定められ、公示されることにより確知された法を基準とする。近代国家においては、神に祈って籤を引かせたり、決闘によったり、あるいは長老の判断に委ねたり、大岡裁きのようなことは行われない。取引の中でトラブルが生じたときに、裁判が行われてみなければ、どのような結果となるのか全くわからないというのでは、経済活動を安心して行うことはできないからである。あらかじめ定められた法律を個々の具体的事件に適用して裁判を行うことにより、はじめて予測可能性のある裁判が可能となる。法律による裁判、実体法を基準とすることは、我々の社会に求められる予測可能性ある裁判のために必要不可欠なことである。

　それに対し、ADR は必ずしも、実体法を基準としない。法の支配を外れるということではないが、条理に適い実情に即した解決を求め、実定法規範の排他的拘束力を廃し、衡平、常識等を基準とする。訴訟が実体法を基準とし、一刀両断の解決を導くのに対し、ADR はコストをも踏まえたオールオアナッシングでない中間的な解決を可能とすると言われる。問題や紛争が起きたときに法を用いて対処する傾向を法化と言うが、私人相互間の自主的な取決め、合意に依拠したインフォーマルな調整による問題解決など、自治型法による私的な秩序付けを重視したり（非法化）、訴訟によって白黒つけるよりもインフォーマルな話合いで円満に紛争を解決することが日本人の国民性に合致している（反法化）と ADR は推奨されもするが、ADR においても、法は無論意識されており、弁護士等の法律専門家が解決にあたることも多い。

4　解決の基礎

　訴訟は、国家権力を基礎とする強制的、他律的紛争解決方式である。一方の申立てによって手続は開始し、当事者の合意が成立せずともその手続の結果に拘束力が生ずる。「紛争あるところに裁判あり」、「人間社会のあるところ必ず紛争あり」。紛争の解決はその社会にとって必然的な課題となる。ゆえに、紛

争解決のための社会的機構（裁判所）が設けられる。

　対する ADR は多様であるが、当事者間の自律性、主体的解決を重視し、当事者の合意を解決の基礎とする自律型紛争解決システムである。手続主宰者たる第三者の役割としては、率直な意見交換の場を作り、争点に関する専門的知識・情報を提供し、助言を与えることにより対立を和らげ、あるいは乗り越えさせる等し、当事者の意見を中立的な立場から調整する。しかし、ADR でも裁判所で行われる調停では、手続主体たる第三者は、正しい判断を提示し、説得にあたるという働きかけの仕方をし、それは司法判断（判決）の先取りの意味も有する。このような主体性と自律性のあり方は、日本人の特色であるとも言われるが、裁判所に対する信頼に裏打ちされており、優れた紛争解決機能を発揮している。いずれにせよ、裁判所における調停も含め、こうした任意的、自律的解決は、前述のように話合いの基盤、合意形成の可能性があってはじめて成り立つものである。

　また、これらは合意のあり方により、手続の開始に合意を要する裁断型と手続の決着に合意を要する調整型とに分けることができる。調停は後者の調整型にあたり、前者の例としては仲裁がある。仲裁とは、一定の法的紛争に関する審理を第三者に委ね、その判断に従うとする仲裁契約に基づいて行われる紛争解決手続である。主宰者は仲裁人であり、当事者があらかじめ供えられた名簿の中から選任し、仲裁人は、仲裁契約を前提として、訴訟における裁判官のように審理、判断を行う。この点、当事者が調停案を受け入れるか否かの決定権を有する調停と異なる。手続は、仲裁法の強行規定に反しない限り合意によることができ、一審限りであり、仲裁判断には確定判決と同等の効力が付与される（仲裁45）。また、同じく裁断型に分類されようが、交通事故紛争処理センター、公害等調整委員会等で行われている裁定は、仲裁と異なり事前の合意がないままに手続を開始できる反面、事後的に第三者の判断に対する異議申立て、または、訴え提起が認められる。

⑤　民事訴訟制度の特色

1　実体法との連続性

　民事訴訟は、立法・行政・司法の三権分立の下で、司法を担当する国家機関たる裁判所が、民商法等の私法によって規律される対等な主体間の身分上または経済上の生活関係に関する紛争について、終局的、強制的に解決調整するために、相対立する利害関係人を当事者として関与させて行う法的手続である。

　民事訴訟の対象は民事実体法の規律を受けるものであり、民事訴訟は実体法上の権利実現の過程であることから、実体法との連続性が求められる。しかし、また、訴訟制度が如何に適正に、公平に、迅速に、訴訟経済に副い運営されるかということについては、国家機関である裁判所も公益（国民全体の利益）の見地から重大な利害を有すること、終局的、強制的解決が要請されること、手続に関与する当事者の主体性を尊重する仕組みとなっていること、訴訟は裁判所と当事者の訴訟行為が積み重ねられて進行する手続であることから、訴訟法独自の要請が働き、実体法との連続性が保たれない場合もあり、実体法と訴訟法の齟齬は、時には解消すべく、あるいは正当化のために、解釈論を生むことになる。

2　手続の安定と任意訴訟の禁止

　訴訟は法規によって規律された法的手続であり、先行の訴訟行為が基礎となり、後の行為が積み重ねられて訴訟状態が形成されていく。よって、後続の行為が展開された後に、先行の行為に瑕疵あることが判明した場合に、その効力が覆滅することになるのだとすれば、後の行為は基礎を失い、それまでの手続をやり直さなければならないこととなる。それでは、迅速、訴訟経済の要請に著しく反する結果となるため、手続の安定を重んじ、訴訟行為については、私法行為とは異なり、瑕疵を一律に無効とはせずに、追認、補正、追完等を認め、可能な限り治癒を認め、手続を覆さないように図られている。

　また、民法では、契約自由の原則により、当事者は合意で自由に権利義務関係を形成することが認められている。しかし、民事訴訟手続の内容は概ね法定

され、原則として、当事者の合意で個々の事件に応じ手続を任意に変更することは許されていない。

　前述のように、裁判所に持ち込まれる紛争は多様であるが、その事件類型毎に手続を変えることは、個々の事件について言えば、適正、迅速な解決のために資するとも考えられる。しかし、当事者によって、事件によって手続を変えることは、時間も費用も要することになるし、裁判所に係属する事件は膨大な数に上り、それらについて公平を保ち、適正、迅速に訴訟経済にも副うよう解決するためには、定型的・集団的処理を可能とする仕組みが必要となる。あらかじめ手続は明確に定め、画一的・統一的な規定とし、その規定に従い訴訟は行われなければならないとされ、任意訴訟は禁止される。

6　民事訴訟の目的

　では、国家は、なぜ民事訴訟制度を設けて国民の利用に供したのであろうか。民事訴訟制度はどのような目的を有するのであろうか。様々な考え方がある。

　ひとつは、自力救済の禁止の代償として、私人の権利保護のために民事訴訟制度は存在するのだという権利保護説である。この見解は、裁判より先に法秩序は整っており、法の欠缺はないとの考え方を前提としており、訴権についても、当事者が自己に有利な本案判決を求める権利（権利保護請求権）であるとする。しかし、敗訴する可能性がある以上、権利の保護は、当事者の主観的な目的ではあっても、訴訟制度の目的にはならないであろうとの批判がある。

　また、反対に、社会、経済の変化に伴う司法、裁判官による法創造の必要性を認めざるを得ないと権利既存を否定し、私法秩序を維持し、その実効性を確保することを制度目的とする私法秩序維持説がある。この見解に対しては、個人の権利保護という視点が希薄となり、共同体の平和・秩序が強調されすぎるとの批判がある。訴権についても、秩序維持自体を目的とすることは、憲法の基本的人権の考え方に照らし是認できないと批判される。

　通説は、私人間の生活関係における紛争の強制的公権的解決こそが民事訴訟

の目的であり、訴権とは、有利不利を問わず本案判決による紛争解決を裁判所に対して求める権利であるとする（紛争解決説）。この見解の前提となるのは、訴訟による紛争解決の要請が実体法に先んずる、歴史的にも裁判制度の成立は実体法の整備より先であるとの認識である。しかし、この見解に対しては、裁判により紛争は真に解決されるのかとの法社会学的見地からの批判や、法治国家、「法による裁判」の考え方に悖るとの批判がある。

　また、結果よりも過程を重視し、手続保障自体に価値を見出すのが手続保障説である。当事者間の実質的公平を確保しながら論争を尽くさせることが民事訴訟の目的であるとする。

　さらに、制度の設営者からみれば、法的基準に基づく紛争解決が目的であり、利用者にとっては権利保護が目的であるというように、権利保護、私法秩序維持、紛争解決のいずれもが民事訴訟の目的であるとする多元説も登場している。そして、民事訴訟制度の目的を論ずるのは何故なのかと問い返し、制度価値を解釈論、立法論の指針とすることであると結論づける。

　民事訴訟制度の目的を論ずることは、民事訴訟を体系的に考察するために意義あることと考えられてきた。訴権論、既判力論等、基礎理論に関わることとして論じられてきた。しかし、制度目的のみからこれらを論ずることには疑問が呈され、また、個別の解釈論の指針とするにも抽象度が高すぎるとその有用性を否定する棚上げ説も現れるに至っている。

⑦　ADR の意義と訴訟の位置づけ

　ADR の意義としては、第一に、裁判所の負担が過重であることから、可能なものは ADR で扱い、裁判所での解決が適当であり、必要であるもののみを裁判所で扱うといった事件の振分けに資することが挙げられる。例えば、交通事故訴訟の多発により、その類型化が進み、過失の認定の合理的な基準による大量処理が可能となり、交通事故紛争処理センターはその機能を大いに発揮するに至っている。

　また、紛争解決の質の転換ということが言われてきた。私的自治に委ねられ

る領域においては、当事者の意思に基づく解決、納得ということを重視すべきであり、自主的、自律的紛争解決方式である ADR を活用することが望ましいと考えられるのである。

　しかし、一方で、ADR も様々であり、透明性、公平性、当事者の十分な主張・立証の機会が保障されるのか、厳密な法的判断が回避されることに問題はないのかといった懸念が抱かれる。そのため、「裁判外紛争解決手続の利用の促進に関する法律」（いわゆる ADR 法）が 2004 年に公布され、2007 年より施行され、国に ADR の拡充・活性化のための施策をとる一般的な責務を認め、民間 ADR 業務の認証制度が定められ、ADR の健全な発展を促すべく整備が進められてきた。

　では、ADR と訴訟とはどのような関係にあるのであろうか。多様な民事紛争解決制度の中で、訴訟制度はどのように位置づけられるのであろうか。ADR の健全な発展を促すために、訴訟を含めた民事紛争解決制度を有効に機能させるために、訴訟と ADR のあり方を論ずることは意義あることと考える。

　裁判が究極にあると考えるウルティマ・ラティオ・モデルによれば、合意により紛争の解決に至らなかったときには、最終的に公平な第三者である裁判官が決着をつけるのだと、訴訟の役割が極めて重視される。また、フォーラム・ショッピング・モデルによれば、民事訴訟も他の紛争解決制度と同じく紛争解決の一方法にすぎず、当事者は訴訟も含めた多様な解決方法の中から相応しいものを選択するのだと考え、訴訟と ADR の相互乗入れにも積極的な意義を認める。ほかにも、コンペンセーション・モデルでは、ADR はそれぞれ、第三者の関与の重要性、当事者の自律性の度合い等を異にし、調停、仲裁等、裁判に近いものには民事訴訟の機能を補完する役割を認め、法律相談、和解等には法律情報へのアクセス保障といった別の役割があるのだというように説かれる。

　我が国において、訴訟の本質、機能を正しく捉え、かつ、ADR の健全な発展に資するのはどのようなモデルであろうか。

⑧　司法の役割

1　法律上の争訟

　民事訴訟は、司法権の帰属する国家機関たる裁判所（憲76Ⅰ）で行われるが、国民は、民事上の揉め事であれば、どのような事件でも裁判所に持ち込むことができるのであろうか。

　司法権とは、具体的事件を裁判によって処理する国家の権能であり、法律上の争訟を法の解釈適用によって解決するのが司法権の役割である（裁3Ⅰ）。法律上の争訟とは、最高裁の判例理論によれば、①当事者間の具体的な権利関係の存否に関する紛争であって（事件性）、②法律の適用によって終局的に解決できるもの（法律性）である。

　当事者の具体的権利義務と関わりなく、抽象的に法令の違憲・無効を争うことは事件性を有するとは言えないし、住職や司祭など宗教上の地位の確認を求める等は、法律の適用による解決に馴染まない。また、金銭債権や建物明渡請求権のような当事者の具体的な権利義務ないし法律関係を訴訟物とする訴訟であっても、その前提問題となる攻撃防御方法が宗教上の教義に関わり、紛争の本質的争点となる事件についても、法律上の争訟ではないと司法による解決は否定される（最判昭和56.4.7民集35巻3号443頁、最判平成元.9.8民集43巻8号889頁、最判平成14.2.22裁判集民205号441頁）。民事訴訟においては、そのような訴えは訴えの利益（権利保護の資格）が認められずに却下されることになる。

2　司法権の限界

　さらに、国際法上、外交官には外交特権が、外交使節には治外法権が認められる限りで司法権は及ばないとされるほか、両議院の議員の資格に関する争訟、裁判官の弾劾裁判は、憲法の規定により司法による解決が排除されている（憲55・64Ⅰ）。また、憲法解釈上、①議員の懲罰や議事手続等、国会または各議院の内部事項については自律権に属する行為であるとして、②政治部門の自由裁量に委ねられると解される行為は、裁量権を著しく逸脱、濫用したと認められない限り、③「高度に政治性のある国家行為」も統治行為であるとして民

主的統制の強い政治部門の解決に委ねられ、④地方議会、政党、弁護士会、労働組合、大学等の自主的団体については、一般市民法秩序と直接関係しない純然たる内部紛争も、その自主的・自律的解決に委ねるべきであるとされ、司法権は及ばない。

3　訴訟と非訟

（1）　非訟事件の性質と手続構造

　裁判所が行う権限として認められている民事手続の中には、訴訟手続のほかに非訟手続があり、両手続はその構造が異なる。

　訴訟手続においては、処分権主義と弁論主義を基本原則とし、当事者の意思を尊重し、当事者が民事訴訟において中心的な役割を果たす。また、審理原則として、双方審尋主義、公開主義（憲82）、口頭主義（87）等が採られている。手続は、一方当事者の申立て（訴えの提起）により開始され、先の諸原則が実現される口頭弁論を経なければ判決を下してはならない（必要的口頭弁論の原則、87Ⅰ本文）。訴訟代理人として当事者の代わりに訴訟行為を行う者の資格は制限され（54Ⅰ本文）、口頭弁論の経過や内容を公的に証明するための調書は期日毎に作成されなければならず（160）、証拠調べも民事訴訟法180条以下に定める手続に則り行わなければならない（厳格な証明）。裁判は判決により、その判断は自己拘束力、既判力を有し蒸返しは禁じられ（114・256・257）、不服ある当事者の上訴は、控訴（281）、上告（311）による。訴訟手続においては、当事者に主体的地位を与え、手続保障を与えることにより、自己責任として、その判決の拘束力が正当化される。

　しかし、非訟事件には、①当事者間の対立として捉えられないもの、②私益に関わる事件であるとして弁論主義を採り、当事者に判断資料の提出を委ねることが相応しくないもの、③公開・対席に馴染まないものがある。非訟事件としては、非訟事件手続法に規定される事件（裁判上の代位の許可等、民事非訟事件）、借地借家法による借地非訟事件（借地条件の変更・増改築の許可、借地権の譲渡・転貸に関する賃貸人の承諾に代わる裁判等）、会社に関する商事非訟事件（会社868〜906）、労働審判事件（労審29Ⅰ）、家事事件手続法に定められた事件（後見開始の

審判、後見人・後見監督人の選任、遺産分割等）、各種調停事件（民調）が挙げられる。

では、これらにはどのような手続が相応しいのであろうか。

非訟は、妥当な結論を求め、合目的的な見地から、裁判所が主体となって紛争処理を行う。具体的事件について実体法を適用し権利義務の存否について判断することにより紛争を解決する純然たる訴訟とは異なり、実体的権利義務の存在を前提として、その具体的内容を形成する作用であり（後述判例）、訴訟とは国家作用としての本質を異にする。非訟は、固有の司法作用ではなく、その性質は行政作用であると考えられる。そして、裁判所は、このように司法に該当しない国家作用も担う（裁3Ⅰ）。

非訟事件の審理においては、訴訟手続における基本原則である処分権主義は排除され、職権探知主義（非訟49、家事56）、非公開主義（非訟30、家事33）などが採られている。手続は、当事者の申立てなしに開始する場合があり、口頭弁論のような厳格な方式は採られずに、書面または口頭で当事者その他の関係人に陳述させることで足り、代理人の資格には制限はなく（非訟22、家事22）、調書の作成も裁量に委ねられる（非訟31、家事34の2）。証明も自由な証明（→9章④1）でよい。裁判は、決定により（非訟54）、事情変更による取消し・変更が可能である（非訟59、家事78）。上訴も抗告による（非訟66、家事85）。

非訟手続は訴訟手続に比して軽易かつ弾力的であり、当事者の地位は弱いと言える。私人間の生活関係ではあるが、当事者に主体的な地位を与え、公開の法廷で口頭弁論を行うことよりも、裁判所の後見的介入による迅速、妥当な解決が目指される。当事者が、公開の法廷で、双方対席の下、判決に必要な事実や証拠を提出し、それに基づいて裁判所が判断を下すという訴訟手続の構造は妥当しない。非訟事件は、裁判所が主体となり主導して、非公開で、弾力的な方式で処理するのが相応しい。

（2）　訴訟の非訟化

このように、訴訟と非訟とは、対象となる事件内容の相違に応じて、国家作用の性質も手続構造も異なるのであるが、非訟事件の中には、訴訟手続から移されてきたものがある。

通常訴訟から非訟に移されたものとしては、夫婦共有財産の分割、親族間の

扶養、遺産分割等があり、夫婦の同居、推定相続人の排除等は、もとは人事訴
訟で処理されていたものである。

　訴訟事件であったものが非訟事件に移されたのは、福祉国家の理念の下、こ
れらの事件についても、より弾力的、経済的に迅速に処理することが求められ
たためである。訴訟は、強制的解決方式であり、また、当事者の権利義務を判
断するという重要な役割を有することから慎重な仕組みとなっており、時間も
費用も要するのに対し、非訟は、裁判所の裁量により、柔軟な方式により、簡
易・迅速に処理される。また、将来に向けた規制的・予防的措置が必要とされ
る場合にも、訴訟は有効ではない。そして、非訟手続では裁判官の裁量に大き
く委ねられることになるが、裁判官の恣意を過度に警戒する必要がなくなった
ことも、訴訟の非訟化を可能にしたと言える。なお、実体法の規定の中には、
多くの一般条項がみられる。例えば、借地借家法における「正当事由」（借地借
家6・28）等である。また、民事訴訟法には、損害の性質上その額を立証する
ことが極めて困難であるときは、裁判所が相当な損害額を認定することができ
るとの規定がある。これら、裁判官の広い裁量に委ねることになる規定も、同
様の趣旨、背景によるものであろう。

　しかし、訴訟の非訟化は問題となり、最高裁で争われた。憲法32条は裁判
を受ける権利を、82条は裁判の対審及び判決の公開の保障を定めるが、それ
らの侵害とならないのかどうかが問題とされたのである。最高裁（最大決昭和
40.6.30民集19巻4号1089頁）は、夫婦同居の審判（民752）につき、同居義務は法
律上の義務であり、権利義務自体を終局的に確定するには公開法廷における対
審及び判決によらなければならないが、同居の審判は、実体的権利義務の存す
ることを前提として、その同居の時期、場所、態様等について、後見的立場か
ら、合目的的見地に立ち、裁量権を行使してその具体的内容を形成するもので
あり、その本質は非訟事件であるから、公開の法廷における対審及び判決を要
しないとした。また、この判例は、同居義務自体については別途訴訟により争
うことを肯定している。

　また、婚姻費用分担の審判（民760）についても、婚姻から生ずる費用の分担
を具体的に形成決定し、その給付を命ずる裁判であり、費用負担義務の存否を

終局的に確定する趣旨のものではなく、その性質は非訟事件の裁判であって、純然たる訴訟事件の裁判ではないから、憲法82条、32条に反するものではないとした（最大決昭和40.6.30民集19巻4号1114頁）。

　これら判例は、権利義務の存否の確定は、訴訟によらなければならず、82条による公開の対審・判決の保障を受けるが、権利義務があることを前提として、権利義務の具体的内容（例えば、履行の時期・場所・態様等）を形成するのは非訟事件であって82条の適用はないとするものである。

　また、非訟手続において権利義務の存否を前提問題として判断しても、既判力を生じないし（非訟59、家事78）、実体的権利義務の存否の争いについては、別途公開・対審・判決による裁判を求めることができるとする。しかし、それでは非訟による裁判の前提となる権利義務の存否については、手続の重複を認めることになり、訴訟と非訟とで判断が異なる可能性、非訟での判断を訴訟で蒸返し、覆すことを認めたことになる。前提となる同居義務、婚姻費用負担義務の争いが、婚姻の無効・取消し等、婚姻関係の存否の争いを意味するのであるとすれば、それは訴訟によるべきであり、その点に争いがあるのであれば、審判を進めるべきではないであろう。審判が開始されても取消しの訴えも無効の訴えも起こさない場合に限り、その義務の履行として、その具体的内容の形成決定を裁判所に求めることができると考える。

　公益的要素、迅速な処理、プライバシー保護、裁判官の後見的役割・裁量等の必要性の高さから、非訟手続への適合性が検討されなければならない。他方で、ADRと同様に非訟も、訴訟でないからと言って手続保障が顧みられなくてよいということはない。2011年に成立した非訟事件手続法及び家事事件手続法では、改正前に比べて手続保障が図られている。82条の適用があるかどうかだけではなく、憲法32条に反するか否かの判断にあたっては、事件に相応しい適正な手続であるかどうかが問われなければならない。しかし、判例は、憲法32条の裁判を受ける権利の保障は、本質的に非訟事件であるものについては及ばないとする（最決平成20.5.8家月60巻8号51頁）。

第2章　民事訴訟の仕組み

① 法律による裁判

　民事訴訟では、訴訟物たる権利義務の存否を判断することにより紛争を解決する（狭義の民事訴訟では、権利義務の存否について判断するだけである。強制執行という制度が後ろに控えてはいるが、裁判所が正当なルールに則り、判断を下した以上は、当事者は従うであろう、あるいは従うべきであり、まずは、それによって紛争は解決すると考える。）。

　しかし、権利義務それ自体は観念的なものであり、権利義務の存否の判断は、権利の発生・変更・消滅という法律効果を定めた法規の「要件事実」に該当する具体的な事実（「主要事実」・「直接事実」、実務ではこれも要件事実と言う。）の存否を確定することによる。

　法規は、法律要件と法律効果により構成され、どういう事実があれば〔法律要件〕、どういう権利が発生するのか（権利根拠規定）〔法律効果。以下同じ。〕、権利の発生を妨げる障害となるのか（権利障害規定）、あるいは権利が消滅（あるいは変更・阻止）するのか（権利消滅規定）という構造を成している。

　裁判所は、当該事件に適用すべき法規を確定し、適用すべき法規の法律要件を構成する事実（要件事実）に該当する具体的事実の存否を判断し、認定した事実を法規にあてはめて結論を出す（法的三段論法）。

【法的三段論法】

大前提（法規）	要件（事実）⇒ 効果
↓	
小前提（主要）事実 ⇒	要件（事実）
↓	
結　論（主要）事実	⇒　　　　　効果

[2]　訴訟物、請求の趣旨・原因、請求を理由づける事実

　民事訴訟における審判の対象は、原告が訴えにより裁判所にその存否の審理・判決を求める原告の被告に対する権利または法律関係の主張であり、これを訴訟上の請求と言い、その内容である権利または法律関係を「訴訟物」と言う。

　訴えの提起は、訴状を裁判所に提出することによって行うが（134 I）、訴訟物は、訴状における請求の趣旨と原因により、原告が特定して提示する（134 II ②、規53 I　処分権主義）。

　「請求の趣旨」とは、訴えによって求める判決内容の結論的・確定的な表示を言い、請求認容判決の主文に対応するものである。「請求の原因」とは、請求を特定するのに必要な限度での事実を言い（規53 I）、訴状には、判決が請求の趣旨のような結論になるべき原因がどういうものであるのか、請求を特定するのに必要な事実を他の請求と区別が可能である程度に記載しなければならない。例えば、金銭の支払いを求める場合には、請求の趣旨には、金〇〇万円の支払いを求める旨のみ記載されることになるが、その記載のみからでは、貸した金の返済を求めているのか、事故によって被った損害の賠償を求めているのか、また、金銭の貸し借りが繰り返し行われているような場合には、どの貸し借りであったのかはわからない。請求の原因としては、それらが明確になるように記載されなければならない。

　そして、訴訟物たる権利の発生という法律効果の発生のために必要とされる法律要件に該当する具体的な事実が「請求を理由づける事実」（規53 I）である。また、請求を理由づける事実は請求原因事実とも言い、「請求原因」という言葉は、訴訟物を特定するのに必要な事実という意味でも使うため、注意を要する。その関係を整理すると、請求の趣旨と原因により訴訟物が特定され、それによって適用法規が確定し、適用法規の要件に該当する具体的事実、つまり権利の存否判断のために確定を要する事実である「請求を理由づける事実」が明らかになる。

　訴訟物が特定されていなければ、裁判長が補正を命じた上で訴状を却下する（137 II）が、訴状が被告に送達されて訴訟係属が生じた後は、裁判所が訴え却

下の判決を言い渡す。

　これに対し、訴状に特定に必要な事実さえ記載されていれば、「請求を理由づける事実は」、時期に後れた攻撃方法であるとして却下（157Ⅰ）されない限りは、口頭弁論の終結まで主張可能である。しかし、口頭弁論の終結までに請求原因事実の主張が一部でも足りないとき（実務上、「主張自体失当である」と言われ、講学上は「有理性」や「一貫性」を欠くと言われることもある。）は、主張がなかった事実は認定することはできず（弁論主義）、それを要件事実とする法律効果の発生（訴訟物である権利の存在）は認められずに請求棄却の判決が言い渡される。

③　申立て、主張、立証

　訴えが提起されると、権利義務の存否の判断に必要な資料として、審理の場で、事実や証拠が収集され、判決が下される。

　当事者は、手続主体として訴訟目的実現のために訴訟行為を積み上げていくが、訴訟法上の効果を生ずる行為である訴訟行為のうち、裁判所（またはその他の裁判機関）に働きかけて、裁判その他の行為を要求し、また、そのための判断資料を提供する行為を取効的訴訟行為と言う。

　例えば、「申立て」とは、裁判所（裁判官）に対し、裁判、証拠調べといった一定の行為を要求する当事者（訴訟関係人）の行為を言い、申立権が認められている事項については、裁判所は応答しなければならない。裁判所に対して審理・判決を要求する「本案の申立て」（訴え）のほかに、管轄の指定（10）、移送（17）、期日の指定（93Ⅰ）、求問権（149Ⅲ）、手続受継（126）、時期に後れた攻撃防御方法却下等（157）、訴訟手続上の裁判を求める訴訟上の申立てがある。これに対し、弁論の制限・分離・併合（152）、終結した弁論の再開（153）、官庁等への調査嘱託（186）、公文書の真否に関する官庁等への問合せ（228Ⅲ）等には申立権は認められておらず、これらについての当事者の申立ては単に職権の発動を促すにすぎず、裁判所には応答の義務はなく、また、応答がなされたとしても当事者は不服を申し立てることはできない。

　また、裁判所に対して何かを述べることを「陳述」と言い、陳述の中、特に

自己に有利な陳述を「主張」と言う。主張には、法律上の主張と事実上の主張とがあり、事実上の主張とは、主要事実、間接事実、補助事実、事情などの具体的な事実の存否や内容に関する陳述である。法律上の主張は、狭義には、契約の成否や有効・無効といった法規の適用の結果である具体的法律関係の成否・効力の主張や、自分は所有者である、自分は被告に対し貸金返還請求権を有するのだといった具体的権利関係の存否の主張があり、これは権利自白の問題となる。広義には、法規の存否、解釈に関する意見の陳述も含むが、これには弁論主義の適用はなく、最終的な判断権は裁判所にある。しかし、解釈の相違により事実の評価も異なるようなとき、社会・経済の諸条件の変化により新たな法解釈が必要となるようなときには重要な意味をもつ。また、裁判所が法的観点指摘義務を適切に果たすためには、当事者が事実の主張・立証の前提としている法的観点を裁判所も知る必要があり、そのためにも法律上の主張は意義を有する。

　そして、争いのある事実について、自己の主張を立証するために、証拠を提出し、裁判所に取調べを求める行為を「立証」（挙証）と言う。

【民事訴訟の基本構造】

① 民事訴訟の進行（3段階構造）—「訴え提起」「口頭弁論による審理」「判決」
② 民事訴訟の論理（3層構造）—「申立て」（訴訟物）「主張」（事実）「立証」（証拠）

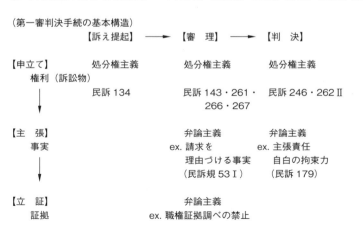

（第一審判決手続の基本構造）

	【訴え提起】 →	【審　理】 →	【判　決】
【申立て】 権利（訴訟物）↓	処分権主義 民訴134	処分権主義 民訴143・261・ 266・267	処分権主義 民訴246・262Ⅱ
【主　張】 事実 ↓		弁論主義 ex. 請求を 理由づける事実 （民訴規53Ⅰ）	弁論主義 ex. 主張責任 自白の拘束力 （民訴179）
【立　証】 証拠		弁論主義 ex. 職権証拠調べの禁止	

　民事紛争の渦中にある人々は、紛争を解決しようと（揉め事から逃れるために）、また自らの権利の保護を求めて裁判所に訴えを提起する。訴えを受けた裁判所は、審理（口頭弁論）を行い、法律関係、権利義務の存否について判断を下すこと（終局判決）により、紛争を解決に導く。

　民事訴訟では、訴訟物たる権利義務の存否を判断することにより紛争を解決する。原告は訴えに際し、審理判断の対象として、被告に対する権利主張（訴訟物）を提示しなければならない（←処分権主義）。

　しかし、裁判所としては、権利それ自体は目に見えるものではなく観念的なものであるから、そのための判断材料を要することになる。それが請求を理由づける事実であり、権利の発生・変更・消滅という法律効果を定めた法規の要件にあたる事実である。また、そのような事実、裁判所外における過去の事実は裁判官が直接認識することができないため、その存否について争われるときは、その裏付けとなる証拠が求められることになる。そして、この事実と証拠の提出は当事者の権限であり責任である。しかし、被告がその請求原因事実を争わないときには、原告はその裏付けとなる証拠を提出して証明する必要はなくなり、裁判所は、自白された事実については、証拠によってその存在が認められなくても、これを判決の基礎としなければならない（←弁論主義）。

第3章　裁判機関

1　民事裁判権——意義と範囲

　具体的な事件を裁判によって処理する国家権力を裁判権（司法権）と言い、その中、民事裁判権は民事訴訟を処理する国家の権能であり、国家統治権の一作用である。我が国の民事裁判権は、領土主権の及ぶ範囲でのみ行使することができる。その内容には、訴状等の訴訟文書を送達すること、口頭弁論期日に当事者や証人・鑑定人を呼び出し、尋問すること、証拠物提出の命令や違反の制裁等、事件の審理・判断にあたって必要な諸々のことが含まれるが、その国の承認なく、我が国の領域を超えてこれらの行為を行うことはできない。

　誰に及ぶのか（主観的範囲）ということについて言えば、外国人も含めて我が国にいるすべての人に及ぶ。例外として、外国の元首には及ばず、また、外交官とその随員や家族も、私人としての活動に関する訴訟を除き原則として我が国の裁判権は及ばない。外国国家も、主権行使に関する事件については裁判権が免除される。我が国の天皇については争いがあり、その地位は「象徴」であるとされることから裁判権に服さないとする判例もある（最判平成元.11.20 民集43 巻10 号1160 頁）。

　どのような事件に及ぶのか（客観的範囲）については、民事訴訟法3 条の2 以下の国際裁判管轄の規定による。平成23 年に追加された規定であり、それ以前は、規定がなく、判例は、国内裁判管轄について民事訴訟法の規定する裁判籍のいずれかが我が国内にあるときには、原則として、被告は我が国の裁判籍に服すとし、例外として、我が国で裁判を行うことが当事者間の公平、裁判の適正・迅速を期するという理念に反する特段の事情があると認められれば、我が国の国際裁判管轄を否定すべきであるとした（最判平成9.11.11 民集51 巻10 号

4055 頁)。

　裁判権の存在は訴訟要件であり、裁判権を欠くときは、訴えは不適法として却下される。その不存在を見過ごして下された判決は無効である。

② 　裁判所の意義と種類

　裁判権は、最高裁判所及び法律の定めるところにより設置する下級裁判所に属する（憲76 I）。ここに言う裁判所とは、官庁または官署としての裁判所、国法上の裁判所（広義）である。ここには裁判官のほかにも、裁判所書記官、裁判所事務官、裁判所速記官等の職員、裁判官会議といった司法行政機関、事務局といったその補助機関も置かれている。

　官署としての裁判所には、最高裁判所と高等・地方・家庭・簡易裁判所という 4 種類の下級裁判所があり、それら下級裁判所は担当区域を定められ、それぞれ全国各地に設けられている（裁 2 I、下裁管轄 1・2）。その数は、最高裁判所(1)、高等裁判所（本庁 8（札幌、仙台、東京、名古屋、大阪、広島、高松、福岡）、支部6)、東京高等裁判所の特別支部である知的財産高等裁判所 (1)、地方裁判所（本庁 50、支部 203)、家庭裁判所（地裁と同じ）、簡易裁判所 (438) である。

　これに対し、裁判機関としての裁判所（狭義）とは、裁判をするときの一単位であり、個々の事件の審理等を担当する。民事訴訟法で言うときはこの意味で使われることが多く、訴訟法上の裁判所とも言われる。

　裁判機関としての裁判所の構成（裁 26）としては、1 人の裁判官によって構成される単独制と、数人の裁判官によって構成される合議制とがある。最高裁判所は合議制が採られ、15 人で構成される大法廷と 5 人で構成される小法廷がある。高等裁判所も合議制であり、原則は 3 人、例外として大規模訴訟や知的財産関係事件では 5 人（269・269 の 2）によることもできる。地方裁判所と家庭裁判所は、単独制が原則である。

　裁判長は、合議制の場合には、合議体を構成する裁判官の 1 人が担当する。

③ 管　轄

1 意　義

　官署としての裁判所は、一定のルールに従い民事裁判権を分掌している。この裁判所間の裁判権分配のルールを管轄と言う。また、特定の裁判所が事件について裁判権を行使できる権能、その範囲を管轄権と言い、事件からみて、当該事件について裁判権を行使できる裁判所を管轄裁判所と言う。

　管轄のルールは、わかりやすく、合理的なルールが事前に存在する必要がある。どの裁判所へ行けばよいか明確でなければ、あるいは当事者が行くことが困難なほど遠隔地の裁判所へ合理的な理由もなく赴かなければならないとすれば、当事者が裁判を受けるにあたっての不当な障害となる。管轄とは、当事者の裁判を受ける権利（憲32）の具体化であると言われる所以である。当事者は、自己に有利な、あるいは少なくとも不利ではない一定の裁判所で裁判を受けることを保障されなければならない（管轄の利益）。

2 種　類

（1）　法定管轄

　管轄を定める根拠から分類したときに、法律の規定を根拠とするものを法定管轄と言い、職分管轄、審級管轄、事物管轄、土地管轄が挙げられる。職分管轄とは、裁判所の職務権限、司法作用の分担の定めからの分類であり、例えば、判決手続は受訴裁判所、執行手続は執行裁判所が、督促手続（383）、訴え提起前の和解（275Ⅰ）は簡易裁判所、家事審判・家事調停事件、人事訴訟の第一審については家庭裁判所が管轄権を有する（裁31の3Ⅰ①・②）。

　また、職分管轄の一種であるが、審級管轄とは、どの裁判所が第一審の受訴裁判所として裁判をし、どの裁判所に上訴できるかを定めるものである。第一審裁判所となることができるのは、人事訴訟以外の訴えは、地方裁判所と簡易裁判所のみである（裁24①・33Ⅰ①）。

　事物管轄とは、第一審裁判についての地方裁判所と簡易裁判所の分担の定めである。事物管轄の基準は、訴訟の目的の価額により、140万円以下は簡裁の、

140万円を超える場合は地裁の管轄となる（裁33Ⅰ・24①）。ただし、簡裁の管轄に属する事件を地裁が受理しても、地裁が相当と認めるときは自ら審判でき（16Ⅱ）、簡裁が受理しても、相当と認めるときは管轄地裁へ移送することができる（18）。相当と認めるときとは、事件が複雑である場合、他の係属事件との併合審理の必要がある場合、異議がなく出頭等に便宜であるとき等の場合であり、簡裁より慎重な手続で進められる地方裁判所での審理を認めようとの趣旨である。

　どの地の裁判所で行えるのかを定めるのが土地管轄である。所在地を異にする事物管轄裁判所に第一審の訴訟事件を分配する定めを土地管轄と言い、事件と土地との関係で決まるものである。事件を特定の裁判所の担当区域に人的・物的に結びつける関連地点を裁判籍と言い、当事者間の公平や当事者と審理にとっての便宜等の見地から、当事者や訴訟物と密接に関連する地に認められている。

　原則は、原告が被告の法廷地に赴くものとされる。自然人であれば住所、法人等は主たる事務所または営業所の所在地を担当する裁判所に管轄権が認められる（4）。被告の生活の根拠地を裁判籍とするということで、事件の内容・性質に関係なく一般的に認められる裁判籍であり、これを普通裁判籍と言う。

　これに対し、特定の種類の事件について、その事件の特性により認められる裁判籍を特別裁判籍と言う。例えば、財産権上の訴えであれば義務履行地（5①）、不法行為に関する訴えであれば不法行為があった地（5⑨）、不動産に関する訴えは不動産の所在地（5⑫）を管轄する裁判所に訴えを提起することができる。義務履行地として、持参債務の原則（民484、商516）により、原告は自らの住所地の裁判所に訴えることもできる。このように、訴えを断念させることのないよう、様々な裁判籍が認められている。

（2）　裁判所による管轄裁判所の決定

　管轄裁判所が法律上または事実上裁判権を行うことができないとき、裁判所の管轄区域が明確でないために管轄裁判所がはっきりしないときは、申立てにより、直近の上級裁判所が決定により定める（10　指定管轄）。前者は、例えば、管轄裁判所の裁判官が除斥等、あるいは病気、事故により職務を行うことがで

きないとき、後者の例としては、走行中の列車内での事件であるが、その時点
が不明であったり、係争地が県境に接し、その管轄裁判所がどちらであるかが
明らかでない等の場合を挙げることができる。後者の場合の直近の裁判所と
は、関係のある裁判所（管轄を有する可能性のある裁判所）に共通の直近の上級裁
判所である（高裁の管轄区域を跨ぐ場合には、最高裁となる。）。

（3）　併合請求の裁判籍（関連裁判籍）

　同一の被告に対し、ひとつの訴えで数個の請求をする場合には、そのうちの
ひとつについて管轄権を有する裁判所に、他の請求についても管轄権が認めら
れる（7）。土地管轄が共通している場合にしか訴えの併合が認められないのは
不便であり、訴えられる被告にとっても、ひとつの請求についてある裁判所に
管轄権が認められれば、その請求についてはそこで応訴しなければならないの
であるから、他の請求について併せて認めても不利益ではなかろうとの趣旨で
ある。これに対し、共同訴訟の場合には、この理はあてはまらず、請求間の関
連が希薄なものについてまで認めることになれば、住所地から遠く離れた被告
にとっては不当であると考えられるため、38条前段の場合に限られている（7
但書）。

（4）　当事者の意思による管轄裁判所の決定

　法律の規定を根拠とするのではなく、当事者の意思により管轄裁判所を決定
することも認められている。第一審に限られるが、事物管轄と土地管轄の一方
または双方については、当事者双方の合意により管轄裁判所を決定することが
できる（11　合意管轄）。合意は書面によってのみ可能であり、法定管轄は認め
たうえで他の裁判所にも管轄権を付与することを認める（付加的合意）ことも、
合意した裁判所のみに管轄を限定する趣旨の合意（専属的合意）も認められる。
ただし、専属的合意の場合でも、訴訟の著しい遅滞を避け、または、当事者の
衡平を図るために必要があるときには、移送が認められている（20・17）。保険
契約やクレジット契約において、専属的合意がなされ、消費者にとって著しく
不利な地の裁判所にのみ管轄が認められるといったことがあり、消費者保護の
見地から問題が生じていたこと等に対応したものである。また、すべての裁判
所に管轄を肯定するという合意や、原告が将来指定する裁判所の管轄とすると

いった合意は、被告の管轄の利益を奪うものであって認められない。また、一切の管轄を排除するという合意は、不起訴の合意あるいは外国裁判所で裁判を受ける合意と解される。

　また、合意がなくても、被告が管轄違いの抗弁を提出しないで本案（訴訟物たる権利または法律関係の存否に関する事項）について弁論をし、または、弁論準備手続において申述をしたときも、その裁判所の管轄権が認められる（12　応訴管轄）。事後的な管轄の合意と考えられる。しかし、本案ではなく、訴訟要件の欠缺を理由とする却下申立てをしたにすぎないときは、被告が当該裁判所で裁判を受ける意思を示したとは言えないため、その段階では応訴管轄は認められない。

　このように、当事者の公平と便宜を図る趣旨で定められた管轄については、その意思で動かすことも認められている（任意管轄）。これに対し、適正・迅速を図る等、公益の見地から、法律が他の裁判所の管轄を排除し、一定の裁判所にのみ管轄権を認めている場合には、当事者の合意で動かすことができず、これを専属管轄と言う。職分管轄（審級管轄）は専属管轄であり、事物管轄及び土地管轄は法が特に専属とする旨を定めている場合（人訴4、破6、会社835Ⅰ・848等。民訴6Ⅰについては、東京地裁と大阪地裁の間では、7（併合）、11（合意）、12（応訴）の規定は排除されない。）には専属管轄となる。

3　管轄違反の効果

　管轄も訴訟要件のひとつであり、職権調査事項であり、職権による証拠調べも認められる（14）が、管轄権のない裁判所へ訴えが提起された場合には、訴えを却下するのではなく、申立てにより、または職権で、決定により管轄裁判所へ移送する（16Ⅰ）。他の訴訟要件の場合には、その欠缺により訴えは却下されるが、管轄の場合には、移送され、訴訟は訴え提起の時点から移送を受けた裁判所に係属したものとみなされる（22Ⅲ）。再訴のための費用・手数を省くためであり、時効の完成猶予や期間遵守の効果は失うのは酷であると考えることによる。

　また、任意管轄については、手続安定の要請により、第一審判決の言渡しに

より瑕疵は治癒され、上訴審では管轄違いを主張できなくなる（299Ⅰ本文）が、専属管轄違反は控訴（299Ⅰ但書）、上告（312Ⅱ③）事由となる。しかし、再審事由（338Ⅰ）とはなっておらず、確定すると瑕疵は治癒される。

4　管轄の標準時

　例えば、被告の住所地の裁判所に訴訟を提起したが、その裁判所の管轄外に被告が転居したような場合には、訴えを提起した裁判所は管轄権を失い、そのまま審理を続けることはできないのであろうか。被告の出頭の便宜のみを考えれば合理性があるようにも思えるが、移送しなければならないとすれば、裁判所の負担ともなり、直接主義の効能も損なわれる。管轄については、例外として、訴え提起の時を標準として判断される（15）。訴え提起の時とは、訴訟係属の時（被告への訴状の送達時）ではなく、訴状を裁判所へ提出した時、口頭による訴え提起の場合には、口頭の陳述をした時である。

　したがって、上述のように、訴え提起後に被告が転居した場合、関連裁判籍について、管轄原因となった請求が取り下げられた場合、不法行為地（5⑨）の裁判所へ訴えを提起したが、請求原因を不当利得に変更した場合、訴訟承継により被告が変更した場合、いずれも管轄は失われない。

　事物管轄についても、目的物の毀損や物価の上昇下降等は管轄には影響を及ぼさない。裁判所により弁論の分離・併合がなされた場合も同様である。しかし、法律上、訴えの変更であると解される場合、例えば、簡易裁判所に訴え提起の時点で時価100万円の物の引渡しの請求をしたが、その物が壊されたことにより、現在の時価150万円の損害賠償請求に変更する場合には、事物管轄違いとなり、地方裁判所へ移送しなければならない。だが、地方裁判所に訴えが提起されたが、訴えの変更あるいは一部取下げにより訴額が140万円を超えないものとなった場合には、事物管轄には影響がないと解される。簡裁の管轄に属する事件を地裁が受理しても、地裁が相当と認めるときは自ら審判でき（16Ⅱ）、簡裁が受理しても、相当と認めるときは管轄地裁へ移送することができる（18）のであるから、管轄違いであるとせずともよいと考えられる。

　なお、訴え提起時には管轄がなくとも、管轄違いに基づく移送の裁判が確定

するまで（22Ⅲ）の間に、管轄原因が発生すれば、管轄違いは解消されると解される。訴え提起時を基準とするのは、管轄が失われるのを回避しようとの趣旨だからである。

④　訴訟の移送

（1）　意　義

ある裁判所にいったん係属した事件をその裁判所の裁判によって他の裁判所に遡って（22Ⅲ）係属させることを訴訟の移送と言う。

（2）　管轄違いによる移送

上述のように、管轄権のない裁判所へ訴えが提起された場合には、訴えを却下するのではなく、申立てまたは職権により、事件を管轄裁判所へ移送する（16Ⅰ）。ただし、事物管轄については、例外が認められる（16Ⅱ）。

（3）　管轄裁判所による移送

第一審裁判所は、管轄権を有しても、専属管轄でない限り（20Ⅰ　専属的合意を除く。）、訴訟の著しい遅滞を避け、または、当事者間の衡平を図るため必要があると認めるときは、申立てにより、または職権で、より適切な地の管轄裁判所に移送することができる（17　裁量移送）。考慮すべき事情としては、当事者や証人の住所、検証物の所在地、当事者の身体的な事情、訴訟代理人の有無及びその事務所の所在地、当事者双方の経済力等が考えられる。

また、特許権等に関する訴え等に関わる訴訟についても、著しい損害または遅滞を避けるための移送が認められている（20の2）。

また、第一審裁判所は、訴訟係属後、被告が応訴する（本案について弁論をし、または、弁論準備手続において申述をする。）前に、一方当事者が申し立て、相手方が同意するときは、移送により著しく訴訟を遅滞させない限り、申立てに係る裁判所に事件を移送しなければならない（19Ⅰ）。いわば、訴え提起後の合意管轄を認めるものであるが、忌避の脱法となることを防ぎ、また、訴訟経済の視点から応訴する前に限られたものである。

不動産に関する事件については、被告が応訴する前に、被告の申立てがある

ときは、簡易裁判所は地方裁判所に移送しなければならない（19Ⅱ）。

　簡易裁判所は、被告が地方裁判所の管轄に属する請求を反訴として提起したときは、相手方の申立てがあれば、本訴及び反訴を地方裁判所へ移送しなければならない（274Ⅰ）。反訴被告の申立てを要することで、当初、簡裁に提起した原告の利益に配慮するとともに、併合審理の保障の要請にも応える趣旨である。

（4）　移送の裁判

　移送の裁判は決定による。申立ては、期日においてする場合を除き書面により、また、申立ての理由を明らかにしなければならない（規7）。また、遅滞を避けるための移送（17）、簡易裁判所の裁量移送（18）、特許権等に関する訴え等に係る訴訟の移送（20の2）の申立てがあったときは、裁判所は、相手方の意見を聴かなければならない（規8Ⅰ）。移送の決定及び移送の申立てを却下（理由なしとの棄却を含む。）した決定に対しては、即時抗告をすることができる（21）。決定が確定したときは、移送を受けた裁判所はそれに拘束され、さらに事件を他の裁判所に移送することはできない（22）。再移送しなければ専属管轄に反する場合も同様である。たらい回しを防ぐ趣旨である。

⑤　裁判官の除斥・忌避・回避

　裁判の公正に対する国民の信頼を確保するため、裁判官は、当該事件との関わりにおいて担当することが相応しくない事由がある場合には、その事件の職務の執行から排除される。除斥（23）、忌避（24）、回避（規12）の制度であり、裁判所書記官、専門委員、知的財産関係事件における裁判所調査官にも準用される（27・92の6・92の9、規13・34の9・34の11）。

1　除斥

　法定の除斥原因（23Ⅰ）のある裁判官が法律上当然に職務執行をすることができなくなることを「除斥」と言う。

　除斥原因あるときは、申立てまたは職権により、決定で除斥の裁判をする

（23Ⅱ）が、この裁判は、既に職務が当然にできないことになっているかどうか
を確認する裁判である。理由があるとする決定に対しては不服を申し立てるこ
とはできない（25Ⅳ）。不服申立てを認めることは、特定の裁判官による裁判を
求める権利を当事者に認めることになるからである。これに対し、理由がない
とする決定に対しては、即時抗告ができる（25Ⅴ）。

　除斥原因として定められているのは、事件が裁判官と密接な関係にあるよう
な場合である。6号は、不服を申し立てられた前審の裁判に関与した場合を除
斥原因としているが、予断を排除することにより公正を図るだけでなく、異な
る裁判主体の審理を受けるという意味での審級の利益を害さないことを主たる
理由とすると考えられ、ここに言う前審とは、当該事件の直接または間接の下
級審（上告事件であれば、控訴審または第一審）を言う（最判昭和30.3.29民集9巻3号
395頁）。また、裁判への関与とは、裁判の評決や裁判書の作成に関与したこと
を意味し、判決の言渡しに立ち会ったのみでは除斥原因にあたらないし、裁判
の準備的行為にすぎない準備手続または準備的口頭弁論を行ったことも、除斥
原因にはあたらないと解される（最判昭和33.2.28民集12巻2号363頁、最判昭和
39.10.13民集18巻6号1619頁）。

　除斥原因ある裁判官が関与してしまった場合はその訴訟行為は無効であり、
上告理由（312Ⅱ②）、再審事由（338Ⅰ②）ともなる。

2　忌　避

　除斥原因以外に裁判官が不公正な裁判をするおそれがある場合に、当事者の
申立てに基づき裁判によって職務執行から排除されることを「忌避」と言う。

　この裁判は形成的裁判であり、除斥の場合と同様、理由があるとする決定に
対しては不服を申し立てることはできない（25Ⅳ）。認めることは、その裁判官
による裁判を求める権利を当事者に認めることになるからである。理由がない
とする決定に対しては、即時抗告ができる（25Ⅴ）。

　忌避が認められるのは、裁判の公正を妨げるべき事情があるときである。こ
れは、当該裁判官に、当該事件との関わりにおいて、一方当事者が不公平な裁
判を受けるおそれがあると考えるのも尤もであると言える客観的事情がある場

合である。例えば、裁判官と当事者とが内縁関係にあるような場合には、23条1号の除斥原因にはあたらないが、忌避事由にはなるであろう。控訴審の裁判長が原審における被告の訴訟代理人の女婿であった場合は、必ずしもあたらないとした判例（最判昭和 30.1.28 民集 9 巻 1 号 83 頁）もあるが、学説は反対であり、同様の事例において現在でも同じ結論が出るかどうかはわからない。これに対し、例えば、証拠方法の申立てが却下されたとか、相手方に有利な釈明権の行使をしたというように、訴訟指揮の方法が不公平だというのも一般にはあたらないとされる。これらについては、異議や上訴による不服申立ては認められても、忌避の原因とはならない。また、具体的事件や当事者と直接関係のない裁判官の行状、思想、法律上の意見なども忌避事由とはならない（東京高決昭和 45.5.8 判時 590 号 18 頁、最決昭和 45.9.29 裁判集民 100 号 499 頁）。

　忌避事由があったとしても、当事者が裁判官の面前で弁論をし、または、弁論準備手続において申述をしたときは、忌避原因を知らなかった場合、あるいはその後に忌避原因が生じたのでない限り、その裁判官を信頼して裁判を受けるとの態度を示したものとみられるので、忌避することはできなくなる（24Ⅱ）。

　忌避の申立てがなされると、裁判の確定を待って職務執行から排除される。裁判の確定までは本案の訴訟手続は停止しなければならないが、直ちに行っておかなければ手遅れになるような急速を要する行為は例外的に許される（26）。例えば、証拠保全（234 以下）や執行停止命令（403）等が挙げられる。手続停止の効力は、申立てによって確定的に生じ、後に申立てに理由がないと判断された場合でも、急速を要する行為を除き、その間の裁判所の訴訟行為は違法となる。しかし、弁論を終結して終局判決を言い渡すことは急速を要しない行為であるが、判例は、終局判決をした場合には、忌避申立ては目的（裁判官を裁判へ関与させない。）を失い棄却となり、その判決に対する上訴によって忌避事由を主張することはできるが、上訴裁判所が忌避に理由がないと判断する場合には、判決言渡しの瑕疵は治癒され、違法とはならないとする（大決昭和 5.8.2 民集 9 巻 759 頁、最判昭和 29.10.26 民集 8 巻 10 号 1979 頁）。

　除斥・忌避の裁判は、合議体により（25Ⅱ）、また、除斥・忌避の裁判の対象

となっている裁判官は、その裁判に関与することはできない（25Ⅲ）。しかし、忌避の申立てがあると訴訟手続は停止されるが、忌避事由は除斥原因のように列挙されておらず、その限界が明らかでないことから、忌避の申立てが訴訟引延しの手段として濫用されることがある。そのため、引延し目的が明らかなときは、申し立てられた裁判官が、訴訟手続を停止することなく、自ら申立てを却下できるとする考え方があり、実務では実際に行われている。

3　回　避

　除斥原因や忌避原因があると裁判官自らが判断し、自発的に職務執行から身を引くことを「回避」と言う。回避は、監督権を有する裁判所（裁80）の許可を得て自発的に身を引く司法行政上の手続であり、許可は司法行政上の処分である。よって、除斥や忌避の場合とは異なり、その裁判官が、たとえ当該事件に関与したとしても、その訴訟行為が違法、無効となることはない。

第4章　当　事　者

①　当事者とは

　当事者とは、「自己の名前で訴訟を追行し、判決の名宛人となる者」を言い (形式的当事者概念)、訴えた者を原告と言い、訴えられた者を被告と言う。民事訴訟においては、対立する当事者の存在が不可欠であり、原告と被告、当事者の地位が2つあり、相対立する構造が採られており (二当事者対立構造)、双方当事者に訴訟の主体として対等な主張・立証の機会が保障され (武器平等の原則)、紛争はこの原告と被告の間だけで相対的に解決される (相対的解決の原則 115 Ⅰ ①)。

　したがって、原告や被告の一方または双方が訴訟係属の当初から実在しないことが判明した場合には、訴訟は当初から係属していなかったことになる (通説によれば、訴訟要件を欠くものとして、訴えは却下される。)。また、訴訟係属中に合併した、あるいは、死亡し相続人がいない等により当事者の一方を欠くことになり二当事者対立構造が崩れた場合には、訴訟は当然に終了したものとして扱われる。

②　当事者の確定

　訴えの提起から判決の確定まで、訴訟手続は当事者を中心として展開する。しかし、訴状に当事者として表示されている者と実際とが異なる場合には問題となる。例えば、①借金を返さずにすむように、債務者 Y がその友人 A に頼んで債権者 X の名を騙って自分に対して訴えを提起させ、敗訴するように訴訟追行させた場合、あるいは②夫 X が妻 Y に対して離婚訴訟を起こしたが、

Y の住所を偽り訴状を愛人 A に送達させ、A が Y になりすまして裁判所に出頭し、離婚判決が下されるように訴訟追行した場合（氏名冒用訴訟）、③弁護士に訴訟委任をした直後に委任者は死亡したが、その死亡を知らずに弁護士が訴訟を提起した場合、あるいは④訴えを提起した時点で被告は既に死亡していたが、訴状を受領した相続人が死者名義のまま訴訟を追行した場合（死者名義訴訟）等である。

　訴訟追行権限を有するのも判決の効力が及ぶのも当事者であることからすれば、誰がその訴訟において当事者の地位にあるのかを確定しなければならない。当該訴訟において、当事者の地位にあるのは誰なのか、「自己の名前で訴訟を追行し、判決の名宛人となる者」は誰なのかを明らかにすることを当事者の確定と言い、その判断の基準については諸説ある。

　例えば、訴状の当事者欄に記載された名前によって当事者を決めるのは表示説である。そして、当事者欄の表示のみで決める（形式的表示説）のではなく、請求の趣旨・原因をも考慮して判断すべきである（実質的表示説）と考えるのが通説である。この考え方によれば、当事者は訴状に表示された被冒用者（①債権者 X、②妻 Y）、死者である被相続人（③④）ということになり、それらに訴訟追行権限があり、判決の効力も及ぶことになる。

　そうすると、氏名冒用訴訟（①②）の場合には、冒用者は被冒用者の名により訴訟行為をする資格はなく、①の訴えは、無権代理人による訴訟行為と同様に考えられ、不適法として却下される。また、②では、冒用者の訴訟行為を禁じ、被冒用者の追認（34 Ⅱ類推）なき限り手続をやり直し、被冒用者に訴訟を追行させなければならない。②の場合には、訴状の送達も受領権限のない者になされており、訴状の送達に遡ってやり直す必要がある。

　このように、既になされた訴訟行為の効力が認められないのであれば、それに基づく判決の効力も被冒用者には及ぼすべきではない。しかし、看過されて被冒用者を名宛人として判決がなされた場合には、被冒用者は当事者として判決の効力を受けることになってしまう。よって、上訴または再審により救済を求めることになる（312 Ⅱ④・338 Ⅰ③　大判昭和 10.10.28 民集 14 巻 1785 頁）。だが、このように手続保障を著しく欠く判決はそもそも無効な判決なのではないかと

考えれば、上訴、再審によらずとも直接無効を主張して、例えば損害賠償請求などを認めてよいのではないかとも考えられる。既判力の趣旨、法的安定性との兼ね合いで考えることとなろう。

　これに対し、死者名義訴訟の場合には、訴状送達時には死亡していたのであるから、当事者は実在しなかったのであり、訴訟係属自体が発生せず、既になされた訴訟行為も、判決も無効であるということになる。さらに、訴訟が係属していない以上、相続人の受継も認められない。しかし、④の場合のように、紛争の主体として訴訟追行すべき者が実際に訴訟行為を行っている場合には、その結果を無にすることは妥当であるとは思われない。

　訴訟係属中に氏名冒用の事実、あるいは当事者と表示された者の死亡の事実が判明した場合に、冒用者及び死者の名によるその後の訴訟行為が排斥されるべきことに争いはない。問題は、既になされた訴訟行為、判決の効力である。この点、氏名冒用訴訟の場合には、被冒用者がよしとしない限り、訴訟経済、手続の安定ということを考慮したとしても、訴訟追行権限のない者が行った行為は無効とされるべきであり、それに基づく判決が被冒用者に及ぶというのも納得し難い。これに対し、死者名義訴訟の場合には、本来訴訟追行すべき相続人が訴訟を行い、その結果として得た判決である場合には、無効とするのは手続を無駄に帰すものであり不合理である。

　訴状の送達等を考えても、当事者は訴訟の始めから画一に明確でなければならないと考える。そうであるとすれば、表示説を採るべきであろう。しかし、表示説によればこのような結論を招く。

　そこで、表示説によっても、死者名義訴訟の場合には、訴状はそのままでは却下される（137Ⅱ）ところであるが、被相続人と相続人とは別人格ではあるが当事者の表示の相続人への訂正（137Ⅰ）を認め、また、死亡の事実が判明せぬままに相続人が行った訴訟行為は、受継の有無にかかわらず有効なものとして扱い、さらに、死者を名宛人とする判決が確定した場合には、判決の更正（257）を認めることにより救済する。理論構成としては、訴訟の準備段階、すなわち訴状提出直後、送達前に当事者が死亡した場合やそれ以前であっても訴訟代理人選任後に死亡した場合には、潜在的訴訟係属が生じていたと考え、当然承継

（124 I ①②）の趣旨を類推して承継を認めることを可能とする見解、相続人が訴訟行為を行っていたのであれば、訴訟係属後の死亡に準じ、黙示の受継がなされていたとみなし、相続人への判決効を認める見解もある。また、判例は、相続人が実際に訴訟を追行してきた以上は、信義則上、相続人は自己に判決の効力は及ばないと主張することは許されないとしている（最判昭和 41.7.14 民集 20 巻 6 号 1173 頁）。さらに、実質的表示説によれば、訴状における当事者欄の表示だけでなく、請求原因の記載などを考慮して、相続人を当事者とする趣旨が合理的に推認される場合には、死者ではなく、相続人が当事者とされていると解することができるとされる。

　表示説以外にも、原告が誰を相手方当事者としようとしたかという原告の意思に基づいて当事者を定める意思説、当事者らしく振舞い、当事者として扱われた者が当事者であるとする行動説、訴訟または訴え提起行為の内容から判断し、当該訴訟による紛争解決につき適格のある者を当事者とする適格説、原告については行動説、被告については第一に原告の意思、第二に適格、第三に訴状の表示により判断すべきであるとする併用説、裁判所が手続を進めるにあたっての行為規範としては表示説を、既になされた訴訟行為の効力の評価規範としては行動説というように分けて考える規範分類説があり、それぞれ表示説とは異なる結果を導くことができる。

　例えば、行動説によれば、当事者は冒用者、相続人（④）となり、訴状の当事者の表示は訂正しなければならない。訴状に記載された当事者と冒用者、相続人とは別人格であるが、当事者はもとより冒用者、相続人であると確定されたのであるから、当事者に変更はなく、表示を訂正すればよい。しかし、冒用者については当事者適格を欠き、訴えは却下となる。また、看過されて判決が下されれば、その判決の効力が及ぶのも冒用者、相続人であり、当事者でない被冒用者には及ばず、判決の無効を主張し得る。既判力も形成力も生ずることなく、強制執行に対しては、執行文付与に対する異議の申立て（民執 32）が認められよう。確定後も同一の訴訟物について訴えを提起することができよう。しかし、無効であるのだから理論上は再審の訴え等により取り消すことはできないが、事実として被冒用者名義の判決がある以上、訴訟手続上は有効に存在

する（その審級の手続を終了させ、自己拘束力もあり、確定によって訴訟終了し、上訴の対象となる。）。よって、その効力排除のために、上訴（確定していても被冒用者に判決が送達されていなければ控訴申立ての追完（97Ⅰ）により可。）または再審の訴え（338Ⅰ③）も認めるべきである。判例は、行動説あるいは意思説を採ったのではないかと解されるもの（大判大正4.6.30民録21輯1165頁、大判昭和2.2.3民集6巻13頁、大判昭和11.3.11民集15巻977頁）、表示説を採ったと評価されるもの（大判昭和16.3.15民集20巻191頁）、具体的事案により様々である。

このように、どのような考え方を採ったとしても、どうあるべきかという判断が先に立ち、妥当な結果となるよう理論づけられている。当事者確定基準の違い、例えば表示説と行動説の違いによる結論の差異は解消されている。

③　当事者能力

1　意　義

訴えを提起するのも審判の対象を決めるのも当事者であり、訴訟を追行し、裁判所の判断の基礎となる資料を提供するのも当事者であるが、民事訴訟の当事者となれるのはどのような者か。自己の名で訴訟を行い、判決の名宛人となり得る資格について、当事者適格は訴訟物との関係で検討されるが、事件や訴訟物の内容に関わりなく、一般に民事訴訟の当事者となり得る資格を当事者能力と言う。

民事訴訟法は、当事者能力について、民法その他の法令に従う（28）としており、民法上権利能力を有する者は、すべて当事者能力がある。民事訴訟法は実体法上の権利義務ないし地位をめぐる紛争の解決を目指すものであるから、私権の享有主体たる者（権利能力者）は、訴訟法上も当然当事者となると考えられるのである。権利能力を基準とすると、当事者能力は、自然人（民3Ⅰ）と法人（民33・34、会社3、一般社団財団207、会社476・645）に認められる。

2　法人格のない団体の当事者能力

例外として、民事訴訟法29条は、「法人でない社団又は財団で代表者又は管

理人の定めがあるものは、その名において訴え、又は訴えられることができる。」と、法人格（権利能力）のない団体であっても、団体としての組織性を備えていれば、当事者能力が認められるとする。その趣旨は、実体法は法律関係を明確にし、監督取締りの見地から、法人格の取得には法定の手続を要するものとするが、社会には、そうした手続を踏まずに法人格を有さずとも取引主体として実在する団体がある。そのような団体も実在し、社会活動を行う以上は、やはり紛争も生じ得るのであって、その解決のために訴訟が行われるなら、個々の構成員ではなく、そうした団体自体を訴訟上も当事者とするのが便宜だからである。

　しかし、団体といってもその結合態様は様々であり、簡単に消失してしまうようなものであれば、判決の実効性は薄れ、相手方の保護にも欠ける。また、構成員の意向を重んじて運営されている団体では、団体としての訴訟追行により意向が十分に反映されないこととなるのは望ましくなく、むしろ全員揃って訴訟を行う固有必要的共同訴訟が相応である。そのため、どのような団体であれば 29 条により当事者能力を認め、団体として訴訟を行わせるべきかの線引きが必要となる。恒常的な基盤があり、構成員から独立した団体に当事者能力は認められると言えようが、判例は、権利能力なき社団であれば、29 条に言う法人でない団体にあたり、当事者能力が認められるとし、①団体としての組織を備え、②多数決原理が行われ、③構成員の変更にかかわらず団体そのものが存続し、④その組織における代表の方法、総会の運営、財産の管理など団体として主要な点が確立していなければならないとする（最判昭和 39.10.15 民集 18巻 8 号 1671 頁、最判昭和 42.10.19 民集 21 巻 8 号 2078 頁）。権利能力なき社団の法理は、民法学より民事訴訟法 29 条の解釈に取り入れられたものである。訴訟法学では、①対外的独立性（代表者が定められ、現実に代表者として行動しており、他の法主体から独立していること。）、②内部組織性（組織運営について規約が定められており、総会などの手段によって構成員の意思が団体の意思形成に反映していること。）、③対内的独立性（構成員の脱退・加入に関係なく、団体の同一性が保持されていること。）、④財産的独立性（構成員の財産から独立した団体の財産が存在すること。）を備える団体に当事者能力を認めるのが多数説である。ただし、④の財産的独立性については、

「必ずしも固定資産ないし基本的財産を有することは不可欠の要件ではな」い
とした判例がある（最判平成14.6.7民集56巻5号899頁）。上記の基準は具体的な
請求との関連で総合的に考慮されるべきであり、例えば④については、社団が
金銭給付訴訟の被告になる場合には必要とされるであろうが、その他の場合に
は補助的要件にすぎないとの見解が有力である。また、法的性質が異なり、構
成員個人の権限・個性が強く団体的色彩が薄いとされる民法上の組合（民667
Ⅰ）については学説上争いがあるが、判例（最判昭和37.12.18民集16巻12号2422
頁ほか）は29条の適用を認めている。

3　法人格のない団体の財産関係

　法人格なき団体に当事者能力を認めるということは、法人のように、団体名
により、その代表者が訴訟を追行することになる。そして、判決の効力は、当
事者である団体にのみ及び、個々の構成員には及ばない（115Ⅰ①）。実体法上
も、権利能力なき社団の代表者が社団の名においてした取引上の債務は、その
社団の構成員全員に、1個の義務として総有的に帰属するとともに、社団の総
有財産だけがその責任財産となり、構成員各自は、取引の相手方に対し、直接
には個人的債務ないし責任を負わないとする（最判昭和48.10.9民集27巻9号1129
頁。なお、民法上の組合に民事訴訟法29条の適用を認める考え方によれば、民法上の組合
の場合には、組合員も組合の債務を負担する（民674・675）ことから問題となり得る。しか
し、訴訟法上は給付判決の既判力は個々の構成員には及ばず、仮に反射効を肯定しても、執
行力の拡張までは認めないことからすれば、各組合員に対する訴訟が必要になる。）。

　しかし、判決は、権利義務の存否の判断であり、その実現が目的とされる
が、権利義務の帰属主体となることができない団体が当事者となるということ
は、大きな矛盾を抱えることになる。この点、通説によれば、当事者能力を認
めることは、当該事件に限ってのことではあるが権利能力を認めることになる
と解する。したがって、金銭給付訴訟であれば、団体に支払えと命ずる判決も
可能である。給付訴訟であるから、当事者適格も権利者であると主張する限
り、当該団体に認められる（最判平成23.2.15裁判集民236号45頁、最判昭和61.7.10
裁判集民148号269頁）。

　しかし、実体法上、権利能力なき社団の財産関係は構成員全員に総有的に帰属すると解され、判例は、団体自体の所有権の確認を求めた訴えについて請求を棄却した（最判昭和 55.2.8 裁判集民 129 号 173 頁）。そして、このように法人格のない団体には財産権は帰属しないと解するとすれば、団体の請求が認容されるためには、当事者適格についても、その構成員の権利について当該団体は訴訟担当者として有するのだと考える。判例（最判平成 6.5.31 民集 48 巻 4 号 1065 頁）も、ある土地が構成員の総有に属すると主張する入会団体の総有権確認の訴えにつき、権利能力なき社団にあたる場合には、当該団体は民事訴訟法 29 条により当事者能力を有し、当事者適格については、入会権は「団体的色彩の濃い共同所有の権利形態であることに鑑み」ると、団体自身が当事者として訴訟を追行することが適切であるとして入会団体の当事者適格を認めた。団体が構成員のために当事者として訴訟を追行すること、（任意的訴訟担当と解するのか、共同所有という実体法上の性質から、あるいは 29 条を根拠に法定訴訟担当と解するかについては議論があるが、）訴訟担当を認めた判例であると解される。そして、そのうえで、入会団体の代表者が構成員を代表して訴訟追行するにあたっては、「当該入会団体の規約等において当該不動産を処分するのに必要とされる総会の議決等の手続による授権を要する」とした。その授権のあり方が問われているが、権利能力なき社団と一口に言ってもその内部組織性は様々であることからすれば、代表者の権限は一律に捉えることはできず、代表者に選任されていれば訴訟追行が認められると解するべきではなく、妥当であると解される。

4　登記請求訴訟

　登記請求訴訟については、不動産登記法は権利能力なき社団を登記申請人としては認めておらず、登記実務上は団体名義による登記も、社団の代表者である旨の肩書きを付した代表者個人名義の登記も認められず、代表者個人名義または構成員全員の共有名義によるしかない。判例も、権利能力なき社団の資産は構成員全員に総有的に帰属するのであるから、社団自体は登記請求権を有しないとした。そして、社団の代表者個人に原告適格を認め、社団の資産たる不動産は社団の構成員のために信託的に代表者個人の所有とされ、代表者は受託

者の地位に基づき個人名の登記をすることができるとし、受託者の地位に基づく代表者個人による移転登記請求の訴えを認めている（最判昭和 47.6.2 民集 26 巻 5 号 957 頁）。

　そして、また、前掲平成 6 年判例は、信託的移転という理論によらず、代表者ではないその構成員が任意的訴訟担当により原告となることを認めている。すなわち、権利能力のない社団である入会団体において、代表者ではないが適切であるとされた構成員を所有者として登記簿上表示する場合であっても、そのような登記が公示の機能を果たさないとは言えないのであるから、当該構成員は構成員全員のために登記名義人になることができ、規約等に定められた手続により、構成員全員の総有に属する不動産につきある構成員個人を登記名義人とするという措置が採られた場合には、当該構成員は登記名義人になることを委ねられただけでなく、登記手続請求訴訟を追行する権限を授与されたものとみるのが当事者の意思に添うものと解され、また、このように解したとしても、弁護士代理の原則、訴訟信託の禁止の趣旨を潜脱するものではないとして、代表者でない構成員に自己の名で構成員の総有不動産についての登記手続請求訴訟を追行する原告適格を認めている。

　さらに、最判平成 26 年 2 月 27 日民集 68 巻 2 号 192 頁は、「実体的には権利能力のない社団の構成員全員に総有的に帰属する不動産については，実質的には当該社団が有しているとみるのが事の実態に即していることに鑑みると，当該社団が当事者として当該不動産の登記に関する訴訟を追行し，本案判決を受けることを認めるのが，簡明であり，かつ，関係者の意識にも合致している」とし、「権利能力のない社団は，構成員全員に総有的に帰属する不動産について，その所有権の登記名義人に対し，当該社団の代表者の個人名義に所有権移転登記手続をすることを求める訴訟の原告適格を有すると解するのが相当である。」というように、登記請求において、権利能力のない社団に訴訟担当として原告適格を肯定した。訴訟担当であれば自己が権利主体となれなくても請求の認容も可能となる。29 条による当事者能力も肯定された。

4　訴訟能力

1　訴訟能力と行為能力

　当事者として自ら有効に訴訟行為をすることができる資格を訴訟能力と言い、民法上、行為能力を有する者は、原則として、訴訟能力を有し、制限能力者は訴訟無能力者となり、訴訟無能力者の法定代理には、民法上の制限能力者についての規定が準用される（28）。その趣旨は、民法上の行為能力と同じく、当事者本人の保護にある。

　しかし、訴訟能力の規律は行為能力とはかなり異なる。例えば、未成年者は法律行為をするにあたっては、法定代理人の同意を要し、同意なくして法律行為をした場合には取り消すことができる（民5）。だが、訴訟行為については異なり、未成年者・成年被後見人は絶対的訴訟無能力者であり、法定代理人によらなければ訴訟行為ができない（31本文）。例外は、未成年者が法定代理人から営業の許可を得た場合（民6Ⅰ）、会社の無限責任社員となることを許された場合（会社584）等であり、これら行為能力を認められる場合には、訴訟能力も有する（31但書）。

　被保佐人・同意を要する旨の審判をされた被補助人は、応訴行為を除き、訴訟行為をなすにあたっては、保佐人・補助人の同意を得なければならない（民13Ⅰ④・17Ⅰ、民訴32Ⅰ）。応訴行為が例外とされるのは、同意がない限り応訴できないのでは、保佐人等に常に代理権（民876の4Ⅰ・876の9Ⅰ）があるわけではないので、相手方は訴えることも上訴することもできなくなり、その保護に欠けるからである。また、保佐人等による同意は、訴訟行為毎ではなく、包括的に与えられなければならず、さらに、訴えの取下げ、和解、請求の放棄・認諾等、重大な行為をなすにあたっては、特別の授権を要する（32Ⅱ）。

　訴訟無能力者の訴訟行為、訴訟無能力者に対する訴訟行為は、手続の安定の要請から、民法上、制限能力者の法律行為が取り消されるまで有効とされる（民5Ⅱ・9・13Ⅳ・17Ⅳ）のとは異なり、無効である。しかし、やはり、手続安定の要請から、法定代理人または能力を取得した本人が、裁判所または相手方に対し追認すれば、行為の時に遡って有効となる（34Ⅱ）。また、追認はそれまで

の訴訟行為を一括してなさなければならない。裁判所も追認の可能性がある以上、直ちに排斥するのではなく、期間を定めて補正を命じなければならない（34 I）。このような取扱いは、無能力者保護の趣旨にも反せず、また相手方を害することもない。

　但し、意思能力を欠く場合には、行為の成立自体が認められないので、追認の余地はない。なお、人事訴訟の場合には、人格尊重のために意思能力ある限り訴訟能力を認める（人訴13 I）。身分法上の行為については、できる限り本人の意思を尊重し、本人の訴訟行為を認めようとの趣旨である。

2　訴訟能力と弁論能力

　弁論能力とは、裁判所の訴訟手続に関与し、現実に訴訟行為をするのに必要な資格を言い、ドイツ法では弁護士強制主義が採られており、この資格を有するのは弁護士に限られるが、我が国では本人訴訟が認められていることから、訴訟能力者である以上は原則として弁論能力を有し、合理的な陳述ができずに陳述が禁止された場合（155）には弁論能力を欠くことになる。陳述禁止の趣旨は、事理弁識能力を欠く、激昂しやすい、事案が複雑である等のために弁論能力を欠く者の保護と訴訟遅延の防止にあり、裁判所の訴訟指揮権に基づき、決定で命じられ、不服申立ては認められない。

⑤　訴訟上の代理人

1　代理人の意義と種類

　訴訟上の代理人とは、当事者本人に効果を、最終的には判決の効力を及ぼすために、本人の名で、本人に代わり、自己の意思に基づき訴訟行為をし、あるいは本人のための訴訟行為を受領する者である。

　訴訟上の代理人には、本人の意思によって選任される、本人からの授権に基づく任意代理人と、本人からの授権なしに法律の規定に基づく法定代理人とがある。法定代理に関する規定のうち、法定代理権の欠缺の場合の補正・追認についての規定（34 I・II）、法定代理権が消滅した場合の通知についての規定（36

Ⅰ）は、訴訟委任に基づく訴訟代理に準用されている（59）。

2　代理制度の役割

　代理制度は、単独で訴訟行為のできない者に代わって訴訟行為をする法定代理人のように、本人の能力を補充する役割を果たす。また、訴訟委任による訴訟代理人のように、専門家に訴訟を任せることで、より充実した訴訟活動が可能となり、本人自らは日常生活を訴訟に妨げられることなく営むことができる。さらに、本人のために有益な役割を果たすのみならず、効率的で、迅速で、円滑な審理にも資するものである。我が国では、弁護士強制主義は採られておらず、本人訴訟も認められているが、裁判所は、弁論能力が不十分であると認められる場合には、当事者の陳述を禁じ、弁護士の付添いを命ずることができる（155）。

3　代理権の明確性・画一性

　手続の安定と円滑な進行のため、訴訟上の代理権は明確で画一的なものであることが要請される。そのため、代理権の存在は書面で証明しなければならない（規15・23）。

　また、代理権の消滅は、本人または代理人から相手方に通知しなければ効力を生じない（36Ⅰ・59、規17前段）とされているが、その趣旨は、相手方の保護ではなく、手続の安定のため、消滅の効果を画一的に生じさせることを意図するものであるから、判例・多数説は代理権の消滅についての相手方の知、不知を問わないとする（大判昭和16.4.5民集20巻427頁）。また、法人について、代表権の消滅が公知の事実である場合には、通知があったものと同視し、通知なくして効力を生ずるものとされた判例がある（最判平成19.3.27民集61巻2号711頁）。

　代理権消滅の通知は、本人が能力を取得、回復したために法定代理権が消滅した場合は本人からすることができるが、本人が訴訟無能力のまま、法定代理人が死亡した場合や後見開始の審判を受けたような場合には、通知をすることができないため、通知なくして消滅の効力を認めるべきであるとされる。

　そして、後述のように、訴訟委任による代理権の範囲は法定されている（55

Ⅰ）

4 双方代理の禁止

双方代理については、実体法上、法律行為（民108）については禁止規定があり、法定代理権の場合にも利益相反行為についての規定がある（民826・860、一般社団財団84、会社595）が、訴訟行為については禁ずる規定はない。しかし、それら行為は訴訟の対立構造を消滅させ、訴訟を形骸化させるものであることから許されないと解される。違反した場合には、無権代理となる。

5 代理権の欠缺の効果

代理権の存在は職権調査事項であり、裁判所は補正可能である場合には補正を命じなければならないが、遅滞のため損害を生ずるおそれがあるときは、一時的に訴訟行為をさせることができる（34Ⅰ・59）。代理権の存在は訴訟行為の有効要件であり、代理権を欠く訴訟行為は無効であって本人に対して効力を生じない。ただし、追認は認められる（34Ⅱ・59）。訴え提起や訴状の送達における代理権の欠缺により、訴えは適式性を欠き却下される。看過され本案判決が下された場合には、上訴または再審により取消しを求めることができる（312Ⅱ④・338Ⅰ③・342Ⅲ）。

6 法定代理人
（1） 実体法上の法定代理人

民法上、代理権を認められている人は、訴訟上も法定代理人として訴訟行為をすることができる（28）。未成年者の親権者（民824）・未成年後見人（民838①・839～841・859Ⅰ）、成年被後見人の成年後見人（民838②・843・859Ⅰ）、不在者の財産管理(25)・利益相反行為の場合（826・860等）・親権を行う母がいない場合（775）等の特別代理人、訴訟行為についての代理権が付与された場合の保佐人・補助人（民876の4Ⅰ・876の9Ⅰ）がその例である。その役割は実体法上の法定代理と同様に、本人の保護、単独で訴訟行為のできない本人の能力の補充にある。

　遺言執行者（民1012）については、法定代理人なのか法定訴訟担当者なのか
が問題となる。遺言執行者は「相続財産の管理その他遺言の執行に必要な一切
の行為をする権利義務を有」し（民1012）、「相続人は、相続財産の処分その他
遺言の執行を妨げるべき行為をすることができない」（民1013）と規定されてお
り、遺言執行者がある場合には、相続人は相続財産についての処分権を失い、
処分権は遺言執行者に帰属する。遺言執行者は、相続人と利害が相反しても遺
言執行に必要な行為ができるので、遺言執行に関する訴訟については遺言執行
者が訴訟担当者として当事者適格を有し、相続人は当事者適格を有しないとす
るのが通説であり、判例もそのように解している（最判昭和43.5.31民集22巻5号
1137頁）。遺言執行者の職務の中には推定相続人の排除（民893）や遺贈の執行の
ように、相続人の利益に反するものも含まれる。遺言執行者は、相続人の利益
に反しても、遺言の執行に必要な限度で財産管理の目的に適うように訴訟追行
する地位にあるのだから、代理ではなく訴訟担当と考えるのが妥当であろう。
また、遺言執行者がある場合に、相続人が相続財産について処分権を失う（民
1012・1013）のは、遺言の有効を前提とするが、遺言の有効性が争われ、あるい
は特定遺贈をめぐり、相続人と遺言執行者とで訴訟が行われる場合に遺言執行
者が相続人の代理人であるということになれば、原被告ともに同一人というこ
とになり、二当事者対立構造が成立しないことになる。

　不在者の財産管理人については、民法28条を根拠として法定代理人と解さ
れる（大判昭和15.7.16民集19巻1185頁、最判昭和47.9.1民集26巻7号1289頁）。相続
財産管理（清算）人（民895Ⅱ・897の2Ⅱ・936Ⅱ・943Ⅱ・950Ⅱ・953）については、学
説は多岐に分かれるが、判例は民法936条2項が「相続人のために、相続人に
代わって」としていることから、相続人の法定代理人であって訴訟担当ではな
いとする（最判昭和47.11.9民集26巻9号1566頁）。

（2）　訴訟法上の特別代理人

　民事訴訟法の規定（35・236証拠保全・99Ⅲ送達）に基づいて、裁判所や裁判長
が選任する法定代理人もある。例えば、法定代理人がいない場合または法定代
理人が代理権を行うことができない場合において、未成年者または成年被後見
人に対し訴訟行為をしようとする者は、遅滞のために損害を受けるおそれがあ

ることを疎明して、受訴裁判所の裁判長に特別代理人の選任を申し立てることができる（35）。これらの規定は訴えや申立てを断念させないためにおかれている。

ただし、離婚訴訟等の人事訴訟は代理に親しまず、成年後見人・成年後見監督人による法定訴訟担当となる（人訴14）。その保護の見地から、特別代理人によることは認められないとするのが判例である（最判昭和33.7.25民集12巻12号1823頁）。よって、まずは成年後見の開始を申し立て、成年後見人を選任したうえで離婚訴訟を提起することになる。

（3）　法定代理人の地位

法定代理人は当事者ではないので、当事者を基準とする人的裁判籍や除斥原因、訴訟救助、判決の効力等の規定は適用されない。しかし、訴状や判決書では当事者と並んで表示され（134Ⅱ①・252Ⅰ⑤）、送達も法定代理人宛に行われ（99Ⅰ）、本人に代わっての出頭が命じられ（釈明処分、151Ⅰ①）、尋問は当事者尋問手続により（211）、その死亡若しくは代理権の消滅は中断事由となる（124Ⅰ③）等当事者に準じて扱われる場合が少なくない。

7　法人等の代表者

法人または法人格のない団体が当事者となる場合には、法人自体は生身の身体をもたず直接訴訟行為をすることはできないため、その代表者が訴訟を追行する。代表者は法人の名で、自己の意思に基づき訴訟行為をし、その効果は法人に帰属する。実体法上も法定代理人に準じて扱われるが、訴訟法上も法定代理人に準ずるものとされている（37、規18）。

したがって、例えば法人を被告として訴えを提起する場合には、その代表者が誰であるかを確定しなければならないが、一般には商業登記簿の登記により訴えを提起することになる。しかし、登記簿に真の代表者が反映されず、訴訟の途中で真の代表者が異なることが判明した場合には訴えは不適法となるのか。それとも実体法上の表見法理（民109・112、商9・14・24、会社9・13・354・908）を訴訟法上も適用または類推適用し、真実とは異なる登記を信頼した原告を保護すべきかが問題となる。学説の多くは、手続の安定（登記によることの

明確性）、当事者間の公平（法人の懈怠）、原告の保護、代理権の消滅に通知を要する民事訴訟法 36 条 1 項の趣旨から肯定し、訴えを適法とするが、判例は、取引行為とは異なること、また、表見支配人について裁判上の行為をする権限が除外されていること（商 24、会社 13）を理由として否定し、真正な代表者へと訴状の補正を命じ（137 I）、申立てに応じて特別代理人を選任するなどしてあらためて訴状の送達をしなければならないとした（最判昭和 45.12.15 民集 24 巻 13 号 2072 頁）。

8　訴訟委任による訴訟代理人（任意代理人）

（1）　弁護士代理の原則

　特定の事件について訴訟代理権を授与する訴訟行為を訴訟委任と言い、通常は、本人と代理人間で民法上の委任契約を締結し、費用や報酬の請求権はこの契約に基づき生ずるが、訴訟委任自体はこれとは別の単独行為である。

　我が国では、本人の保護と手続の円滑な進行を図る趣旨から、地方裁判所以上の裁判所の訴訟手続においては、原則として弁護士でなければ訴訟委任による訴訟代理人になることはできない（54　弁護士代理の原則）。専門家に訴訟を任せることにより、訴訟活動を充実させ、効率的で、迅速・円滑な審理を図り（155）、自らは日常生活に専念できることになる。弁護士代理の原則に反してなされた訴訟行為の効力については、この趣旨から代理人の専門性を重視し、代理権発生・存続のための要件であると解し無効とする考え方と、弁論能力の制限にすぎず、無効とはならないとする考え方とがあり、判例は、懲戒処分により弁護士資格を取り消された事案において、追認なき限り本人に対し効力は生じないとした（最判昭和 43.6.21 民集 22 巻 6 号 1297 頁）が、業務停止の懲戒を受けていた事案においては、有効であるとした（最判昭和 42.9.27 民集 21 巻 7 号 1955 頁）。事実が公にされていない事情のもとでは、一般の信頼を保護し、裁判の安定を図り、訴訟経済に資するという公共的見地を理由としている。前の判例のように登録が取り消されているのとは異なり、弁護士資格は有している事案であるが、弁護士代理の原則の趣旨からはどのように考えられるであろうか。手続の円滑ということから言えば、専門性においてはこのような弁護士も劣る

ことはなく問題もなさそうであるが、本人の保護を図るという見地からはどうか。懲戒処分を受け弁護士資格を失った場合、業務停止処分を受けている場合、それぞれ当事者の信頼を裏切るおそれが少ないと言えるであろうか。

（2）　訴訟代理権の範囲

　手続の安定と円滑な進行のため、訴訟上の代理権は明確性、画一性が重んじられる。訴訟委任は事件を特定してなし、委任を受けた事件について、代理権の範囲は法定されており（55Ⅰ）、訴訟代理権は制限することができない（55Ⅲ）。他方で、本人にとって重大な結果を生ずる事項については、なお、本人の個別的意思を尊重して、訴訟委任の法定権限から除外し、代理人がこれをするには、特別の委任を要するものとしている（55Ⅱ）。特別の委任を要する事項としては、反訴の提起、訴えの取下げ、和解、請求の放棄・認諾、上訴、上訴の取下げ、代理人の選任等がある。このうち、和解については、どこまでの権限が認められるかが問題となり得るが、訴訟物に関する互譲の一方法であるとして、和解の特別委任を受けた被告の訴訟代理人に、貸金債権のため被告所有の不動産に抵当権を設定する権限を認めた判例（最判昭和 38.2.21 民集 17 巻 1 号 182 頁）や、同一当事者間に生じた一連の紛争に起因する別の請求権についても和解権限を認めた判例（最判平成 12.3.24 民集 54 巻 3 号 1126 頁）がある。

（3）　訴訟代理権の消滅

　訴訟委任による訴訟代理の場合には、単独行為である訴訟委任とは別に、通常は、民法上の委任契約が締結され、当該委任契約は当事者の死亡により終了するが（民 653）、訴訟代理権は当事者の死亡や訴訟能力の喪失によっては消滅せず（58Ⅰ①）、訴訟代理人は引き続き訴訟行為をすることができることから、訴訟手続の中断も生じない（124Ⅱ）。法定代理人の死亡、訴訟能力の喪失または代理権の消滅等の場合も同様である（58Ⅰ④）。これは、民法上の委任契約が信頼関係を基礎とする一身専属的な関係であるのに対し、訴訟委任は弁護士に限られ、前述のように委任事務の範囲が明確であること等を理由とする。

（4）　代理人の地位と当事者本人の更正権

　訴訟代理人がその権限内で行った行為の効果は本人に帰属し、訴訟追行にあたっての知不知・故意過失等が問題となる場合（24Ⅱ・46④・97Ⅰ・157Ⅰ・338Ⅰ但

書等）にも代理人を基準とする。しかし、代理人の不知に本人の故意過失が影響しているときは、当事者は代理人の不知または責めなきことを自己の利益に主張できないとされる（通説。民 101 Ⅲ 参照）。

　また、訴訟代理人を選任しても本人も自ら訴訟行為ができる。したがって、判例は、訴訟代理人がいるのに本人に宛てた期日の呼出しや裁判の送達も有効であるとする（最判昭和 25.6.23 民集 4 巻 6 号 240 頁）。代理人と本人（法定代理人）とがともに出廷し、訴訟行為をした場合には、いずれの訴訟行為も効果は同様に生ずるが、事実に関する陳述については、代理人の陳述を当事者本人が直ちに取り消し、または訂正したときは、代理人の発言はなかったことになる (57)。事実については本人の方がよく認識していると考えるからである。なお、法令による訴訟代理人が委任による訴訟代理人を選任したときは、法定代理人に準じてこの更正権を有するとするのが通説である。

9　法令による訴訟代理人（任意代理人）

　法令による訴訟代理人は、法律が一定の地位に就くものに訴訟代理権を与えているが、本人の選任によりその地位に就くことから、やはり任意代理人である。具体例としては、支配人（商 21 Ⅰ、会社 11 Ⅰ）、船舶管理人（商 698 Ⅰ）、船長（商 708 Ⅰ）等が挙げられる。法令による訴訟代理人の代理権は、特定の事件毎に委任を受ける訴訟代理人とは異なり、実体法上の地位に基づくものであり、法定代理人または法人の代表者に近く、代理権の範囲も法令の定めるところにより（55 Ⅳ）、当事者本人の一定範囲の業務につき、一切の裁判上の行為をする権限を有する。

　また、法令による訴訟代理人は、さらに弁護士に訴訟委任することもできる。

　問題となるのは、実質的に支配人でない従業員等を形だけ支配人に選任し訴訟代理人として訴訟行為を追行させ、弁護士代理の原則を潜脱する場合であるが、判例は、このような僭称支配人は訴訟代理権を有さず、その者のなした訴訟行為は無効であり、追認も認められないとする（仙台高判昭和 59.1.20 下民集 35 巻 1〜4 号 7 頁）。

10　補佐人

　補佐人（60）とは、裁判所の許可を得て、当事者、訴訟代理人等とともに期日に出頭し、それぞれの主張を補足する者を言う。例えば、当事者本人に言語障害や聴力の欠陥がある場合や当事者本人が日本語を解さず母国語の通訳が得られない場合、また、専門的・技術的知識が要求される場合等に補助するために出頭する。

　補佐人の陳述については、「当事者又は訴訟代理人が自らしたものとみなす。」とされており、補佐人は自らの意思で発言し、発言の効力は当事者に及ぶ点で代理人に類似する。しかし、当事者または訴訟代理人には、「ただちに取り消し、又は更正」することが認められており、その更正権は事実上の陳述には限られない点で訴訟代理人とは異なっている。

6　当事者適格

1　意　義

　形式的当事者概念の下では、自己の名で訴え、または訴えられた者すべてが当事者となる。しかし、その者に対し判決を下しても紛争の解決に役立たない者の訴訟追行を認めることになれば、限りある司法資源を有効活用するという見地からも、応訴を余儀なくされる被告の立場からも妥当でない。よって、当該事件について訴訟を追行させ、本案判決をすることが紛争の解決に資する者のみに当事者となることを認めるべきであると考えられる。

　この当該事件において当事者となるべき者、なることができる者を選び出す基準が当事者適格である。当事者適格とは、特定の請求について、当事者として訴訟を追行し、その請求の当否を判断する判決（本案判決）を求めることができる資格を言い、この資格を有する者が「正当な当事者」である。

　では、どのような者にこの資格を与えるべきかというと、「訴訟の結果にかかる重大な利益」を有する者に認められる。そして、民事訴訟が権利義務の存否の判断によって紛争を解決することに鑑みれば、訴訟物たる権利または法律関係の存否の確定について法律上の利害の対立する者、一般には、当該請求に

対する勝訴の本案判決によって保護されるべき実体的利益の帰属主体であると自ら主張し、または原告から主張される者にこそ、当事者として攻撃防御の機会が保障されるべきであり、本案判決をするのが紛争の解決のために必要であり有意義である。

　訴訟類型ごとにみると、給付訴訟では、権利者であると主張する者に原告適格があり（最判平成23.2.15裁判集民236号45頁）、義務者であると主張される者に被告適格がある（最判昭和61.7.10裁判集民148号269頁）。

　確認訴訟では、特定の権利関係について特定の者を相手方として確認の利益を有するものが正当な原告であり、その相手方が正当な被告である。確認訴訟では、その当事者間で本案判決をすることが紛争解決にとって必要性、実効性を有するかというように、当事者適格は原則として確認の利益と一体となって判断される。見解の対立が激しかった例としては、自らが法人の代表者であることの確認の訴えの被告適格があった。原告との対立が鮮明である代表者を名乗っている対立者に認めるのか、法人か、それとも双方かが問題となり、判例は法人であるとした。理由としては、法人を当事者としなければ、請求を認容する判決の効力は法人に及ばず、法人との間では蒸し返し争うことが認められることになってしまう。これに対し、法人を相手とすれば、原告は執行機関としての組織法上の地位にあることが確認され、その判決は対世効を有することから、根本的解決が得られる（最判昭和44.7.10民集23巻8号1423頁）ことが挙げられた。この問題を考えるにあたっては、被告として手続保障を与えるべきなのは、十分な訴訟追行を期待できるのは誰なのか、また、その認容判決の効力を誰に及ぼすべきかといった視点が重要となる。

　また、形成訴訟では、原告・被告となることができる者は法定されている（民744・774・775・787、人訴12・41・42・43、会社828Ⅱ・831Ⅰ・832・833・834・854・855）。だが、形成の訴えでも、当事者適格の定めが抽象的である場合（行訴9）、その立法の妥当性が問われるような場合には、誰が正当な当事者かを決する必要がある。その際には、その形成判決により保護される原告の利益の有無・内容、その判決効の拡張を受ける第三者の利害などを考慮し、正当な当事者を決することになる。確認訴訟についても、判決に対世効が認められる場合には、

利害関係人として誰に手続保障を与えれば、判決効の拡張を正当化するに十分な訴訟追行を期待できるのかが検討され、当事者適格者が法定されている。例えば、株式会社の株主総会等の決議を争う場合については、その株式会社を（会社 834 ⑯）、一般社団法人等の社員総会等の決議を争う場合については、その法人を（一般社団財団 269 ④）被告とすることが法定されている。

　また、固有必要的共同訴訟の場合には、全員が揃わないと当事者適格を欠くこととなる。争いあるところとしては、取締役選任に関する株主総会決議取消しの訴えの被告は、会社自身のみとするのが判例であり、立法化されたが（会社 834 ⑰。最判昭和 36.11.24 民集 15 巻 10 号 2583 頁）、取締役解任の訴えについては、会社と取締役の双方を共同被告とする固有必要的共同訴訟であるとされる（会社 855。最判平成 10.3.27 民集 52 巻 2 号 661 頁）。

2　第三者の訴訟担当

　訴訟物である実体的権利義務の帰属主体（であると主張し、主張される者）以外の者が当事者となることもある。例えば、他人間の権利関係の確認が例外的に認められる場合もある。また、訴訟物たる権利義務の帰属主体に代わり、またはそうした主体とともに第三者に当事者適格（訴訟追行権）が認められる場合があり、これを訴訟担当（訴訟代位）と言う。訴訟担当の場合には、担当者の受けた判決の効力は、訴訟物たる権利義務の帰属主体である被担当者、本人にも及ぶ（115 I ②）。代理とは、判決の効力が本人にも及ぶ点で共通するが、訴訟担当の場合には、権利義務の帰属主体でなくとも担当者である第三者は当事者であり、第三者が自己の名で他人の権利を主張し、訴訟追行権を有するのみならず、判決効も受ける（115 I ①）点で異なっている。

　訴訟担当は、権利義務の帰属主体（本人）の意思とは無関係に、法律の規定により第三者が訴訟追行権を認められる法定訴訟担当と、権利義務の帰属主体たる被担当者の意思（授権）に基づく任意的訴訟担当とに分かれる。

3　法定訴訟担当

（1）　職務上の当事者

　法定訴訟担当の例としては、人事訴訟において、被告とすべき者が死亡している場合の検察官（人訴12Ⅲ）、成年被後見人のために原告または被告となる成年後見人・成年後見監督人（人訴14）、海難救助料の債務者である荷主や船主に代わり当事者となる船長（商803Ⅱ）、破産財団に関する訴えにおいて原告または被告となる破産管財人（破80）、再生管財人（民再67Ⅰ）、更生管財人（会更74Ⅰ）、保全管理人（破96Ⅰ、民再83Ⅰ、会更34Ⅰ・74Ⅰ）、遺言執行者等がある。これらは訴訟物たる権利義務の帰属主体による訴訟追行が法律上あるいは事実上困難である、あるいは不適切であることを理由とし、それらに代わり訴訟追行させることが相応しい職務にある者に訴訟担当を認めるものであり、職務上の当事者と呼ばれる。

　職務上の当事者のうち、管財人や遺言執行者については、訴訟担当者か法定代理人かについて議論があるが、自己の名で当事者として訴訟行為を行う法定訴訟担当者であると解するのが通説であり判例である。これらの場合、担当者は訴訟物たる権利義務の帰属主体ではないが、その職務として、帰属主体たる本人の権利・法律関係について、それぞれ範囲は異なるが、ある程度包括的な管理処分権を有している。例えば、遺言執行者は、遺言の執行に必要な一切の行為をする権利義務を有し（民1012Ⅰ）、当事者適格が認められるのもその範囲である。判例は、遺言執行者の当事者適格について、具体的な職務内容からその有無を決定している（最判昭和31.9.18民集10巻9号1160頁、最判昭和51.7.19民集30巻7号706頁、最判平成3.4.19民集45巻4号477頁、最判平成10.2.27民集52巻1号299頁、最判平成11.12.16民集53巻9号1989頁）。これに対し、上記検察官、成年後見人、船長等は、管理処分権は有さず、訴訟追行のみを委ねられている。

（2）　担当者のための訴訟担当

　担当者である第三者自身の利益保護のために当事者適格が認められる場合もあり、債権者の第三債務者に対する債権者代位訴訟（民423）、債権質権者の第三債務者に対する取立訴訟（民366）、差押債権者の第三債務者に対する取立訴訟（民執157）、株主代表訴訟（会社847Ⅲ）が挙げられる。

（3）　被担当者の訴訟追行権と判決効

　職務上の当事者の場合には、法律の規定により、被担当者は当事者適格を失い、担当者に当事者として訴訟追行権限が委ねられており、被担当者の手続保障に適切な代行が見込まれるとして、被担当者へ判決効が及ぶことも正当化される。第三者である担当者の受けた判決の効力は訴訟物たる権利義務の帰属主体である被担当者に及ぶ（115 I ②）。

　債権者代位訴訟の場合にも、債務者の攻撃防御の機会は債権者により代替され、被担当者の利益も守られるとして、その判決効も債務者に対し有利にも不利にも拡張される。代位債権者は法定訴訟担当の地位にあり、その判決の効力が債務者に及ぶ（115 I ②）。しかし、代位行使によって、債務者の管理処分権は失われない（民 423 の 5）。債務者が代位訴訟に関与する機会は保障（手続保障）されなければならない。よって、債権者は、被代位権利の行使に係る訴えを提起したときは、遅滞なく債務者に対し訴訟告知をしなければならない（民 423 の 6）。債務者はこれにより、当該訴訟に共同訴訟参加（52）または補助参加（42）をすることができる（株主代表訴訟に関する会社 849 I 参照）。また、訴訟担当により、担当者が当事者として受けた判決の効力（115 I ①）が、被担当者である実質的利益の帰属主体にも及ぶ（115 I ②）のは、訴訟担当者が代位の要件を充たし、当事者適格を有していた場合である。そうでなければ、債務者の攻撃防御の機会は債権者により代替され、被担当者の利益も守られるとの理はあてはまらない。債権者代位訴訟の当事者適格については、主張のみで判断されるとの一般的考え方はとられない。被保全債権の発生原因たる事実と債務者が無資力であること（保全の必要性）は、当事者適格を基礎づける要件事実であり、請求原因となる。債権者代位訴訟では、訴訟物につき権利帰属者であることを主張しない者に訴訟追行権を認める点で、一般の給付訴訟と状況が異なる。よって、被担当者が起こした後訴において、前訴の当事者である担当者が代位の要件を欠き、当事者適格を欠くとされた場合には、被担当者は前訴判決効の拘束を免れる。

　遺言執行者による訴訟担当の場合には、実質的利害関係者は相続人、受遺者であるが、遺贈の目的である財産の保全や回復を求める訴えについては、判例

は、遺言執行者と共に受遺者にも原告適格を認めている（最判昭和 30.5.10 民集 9 巻 6 号 657 頁、最判昭和 62.4.23 民集 41 巻 3 号 474 頁）。それに対し、被告適格については、相続人が遺言の無効を主張し、相続財産について自己の持分権の確認請求をする場合（最判昭和 31.9.18 民集 10 巻 9 号 1160 頁）、受遺者が遺贈義務の履行を求めて訴えを提起する場合（最判昭和 43.5.31 民集 22 巻 5 号 1137 頁）には、遺言執行者のみが有するとする。

4　任意的訴訟担当

（1）　意　義

任意的訴訟担当とは、訴訟物たる権利義務の帰属主体の授権によって第三者が当事者適格を得る場合である。法律が明文をもって認める制度としては、選定当事者（30）、手形の取立委任裏書の被裏書人（手 18）、建物の区分所有等に関する法律に定める管理者（建物区分 26 Ⅳ・57 Ⅲ・58 Ⅳ・59 Ⅱ・60 Ⅱ）、サービサー（債権回収 11 Ⅰ）があり、それぞれの要件（授権を含む。）を充たすことにより訴訟担当が認められる。

任意的訴訟担当の場合にも、第三者である担当者の受けた判決の効力は、訴訟物たる権利義務の帰属主体である被担当者に及ぶ（115 Ⅰ ②）。担当者の受けた判決は、被担当者に効力が及ぶからこそ、勝訴判決であれば、例えば、被担当者は、この判決に自分のための執行文の付与を受けて強制執行することもできる（民執 23 Ⅰ ②・27 Ⅱ）。また、被担当者に（請求棄却の）効力が及ばないとすると、被担当者も別に訴えを提起することができ、訴訟の相手方は何度も応訴しなければならないことになり妥当ではないからである。

（2）　選定当事者

民事訴訟法で規定されている選定当事者（30）とは、共同の利益を有する多数の者の中から選ばれ、その多数の者を代表して全員のために当事者となる者を言う。選定当事者制度は、一部の者に代表して訴訟追行させることを認め、共同訴訟による訴訟法律関係の煩雑さを回避し、簡素化を図ることを目的とする。

共同の利益とは、①訴訟の目的たる権利または義務が同一の事実上及び法律

上の原因に基づくものであること、すなわち複数の者の間が共同訴訟人となり得る関係にあること（38）、②当事者双方の主要な攻撃防御方法を共通にすること、であると解されている（最判昭和 33.4.17 民集 12 巻 6 号 873 頁）。同じ列車に乗り合わせた者が転覆事故にあった場合等がその例となるであろう。このような場合には、被害者の中から選定当事者を選定して訴訟を追行させることができ、その選定当事者の受けた判決の効力は、選定者各自の損害賠償請求権については各選定者に及ぶ（115 I ②）。よって、勝訴判決であれば、選定者は各自、判決に自己の請求権について自己のための執行文の付与を受けて、鉄道会社の財産に対し強制執行することもできる（民執 23 I ②・27 II）。

なお、選定は、訴訟の始めからなされる場合だけではなく、共同訴訟として係属中の訴訟から選定者が脱退する（30 II）ということも、係属中の訴訟の当事者を自己のための当事者として、その請求を追加する（30 III）という方法によることも可能である。これにより、不特定多数の者に対する拡散的被害について訴訟による救済の道が開かれたと評されている。

（3） 明文規定のない任意的訴訟担当

明文規定がない場合については、弁護士代理の原則（54）や単に訴訟行為をさせることを主たる目的として行う訴訟信託の禁止（信託10）との関係で問題となる。実質的にこれらと同視し得る行為が許されるなら、弁護士でない者が報酬を得て他者の紛争に介入することになり、三百代言の弊害等を生むと考えられるからである。では、選定当事者のように明文で認められた場合にのみ本来の権利主体の授権による訴訟担当は認められるのか。

判例は、当事者適格について、①訴訟物である権利または法律関係について管理処分権を有する権利主体が当事者適格を有するのを原則とすること、②第三者であっても、直接法律の規定により一定の権利または法律関係につき当事者適格を有することがある（法定訴訟担当）ほか、③本来の権利主体からその意思に基づいて訴訟追行権を授与されることにより当事者適格が認められる場合もあり得る（任意的訴訟担当）と述べ、さらに、④明文規定のない任意的訴訟担当について、選定当事者制度は、任意的訴訟信託（訴訟担当）が許容される原則的な場合を示すに止まり、同条の手続による以外に任意的訴訟担当を許され

ないと解すべきではなく、弁護士代理の原則や訴訟信託の禁止の趣旨より、このような制限を回避・潜脱するおそれがなく、かつ、認めるべき合理的必要がある場合には許容されるとした。

そして、民法上の組合の業務執行組合員について、単に訴訟追行権のみが授与されたものではなく、実体上の管理権、対外的業務執行権とともに授与されているのであるから、それら制限の回避・潜脱のおそれはなく、特段の事情のない限り、合理的必要を欠くものとは言えず、許容されるとした（最判昭和45.11.11 民集 24 巻 12 号 1854 頁）。

訴訟追行の授権ということについて言えば、上記判例のように、組合規約により業務執行権を与えられた組合員に訴訟追行権限を授与し、任意的訴訟担当として訴訟追行を認めることができれば、選定当事者制度による場合のように訴訟提起に際しての個別的・明示的な授権は不要となり、便宜である。また、選定当事者制度によることができる場合に選定手続を欠いたとしても、任意的訴訟担当を認めることができれば救済される。

なお、判例によれば、民法上の組合も民事訴訟法 29 条に該当し、組合名義で訴訟追行できるとされるが、選定当事者の方法を採ることができるのは 29 条に該当しないものとされている（30 I）ことから、そもそも選定当事者制度の利用はできないのではないかとも考えられるが、この制度は利用者の便宜のための制度であり、また、29 条により社団としての当事者能力が認められるかどうかの判断が難しい場合もあることから、組合員に選定当事者制度の利用を認めてよいのではないだろうか。

その他、判例は、講元について認めたもの（大判昭和 11.1.14 民集 15 巻 1 頁、最判昭和 35.6.28 民集 14 巻 8 号 1558 頁）があるが、労働組合による労働者の労働契約上の権利についての訴訟追行権は否定している（最判昭和 27.4.2 民集 6 巻 4 号 387 頁、最判昭和 35.10.21 民集 14 巻 12 号 2651 頁）。

学説は、かつては正当な業務上の必要があるときに任意的訴訟担当を認めるべきである（正当業務説）と限定的に捉えたが、より広く、次のような場合に認められるとする実質関係説が有力となっている。

ひとつは、被担当者の訴訟が提起されたなら、担当者がその訴訟につき補助

参加できるような利害関係を有することを要件とするものであり、担当者自身が実体的利益を有する場合である。もうひとつの場合は、担当者自身が実体的利益を有さずとも、担当者に訴訟追行権限を含む包括的な管理権限の授権があることに加え、担当者が被担当者の権利関係の発生や管理について現実に密接な関与をしていることを要件とする。こういった場合であれば、懸念される弊害は生じないということであろう。

　以上は、弁護士代理の原則等との関係で任意的訴訟担当の許容性を検討するものであるが、さらに、訴訟費用の負担者等、原告が代わることによる相手方当事者の不利益、また、被担当者の利益保護の視点からも担当者と被担当者の実体関係は問われよう。

（4）　紛争管理権説

　これまで述べたように、当事者適格は、「訴訟の結果にかかる重大な利益」を有する者に認められるのだが、環境問題、消費者問題等においては、被害としては大きくなくとも被害者が多数に上り、その訴訟物は特定の者のみに帰属する権利義務とは考えられず、誰が当事者となるべきか、なることができるのかという当事者適格の判断は困難となる。これら問題につき訴訟による解決の道を開くために、誰に攻撃防御の機会を保障すれば利害関係者全員の納得が得られる訴訟追行が期待できるのかを考えることになろうが、訴訟提起前に紛争解決のために行動をしてきた者を紛争管理権者として当事者適格を認めるべきだとの説が提唱された。判例は、法律上の規定ないし当事者からの授権なくして第三者が訴訟追行権を取得するとする根拠に乏しく、かかる見解は採用の限りではない（最判昭和60.12.20 裁判集民146 号339 頁）と斥けたが、その後、紛争管理権説は再構成され、紛争管理権者は、多数住民から訴訟追行の授権を受け、任意的訴訟担当として差止請求等についての当事者適格を取得し得るとし、弁護士代理の原則等との関係及び認めるべき合理的必要の検討がなされている。また、適格認定を受けた消費者団体に事業者等の違法行為に対する差止請求権を認める消費者団体訴訟制度（消費契約12 以下）は、拡散的利益について訴訟上の保護を図ろうとするものであり、紛争管理権説と目的を共通にするものである。

7 当事者の交代——訴訟係属中の承継人

1 係争物の承継——特定承継

　例えば、XはYに対し、800万円の貸金返還請求訴訟を提起したところ、Yは借りていない、あるいは返済したと争い、Xは立証の術がなく負けそうである。そこで、Xは敗訴して全く取り戻せないよりはと考え、訴訟の途中で、訴訟物たる貸金債権をZに200万円で譲渡した。この場合、Xには訴訟を続ける必要はなくなり、仮にXが判決を得たとしてもその効力はZには及ばない（115Ⅰ）。Zは新たに訴えなければならず、また、Yも最初からやり直さなければならないのか。

　また、例えば、XのYに対する建物収去土地明渡請求訴訟の途中で、被告Y所有の係争物である建物をZが賃借し居住した。建物はYの所有であるからYに対する建物収去土地明渡請求訴訟は続ける必要がある。しかし、Yに対する判決のみではその効力はZには及ばず（115Ⅰ）、建物収去土地明渡しは実現されない。XはZに対し新たに訴えを起こさなければならず、また、居住し続けたいと考えるZは、新たに訴えを提起し、あるいは訴えられるのを待たなければならないのか。

　このような場合に、新たに訴訟をやり直さなければならないというのでは、相手方にとっては理不尽な思いであろうし、訴訟経済上も望ましくない。そこで、我が国では、訴訟承継主義を採り、承継人を当事者として訴訟に加入させ、前主の訴訟上の地位を承継させるものとした。承継の方法としては、上述の貸金返還請求訴訟の例で言えば、Zが自ら参加する（47Ⅰ）「参加承継」と、Yの申立てにより、Zに訴訟を引き受けさせる（50・51）「引受承継」が考えられ、Xは訴訟から脱退することができる（48）。また、建物収去明渡請求訴訟の例で言えば、Zが自ら参加（47Ⅰ・51）する「参加承継」と、Xの申立てによりZに訴訟を引き受けさせる（50）「引受承継」が考えられる（最判昭和41.3.22民集20巻3号484頁）。そして、いずれの場合も、承継人は、旧当事者が追行した訴訟の結果をそのまま承継し（49・51参照。大判昭和16.10.8民集20巻1269頁）、弁論も証拠調べも裁判も、承継人と相手方との関係でも効力を有すると解され

る（通説）。

　しかし、訴訟係属中に承継原因が生じていても、訴訟承継がなされないまま手続が続行された場合には、判決の効力は訴訟係属中の承継人には及ばない（115Ⅰ③）ため、訴訟が無駄となる。ドイツ法では、訴訟係属中の承継人にも既判力が拡張される（当事者恒定主義）ので、このような不都合は生じないが、承継人の手続保障に配慮し、訴訟承継主義をとる我が国では、このような帰結を招く。我が国では、当事者恒定効を有する占有移転の仮処分（民保62）により、このような不都合に対処することが考えられるが、救済されるのは原告のみであるという限界がある。

2　当事者の死亡等——当然承継

　当事者の死亡、法人の合併による消滅、当事者の破産手続の開始（124Ⅰ①・②、破44Ⅰ）等により、当事者が、訴訟の途中でその地位に止まることができなくなった場合にも、それまでの訴訟追行を無に帰するのではなく、訴訟外で相続人が財産を相続するように、訴訟上も当事者の交代を認めて従前の訴訟状態を引き継がせることとした。この場合には、特定承継の場合とは異なり、訴訟参加も訴訟引受けも要さず、訴訟は当然に承継されるが、手続保障のため、新たな当事者が受継するまで、訴訟手続を停止する（124・126・129）。当事者の一方が欠けると、二当事者対立構造は崩れ、訴訟は終了するが、受継により当事者は不在とはならないし、当事者能力を失うことにもならない。

3　訴訟手続の停止

（1）　停　止

　訴訟係属中に、一定の事由の発生により、法律上、その訴訟手続が進行しない状態になることを訴訟手続の停止と言う。裁判所が期日の指定をせず（実務上の「追って指定」）、当事者の欠席等により事実上手続が停止している場合、また、除斥または忌避の申立てに基づく停止（26）はこれにあたらない。停止には、中断と中止がある。

（2）中断

　中断とは、訴訟係属中、一方の当事者側の訴訟追行者に交代すべき事由が生じた場合に、新追行者が訴訟に関与できるまで手続の進行を停止するものであり、法定の事由によって当然に発生し、裁判所や当事者の知・不知を問わない。その趣旨は、交替すべき事由ある当事者の手続関与の機会を失わせないことにある。

　中断事由としては、当事者の死亡、法人の場合には合併による消滅（124 I ①・②）といった当事者能力を喪失した場合が挙げられる。ただし、訴訟物である権利、法律関係が一審専属的なものである場合には、中断されずに訴訟は終了する（人訴27）。

　また、当事者の訴訟能力の喪失、法定代理人の死亡、法定代理権の消滅（124 I ③）の場合にも中断する。本人が有効に訴訟行為をすることができない、あるいは本人のために訴訟行為をする者がいなくなるからである。ただし、代理権の消滅については、手続安定の要請から、能力を回復した本人または代理人から相手方に通知しなければその効力を生じない（36 I）ため、その間は手続も中断しないが、本人が訴訟無能力のまま法定代理人が死亡、あるいは訴訟能力を喪失した場合には、通知は不能であるから、通知なくして消滅の効力を認め、手続は直ちに中断する。また、訴訟代理人の死亡や訴訟代理権の消滅の場合には、本人自ら訴訟行為を行うことができるため、中断事由とはされていない。

　そのほか、当事者適格を喪失した場合（124 I ④・⑤・⑥）にも中断するが、選定当事者については、その全員が死亡し、またはその資格を喪失した場合（124 I ⑥・30 V）であり、選定の取消しの場合には、相手方に通知しなければ効力を生じない（36 II）ため、その間は手続も中断しない。訴訟係属中に当事者が破産した場合（破44 I）には個別執行の禁止により、訴訟係属中に破産手続が終了した場合（破44 IV）にも訴訟追行者の交代が生ずるので中断する。

　例外として、訴訟代理人がいる場合には、訴訟手続は中断しない（124 II）。民法上の委任契約は信頼関係を基礎とする一身専属的な関係であるが、訴訟委任は、弁護士に限られ（54）、委任事務の範囲が明確であること（55）、訴訟手

続の進行を考えるべきことから、訴訟代理権は、当事者の死亡や訴訟能力の喪失等によっては消滅しない（58 I）。

中断事由によって当事者の交代が生じる場合には、訴訟代理人は新当事者の代理人として訴訟を追行する（最判昭和 33.9.19 民集 12 巻 13 号 2062 頁、最判昭和 42.8.25 裁判集民 88 号 293 頁）。このとき、承継人がわからなくても、訴訟は従来の当事者の名でそのまま追行できる。判決も、新当事者が名宛人として表示されるべきであるが、死者名義の判決も、承継人に対する判決として有効である（仙台高判昭和 55.5.30 判タ 419 号 114 頁）。また、その判決を債務名義として執行する場合には、更正決定（257 I、規 160 I）によって当事者の氏名を更正する（前掲最判昭和 42.8.25）のか、民事執行法 27 条 2 項を準用して承継執行文を付与すべきであるのか見解は分かれるが、明白な誤りとは言えず、後者によるべきであると解される。

（3）　中断の解消

中断は受継されることにより解消される。受継の申立ては、法定の者（124 I 各号下段等）及び相手方（126）が、中断当時訴訟の係属する裁判所に、書面でしなければならない（規 51）。裁判所は、理由がないと認めるときは決定で却下し、却下決定に対しては通常抗告が認められる。理由があると認めるときは、独立の裁判を要さず、期日を指定し続行し、これに対する不服は続行された手続内で当事者適格を争うことによる。ただし、終局判決言渡し後の中断の場合には、上訴期間の起算点を明らかにする必要から、受継決定をし、送達をしなければならない。この受継決定は、中間裁判であり、独立した抗告は認められず、これに対する不服は終局判決に対する上訴による。

当事者双方が受継申立てを怠るときは、職権で、手続の続行を命ずることができる（129）。この場合、新たな訴訟追行者と相手方への告知（119）により、中断は解消される。

（4）　中　止

裁判所または当事者に何らかの障害事由が発生し、訴訟手続の進行が不能または不適当な場合に、法律上当然に、または裁判所の訴訟指揮上の措置（決定）により停止する。これを中止と言い、その趣旨は、中断と同じく手続関与の機

会を保障することにあるが、中断とは異なり、訴訟追行者の交代によるもので
はない。

　中止には、裁判所の職務執行不能による中止 (130)、当事者の故障による中
止 (131)、他の法令の定めによる裁判所の裁量による中止（民調 20 の 3 Ⅰ、家事
275 Ⅰ、特許 168 Ⅱ、裁判外紛争解決 26 等）がある。職務執行不能による中止とは、
天災等の事由により、職務執行が一般に不能な状態となった場合であり、中止
が解消されるのは、事由が消滅し職務執行が再開されたときである。当事者の
故障による中止とは、当事者側に不定期間の故障がある場合であり、裁判所へ
の交通の途絶、伝染病による隔離等、手続の続行が社会通念上不可能あるいは
著しく困難な事情があり、かつ、その事情が継続的で終期が予測できない場合
である。この場合の中止・解消は裁判所の決定により、告知によってその効力
を生ずる (119)。

（5）　停止の効果

　停止中は、当事者も裁判所も、その事件についての訴訟行為を有効にするこ
とはできず、当事者の訴訟行為は、相手方との関係で無効である。例外は、受
継の申立てとそれに関する裁判、続行命令または中止を取り消す決定等、停止
を解消する行為と回避、判決の合議またはその作成等、裁判所の内部でのみ効
力を生ずる行為である。また、口頭弁論終結後に中断が生じた場合には、判決
を言い渡すことはできる (132 Ⅰ) が、上訴期間の保障のため、送達は中断の解
消を待たねばならない。

　訴訟手続の停止により期間も進行を停止し、停止解消後に、改めて全期間が
進行する (132 Ⅱ)。

第5章　審理の対象

①　訴訟要件総論

1　訴訟要件の意義

　訴訟要件とは、原告の被告に対する特定の権利主張（訴訟上の請求）の当否についての判決（本案判決）を下すための前提となる要件を言い、国家機関である裁判所が審理し本案判決をなすに値する訴えであるか否かを選別するために求められ、訴訟要件を欠く訴えは、不適法として却下される（訴訟判決）。いわゆる門前払いの判決である。

2　訴訟要件の種類

　訴訟要件には、裁判所に関するものとしては、当事者及び事件が我が国の裁判権に服すること、受訴裁判所が管轄権を有することがある。当事者に関するものとしては、当事者能力・当事者適格をそれぞれ有することがあり、また、訴訟能力や訴訟代理権については、個々の訴訟行為の有効要件であるが、訴え提起時にそれらを欠くと訴えは不適法却下となるため、訴訟開始時のみ訴訟要件となるとするのが通説である。訴訟物に関するものとしては、訴えの利益を有すること、同じく訴えの利益の問題であるとする見解もあるが、重複訴訟の禁止（142）・再訴の禁止（262Ⅱ）・別訴の禁止（人訴25）に反しないこと、不起訴の合意や仲裁契約がないことがある。そして、訴え提起や訴状の送達が有効になされていることも訴訟要件のひとつである。

3　訴訟要件の審査方法

　訴訟要件の調査は、当事者からの主張があって、はじめて調査を開始する

（抗弁事項）のか、それとも当事者からの主張の有無を問わずに、裁判所が職権による調査を開始する（職権調査事項）のかは、個々の訴訟要件により異なる。

　上述のように、訴訟要件は、裁判所・当事者・訴訟物に関するもの等、様々であり、その審査は、裁判制度の合理的で円滑な運用を維持するという公益の見地からなされるものであるが、個々の訴訟要件についてみると、当事者意思が尊重されて認められたものもあり、それぞれ公益性の程度は異なっている。不起訴の合意、仲裁契約、訴訟費用についての担保提供 (78) 等、公益性の弱いものは抗弁事項、そうでないものについては職権調査事項であると解される。

　また、訴訟要件の存否の判断の基礎となる資料について、裁判所が職権により収集できる（職権探知主義）のか、当事者が提出した資料に限られる（弁論主義）のかも個々の訴訟要件により異なる。抗弁事項、そしてまた、任意管轄、訴えの利益、当事者適格等も職権調査事項ではあるが公益性は弱く、弁論主義によればよいと考えられるのに対し、裁判権、専属管轄、当事者の実在、当事者能力、訴訟能力、代理権等は、職権探知主義によるとするのが通説である。

4　訴訟判決と本案判決

　訴えとは、原告が、裁判所に対して、被告に対する特定の権利主張（訴訟上の請求）を提示し、その当否についての審理及び判決（本案判決）を求める訴訟行為（申立て）を言い、裁判所に対する行為であるが、被告に対する権利主張を含んでいる。そして、訴訟要件が、裁判所が審理し、本案判決をなすに値する訴えであるか否かということを選別するものであることからすれば、理論的には、原告の被告に対する権利主張の当否の判断に先立ち、その審理・判断がなされるのであろうが、訴訟要件の有無は容易に判断のつくものばかりではなく、当事者適格、訴えの利益等の訴訟要件の審理と本案請求の審理は渾然一体となって進められる。当事者能力や裁判権のような場合は別として、訴訟要件を欠いたとしても裁判所は本案の審理を進めることができる。訴訟要件は、本案審理ではなく本案判決の前提要件である。

　したがって、訴訟要件を欠くときは、補正が可能であれば補正命令を、管轄

違いの場合は移送をする。しかし、口頭弁論終結時までに具備されないとき
は、訴えは却下される。また、訴訟要件の欠缺を看過して本案判決がなされた
場合、訴訟要件を具備しているにもかかわらず訴え却下の判決がなされた場合
には、上訴により争うことができる。ただし、判決の確定後は、再審事由（338
Ⅰ）にあたる場合のみということになる。

　では、訴訟要件の有無の判断は未だできないが、本案請求に理由がないこと
が明らかとなった場合に、請求棄却判決をすることは許されないか。この場
合、訴訟要件を欠くときには訴え却下の判決に、具備していても理由なしとし
て請求棄却の判決になり、敗訴に変わりはない。しかも、訴え却下の訴訟判決
の場合には、訴訟要件が具備されるに至れば、再度同一の訴訟物につき訴えを
提起することが可能となり、紛争の抜本的解決という見地からは請求棄却判決
に比べ劣ると言える。そうであるとすれば、訴訟要件の存否については不明の
ままでも、請求棄却の本案判決をすべきとも考えられる。

　この場合にも、すべての訴訟要件を一律に捉えることはできないと考える。
抗弁事項については、当然のことながら、主張されない限り裁判所は審理しな
くてもよい。また、任意管轄、当事者適格、訴えの利益等、公益性の弱いもの
についても存否不明のまま請求棄却判決をしてもよいであろう。これらが訴訟
要件とされるのは、裁判所と被告の負担に鑑み、不合理あるいは無駄な訴訟を
省こうとの趣旨に基づくものであるから、訴訟を終結させることができるの
に、訴訟要件のために審理を続けるというのでは背理だからである。しかし、
公益性が強く、当事者間の問題として処理すべきではないもの、また、再審事
由にあたるようなものについては、再審が認められれば裁判所にとっても当事
者にとっても負担はかえって増加することになるので、訴訟要件の判断をせず
に請求棄却判決をすることは認められないと考えられる。

２　訴訟物と処分権主義

1　処分権主義の意義と内容
　民事訴訟の対象となる民事紛争は、民法・商法等、私法の規律する領域にお

ける紛争であり、私法は私的自治の原則によって支配されている。よって、その解決にあたる民事訴訟においても、原則として、私的自治の原則が貫かれ、当事者自治の原則が採られている。民事訴訟の主要な対象である財産権は、個人の自由な意思に基づく処分に委ねられるとともに、その権利処分の結果については自己責任として拘束を受けるが、この考え方は、訴訟外のみならず、紛争解決の場としての民事訴訟手続においても妥当するものと考えられている。

　そこで、第一に、訴えを起こすかどうかは当事者が決める。民事訴訟においては、訴訟は原告の訴えの提起なしには始まらない。裁判所は民事上の揉め事があることがわかっても、職権で訴訟手続を開始することはなく、紛争の当事者からの申立てがあって、はじめて訴訟手続は開始される。

　また、どのような裁判を求めるかも当事者が決める。訴えを提起するにあたっては、当事者は、審理・判断の対象と範囲、いかなる種類の権利救済を求めるのか特定しなければならない。

　そして、訴訟をどのように終了させるかについても当事者が決定することができる。訴えの取下げ、請求の放棄・認諾、訴訟上の和解により、判決によることなく当事者の意思で訴訟を終了させることも認められており、これらの行為によりいずれも訴訟は終了し、請求の放棄・認諾、和解については、調書の記載は確定判決と同様の効力を生ずる（267）。

　このように、訴訟の開始・審理の対象・訴訟の終了について当事者に自由な処分を認める原則を処分権主義と言い、民事訴訟の基本原則（基本原則とは、法律を支配する基本的な考え方・立場を言い、個々の解釈問題において重要な指針となるものである。）とされている。

2　請求の特定

　訴訟物は、審判の対象であり、訴状における請求の趣旨と原因により、訴訟手続の始めから、原告が特定して提示する（134Ⅱ）。訴訟物が特定されなければ、裁判所にとっては審判の対象が明らかでないことになるし、被告にとっては防御のしようがなく、その判決内容は両当事者にとって不意打ちともなりかねないからである。訴訟物の特定は当事者がなし、裁判所は、当事者が申し立

てていない事項について、判決をすることができない（246）。申立事項と判決事項は一致しなければならない。

　当事者は訴訟物、判決の種類（給付・確認・形成）、審判の順位や併合形態（単純併合・選択的併合・予備的併合）、そして、いかなる範囲・限度で求めるのかを明らかにしなければならない。

　特定ありと言えるか否かの判断にあたっては、例えば、金銭債権であれば、原告は要求の最大限を明示せよとするのが判例であり、通説である。請求額は、防御の方法・程度について、被告の態度決定を左右し得ることから、手続保障上重要であると考えられることによる。また、差止請求訴訟において、判例は、一定の騒音以上は出さないようにせよと求めるように、具体的な作為・不作為が特定されない抽象的不作為判決も、間接強制の方法によることができるから、そのような判決を求める申立ても不作為義務の内容の特定については欠けるところはなく、適法であるとされる（名古屋高判昭和60.4.12下民集34巻1～4号461頁）。差止めの対象も作為・不作為の方法も、原告に特定を強いることは酷であり、被告にその判断を委ねる方が公平であり、それによって防御権を害することにもならないと考えられ、妥当であろう。

3　訴訟物の特定基準

　訴訟物の特定基準については、実定法には定められておらず、解釈に委ねられており、大きく分けて2つの考え方がある。例えば、医療過誤による損害賠償を請求する場合に、不法行為に基づく請求と診療契約の不履行に基づく請求とが考えられるが、多数説も判例も、その目的はいずれも被った損害の回復を求めるもので変わりがないが、実体法上はそれぞれ異なる条文で規定されていれば別個の権利であるとして請求権の併存（請求権の競合）を認めている。そして、このような場合、判例、実務は、実体法上の個々の請求権（権利）を基準とし、訴訟上の請求は、実体法上の個別的・具体的な請求権そのものの主張であるとする。旧訴訟物理論と言う。

　これに対し、実体法上の請求権の単複異同によらず、訴訟法独自の観点から構成するのが新訴訟物理論であり、給付請求訴訟においては、原告が訴えを

もって主張している「給付を求め得る地位」の個数で決める。すなわち、全実体法秩序が肯定する給付の回数を基準とし、二重に給付を受けられない限りは訴訟物は1個であると考える。先ほどの例で言うと、新訴訟物理論によれば、不法行為に基づくか診療契約不履行に基づくかによって訴訟物を異にするものではなく、それらは訴訟物を支える法的観点、攻撃防御方法にすぎないと位置づけられる。

　さて、旧訴訟物理論によれば、不法行為による損害賠償請求権と債務不履行による損害賠償請求権とは訴訟物は別であると考える。そのため、両請求権をともに訴訟物とする場合には請求の併合（136）となり、途中で戦術を変える場合には訴えの変更（143）となる。また、それぞれについて別々に訴えを提起したとしても重複訴訟の禁止（142）には触れない。そして、一方のみを主張して敗訴した場合に、もう一方を主張して改めて訴えを起こしても既判力によって遮断されることもない（114Ⅰ）。この結果は妥当であろうか。それぞれ別に訴えを起こすことを認めるのは、コスト、効率の視点からは望ましくない。また、被告の立場からしても、何度も応訴させられるのは酷に思える。

　新訴訟物理論によれば、このような結果は避けることができる。新訴訟物理論がこのような場合に訴訟物はひとつであると考えたのは、社会常識的に1個の紛争と考えられるものは、法的にも1回の訴訟で解決するのが訴訟制度として望ましいし、当事者の合理的意思にも合致すると考えたことによる。

　しかし、原告は訴訟に勝つための法的観点はすべて主張しておかなければ既判力により遮断されて争えなくなる。これは原告にとって酷であるとは言えないか。我が国は弁護士強制主義を採っていないが、本人訴訟の場合に、裁判所はどこまで釈明を尽くすべき、あるいは尽くすことができるのであろうか。裁判所の負担、裁判官の資質・意欲に関わることである。新訴訟物理論は紛争解決の一回性ということを重んじ、紛争の分断を否定するが、民事訴訟は当事者の意思を尊重する仕組みとなっており（処分権主義、弁論主義）、このような当事者による紛争の分断も、権利濫用にならない限りは許されると考える。また、このように考えても、被告にも、1回の訴訟手続で解決したいと望むときには反訴（146）という手段が認められており、不当に害するとも言えない。さら

に、訴訟物を大きく捉えることは、かえって訴訟を複雑にし、審理の効率と迅速という見地からも一概によいとも言えない。何より、旧訴訟物理論は訴訟物を実体法毎に考えるものであって確定基準として明確であり、実体法とも親和的である。

とは言え、旧訴訟物理論によっても、原告は、訴えの客観的併合 (136) により、1回の訴訟で解決するべきであるし、裁判官もそのように釈明権を行使するべきである。では、債務不履行による損害賠償請求権と不法行為による損害賠償請求権、両方ともに主張して訴えた場合に、訴訟物毎に二重に給付判決がなされるのであろうか。実務は、訴訟物は複数であり請求の併合 (136) となるとしながら、二重の給付判決は認めない。その理論構成としては、一方の認容を解除条件とする選択的併合であるとみる。訴訟上同時に主張されたときは、原告はいずれか一方のみの認容を求めているのであり、どちらか一方が認容されれば他方については判断を求めていないと考える。裁判所もまた、審理しやすい方を選び判決してよく、その判断に既判力が生ずることになる。

4　一部請求と訴訟物
（1）　一部請求の意義と目的

例えば、貸金債権1000万円のうち、200万円のみを求めるというように、数量的に可分な債権（特に金銭債権）につき、原告が請求をその一部のみに限定することを一部請求と言う。何故そのようなことをするかと言えば、訴訟費用節約のためである。請求が認められるかどうか、いくら認められるか、特に慰謝料等についてはその額の予測が困難であることから、訴訟をしてみて認められるようであれば、残りも請求しようと考えるわけである。

（2）　一部請求と重複訴訟の禁止

訴訟の外であれば、1個の債権を分割して請求することは何ら問題とはならない。しかし、訴訟上は異なる考慮を要する。処分権主義等を理由に認めてよいとの考え方もあるが、分断して訴訟が行われるなら、応訴させられる被告には煩わしく酷であるし、訴訟経済上も一度で済ませる方が望ましい。

例えば、裁判官により判断が異なるという危険を避けるため、敢えて数個の

一部請求の訴えを同時か、または相前後して提起することが許されるであろうか。過度に細分化すれば権利濫用の抗弁があり得るであろう。また、重複訴訟の禁止（142）に触れるか否かは、議論のあるところであるが、試験訴訟のような場合にはその必要性が認められるとしても、前訴判決をみないうちに相前後して訴えを提起することは、権利の濫用にあたらずとも認める必要性はなく、禁ずるべきものと考える。

（3）　残額請求の可否

　では、同じく1個の債権の訴訟上の分割行使でも、判決確定後の残額請求は認められるであろうか。判決が確定すると既判力が生じ、その訴訟物の当否に関する判断は当該訴訟の当事者と後訴裁判所を拘束し、これと異なる主張、判断はできなくなる。一部請求の訴訟物と残額請求の訴訟物は同一であり、既判力は残部にも及ぶと考えれば認められないことになる。

　判例は、一部であることを明示して訴えが提起された場合には、訴訟物となるのはその一部のみであり、一部請求についての確定判決の既判力は残部の請求には及ばないとする（最判昭和37.8.10民集16巻8号1720頁、最判平成20.7.10金法1856号26頁）。無条件には認めないが、一部請求であることを明示した場合には、残額請求も認められるとされている。明示することを求めたのは、例えば、200万円請求された場合と1000万円請求された場合とで、被告の防御は異なり得る。請求額は、防御の方法・程度について、被告の態度決定を左右し得るからである。そして、請求額に応じた訴訟追行の結果である前訴判決の既判力は、残額請求の後訴には及ばないとしても、前訴判決を提出して、後訴で事実上、影響力を及ぼす、つまり、後訴の裁判官が前訴での判断を参考にすることはあり得ることから、被告の手続保障のためには一部であることを明示すべきだと考えられるのである。また、明示があれば被告は残債務不存在確認の反訴（146）を提起し、原告による訴訟の分断に対応することができるが、明示がなければ被告は残債務がないものと期待し、反訴という行動には出ないであろうことも理由とされる。

　しかし、また、判例は、一部であることを明示して訴えが提起された場合でも、一部請求を全部または一部棄却する敗訴判決がなされた場合には、残部請

求の訴えは、特段の事情がない限り、信義則に反して許されないとする（最判平成 10.6.12 民集 52 巻 4 号 1147 頁）。この判例は信義則を根拠としており、訴訟物や既判力について判断を示すものではないが、このような敗訴判決は、債権の全部について行われた審理の結果、残部として請求し得る部分が存在しないとの判断を示すものにほかならないと、債権の全部が実質的には審判の対象となっていることを述べている。明示の一部請求の場合には残部請求も認められるとの従前の判例を踏襲するものであるとすれば、訴訟物は既判力の範囲を画するが、審判の対象・範囲を画するものではないことになる。

（4）　一部請求と過失相殺等

　一部請求棄却後の後訴を信義則により認められないとした上記判例は、外側説を採用する判例（最判平成 6.11.22 民集 48 巻 7 号 1355 頁）を引用している。外側説とは、明示の一部請求において、弁済や相殺の抗弁あるいは過失相殺は、まず債権全体を認定し、全額を基準に相殺を行い、あるいはそこから弁済額を差し引き、残額があれば請求の範囲内で（処分権主義）支払いを命ずるものであり、多数説も判例もこの外側説を採っている（相殺の抗弁についての上記判例のほか、過失相殺につき最判昭和 48.4.5 民集 27 巻 3 号 419 頁）。過失相殺の場合であれば、原告は自己の過失分を考慮して一部請求をしていると考えられ、原告の意思に沿うことが理由として挙げられる。しかし、この理は他の相殺の抗弁の場合にはあてはまらないとの指摘があり、被告の受働債権指定権を害すべきではないとして、原告の請求額から相殺分を差し引くべきであるとする内側説も主張されている。被告は訴訟物となっている一部請求部分を排除するために、自己の債権を犠牲にして防御しようとしており、原告としても、請求を拡張すればよいのであるから酷であるとも言えないこと、さらに、既判力の範囲も理由とされる。判例のように明示の一部請求の場合には、請求された債権の一部のみが訴訟物となるのであれば、相殺がなされ、その残額・外側部分が消滅する場合には、既判力を及ぼすことはできない。また、明示することにより、訴訟物が請求額の部分に限定されるのであれば、請求額を基準に過失相殺するのが理論的であると考え、請求額を基準に過失相殺し、請求額から過失割合分を控除すると考えるのが按分説である。

　時効等により残部請求ができないおそれもあり、裁判所がその存在を認めるのであれば、原告に有利に、全額を基準としても公平を失するとも言えず、外側説が妥当であろう。しかし、外側説は、結局のところ、債権全体を審判の対象としていることとなり、一部であることの明示によりその一部のみが訴訟物となると考えるとき、訴訟物と審判の対象・範囲は一致しない。この場合、訴訟物は、時効の完成猶予の範囲（最判昭和 45.7.24 民集 24 巻 7 号 1177 頁）や既判力の範囲を限定するに止まることになる。

（5）　基準時後の後遺症

　不法行為に基づく損害賠償請求訴訟の判決確定後に、後遺症が判明した場合に、判例は、一部請求後の残部請求と解して救済を図る（最判昭和 42.7.18 民集 21 巻 6 号 1559 頁は、最判昭和 37.8.10 民集 16 巻 8 号 1720 頁を引用）。これに対しては、一部請求についての判例理論は、全額請求が可能であることが前提とされているが、判決確定後に判明した後遺症の場合には、前訴で全額請求することができない場合であるとの批判がある。しかし、損害賠償請求訴訟の訴訟物をどのように捉えたとしても、前訴の訴訟物には後遺症も含まれる。そして、一部であることの明示を求める趣旨が、被告の手続保障にあるとすれば、後遺症の場合には、「仮に後遺症が発生したとしても」と請求金額に未判明の後遺症も含むことが明示されない限り、一部請求であると解してよいと考える。

5　一部認容

（1）　量的一部認容

　処分権主義よりすれば、審判の範囲の設定は当事者に任されねばならず、訴訟物を特定することは、被告の防御権の保障にとって重要である。訴訟物の特定は当事者がなし、当事者の申立事項と判決事項は一致しなければならない(246)。では、次のような判決をすることは、それぞれ認められるのであろうか。申立事項と判決事項は一致していると言えるのだろうか。例えば、1000 万円の貸金返還請求に対し、800 万円の限度で請求を認容することは認められるか。原告の意思を合理的に解すれば、1000 万円が認容されないのであれば、請求を棄却するのではなく、認められる額について認容判決を求めるというこ

とにあろう。また、そのように解し、800万円の判決をしても、訴訟物は原告の被告に対する1000万円の貸金債権であり、申立事項の範囲を超えるものではなく、被告はそれを超える1000万円の請求に対して防御をしていたのであるから、不意打ちともならない。よって、そのような一部認容判決も許されると考えられる。

　また、債務者が債権者に対し、300万円の返還債務は存在しないことの確認を求めているときに、審理の結果、原告（債務者）は200万円しか弁済しておらず、100万円の債務が残っていることが明らかになった場合に、100万円を超えては存在しないという判決をすることも一部認容判決として許される。やはり、原告の意思に反するとも言えないし、訴訟物は原告の被告に対する300万円の金銭債務であり、申立事項の範囲を超えず、債権者である被告の防御権を害するものでもないからである。

　しかし、債務者が債権者に対し、債務の上限を明示し、債権者の主張する1000万円のうち、300万円を超える債務は存在しないことの確認を求めているときに、審理の結果、残存債務額は200万円であることが明らかになった場合に、200万円を超えては存在しないという判決をすることは許されない。訴訟物となっているのは、上限額である1000万円と原告の自認する300万円の間、その差額部分であり、そのような判決をすることは申立事項の範囲を超える。被告が防御の対象としているのは300万を超える部分であることから、それを下回る200万を超える債務の不存在を確認することは処分権主義に反するものである。

　これに対し、400万円を超えては存在しないという判決をすることは、申立事項の範囲内であり、被告の防御権も害さないことから量的一部認容判決として認められると考えられる。原告の意思としても、300万円を超えるときには、請求を棄却してほしいというのではなく、それを上回る額であったとしても、その限度を確認してほしいというものであろうし、300万円以上の部分については、被告の防御対象となっていたと考えらえるからである。

　また、債務の上限を明らかにせずに一定額を超える債務の不存在の確認を求める場合には、訴訟物の特定がなされているかという点で問題となるが、債務

の額については債権者と債務者に争いがあることも少なくないであろうから、請求の原因欄の記載から特定されれば足り、このような訴えも適法であると解する。そして、裁判所は、債務総額を確定のうえ、当該債務額から債務者の自認額を控除した残額の存否ないしその限度を明確に判断しなければならない（最判昭和40.9.17民集19巻6号1533頁）。

　なお、債務者が自認する部分については、上述のように訴訟物とはなっていないと考えることから、既判力は生じない。ただし、既に訴訟で解決された紛争の実質的な蒸返しであると考えられる訴えや主張は、信義則に反するとして斥けられる場合もあろう（最判平成10.6.12民集52巻4号1147頁）。

　このように、当事者が要求しないもの、また、要求以上を認容することは許されないが、要求以下のものを認容することは許される。これらは量的一部認容判決であって比較的首肯しやすいところである。同じように考え、名誉毀損を理由とする謝罪広告の請求に対して、広告文の内容を原告の求める表現より弱めたうえで請求認容判決をすることは許されるであろうし、登記の全部抹消を求める請求に対して一部抹消を命ずる判決をすることは許されると考える。

（2）　質的一部認容

　「量的一部認容判決」だけでなく、「質的一部認容判決」も処分権主義に違反するものではない。質的一部認容判決とは、認容主文について原告に対する何らかの負担が付された場合を言う。

　例えば、原告であるXは「Yから甲土地を3000万円で買った」と主張して所有権移転登記及び引渡しを求め、被告Yは請求棄却判決を求め、「残金1000万円との引換えを要求する」旨の抗弁権を行使した。証拠調べの結果、Y主張の未払残額があるとの心証を得たという場合には、裁判所は、「被告は、原告Xが金1000万円を支払うのと引き換えに、原告に対し甲土地の引渡し及び所有権移転登記手続をせよ」との引換給付を命ずる判決をするような場合である。

　このように、被告が反対債権を有し、同時履行の抗弁権が行使された場合には、裁判所が反対債権の存在を認める以上、原告の意思如何にかかわらず、引換給付判決によるほかはない。この場合には、民事訴訟法246条違反とはなら

ない。請求棄却とするよりは、残金との引換給付をというのが原告の合理的意思であると考えられ、被告の防御権を害することにもならない。

　しかし、例えば、無条件の建物明渡請求に対し、立退料の支払いを条件とする判決をすることは246条違反となるのか否かについては、その判断は難しくなる。この場合には、被告に立退料の支払請求権があるわけではなく、立退料を提供するか否かは賃貸人である原告の自由であり、その支払いの必要性、金額については、裁判所の裁量的判断による。よって、明渡しを求めるにあたって、立退料を支払うか否かは、原告の意思、申立ての趣旨によることになり、246条に反するか否かの判断にあたっては、原告の申立ての趣旨、そして被告にとっての不意打ちの有無を考えなければならないことになる。

　まず、原告が立退料の支払いを条件とし、または、建物の明渡しと引換えに立退料の申出をしている場合には、通説は、量的一部認容の場合と同様に捉え、原告が明示した立退料を減額して明渡しを命ずることは処分権主義に反するとする。また、原告が立退料と引換えに明渡しを求めている場合に、無条件の明渡しを命ずることも処分権主義に違反すると解する。ただし、主位的に無条件の明渡しを、予備的に立退料と引換えに明渡しを求めたときは、原告の明示額を減額しても、処分権主義には反せず、一部認容として認められると考える。

　これに対し、当事者が明示した申立額を超える立退料の支払いと引換えに明渡請求を認容することについては、判例は、申立額と格段の相違のない一定の範囲内であれば、原告の申立ての趣旨に反しないものとして許容する（最判昭和46.11.25民集25巻8号1343頁）。原告の意思としては、全部棄却されるよりは立退料が増額されても立退きを求めたいと考えるのが通常であろうから妥当であると考える。しかし、どの程度の額の相違であれば認められるかは、原告の経済状況にもより、明示した額を上限とするのが原告の意思であるときは、請求は棄却されるべきである。裁判所は当事者の意思を十分に確認のうえ、審理・判断しなければならないと考える。

　原告が無条件で明渡しを求めているとき、原告が立退料の支払いを申し出ていない場合にも、増額の場合と同様に考え、原告の申立ての趣旨に反しない限

り認めるのが通説である。請求棄却後に、原告が立退料を提示して再訴することになれば、訴訟経済上も被告の負担ということからも望ましくないからである。しかし、この場合には、処分権主義のみならず、弁論主義の問題ともなる。正当事由（借地借家28）は、過失と同様に評価概念で記述されている規範的要件であり、直接に証明の対象とすることができず、直接に証明の対象とすることができるのは、正当事由と評価され得る具体的事実であり、裁判所がそれら事実を当事者の主張なくして認定すれば不意打ちとなる。よって、正当事由と評価され得る具体的事実こそが主要事実であり、立退料につき当事者の主張がなければ裁判所は判決の基礎とすることはできない。また、弁論主義ということからすれば、被告が立退料の主張をし、原告が拒むときにも当事者のどちらか一方からの主張があれば、判決の基礎とすることはできそうである。どちらから主張されたにせよ、弁論の場に上っていれば不意打ちにもならない。しかし、立退料の支払いは、正当事由を補完するために明渡しの条件として提示されるものであり（借地借家28）、賃貸人が賃借人に立退料の支払いの申出をした事実が口頭弁論で主張されない限り、立退料の支払いを条件とする判決をすることは弁論主義に反し認められないと考えられる。よって、裁判所としては、無条件の立退きが認められない場合には、立退料を支払う意思があるのか否かを釈明権を行使して確認するべきであろう。だが、釈明権が行使されず、原告の支払いの申出の事実が主張されずに弁論が終結された場合には、「当事者の意思に反しない」と判断される限りで黙示の主張を認めてもよいのではないだろうか。そのように考えるなら、まずは、処分権主義に反しないと判断される場合、すなわち「申立ての趣旨に反しない」とされる場合には、弁論主義違反ともならないことになる。また、原告からすれば、できれば立退料なしに明け渡してもらいたいと考えるであろうから、争うことも特異ではなく、実際には原告にその意思ありと判断できるのであれば、上述のように、再訴の可能性もあり、弁論主義に反すると請求を棄却するのは妥当ではない。

　なお、立退料の支払いと建物の明渡しは同時履行の関係にあり。引換給付判決をするためには被告が抗弁権を行使する必要がある。

　そのほか、質的一部認容判決の例として、判例は、不執行の合意が給付請求

に対する抗弁になり得ることを認め、「Y は X に対し金○○円を支払え。前項
の判決は強制執行することができない」との一種の留保付判決を認めている
（最判平成 5.11.11 民集 47 巻 9 号 5255 頁）。そして、この場合、「執行しえない給付請
求権」の存在が既判力により確定され、執行文付与機関は執行文の付与を拒否
すべきことになろう。反対に、合意の存在を認めずになされた給付判決は、執
行し得る給付請求権の存在を確定するものであり、抗弁が主張されずに確定し
た場合には、不執行の合意の主張は既判力により遮断され、請求異議の訴え
（民執 35）の理由として主張することはできないと解される。

　また、「相続財産の限度で金○○円の支払をせよ」との留保付判決も一部認
容判決であり、この場合も、既判力により、相続財産の限度で支払いを命じた
確定判決があるときは、改めて無留保の判決を求める訴えは許されない（最判
昭和 49.4.26 民集 28 巻 3 号 503 頁）。執行機関は、執行目的物が相続財産に属するこ
とを確認してから執行を開始すべきであり、固有の財産が差し押さえられたと
きは、第三者異議の訴え（民執 38）により、固有の財産であることが外観上明
白であるときは、執行抗告（民執 10）または執行異議（民執 11）により相続人は
救済を求めることができる。

第6章 訴訟の開始

① 訴えの種類

1 訴えの意義

　訴えとは、原告が、裁判所に対して、被告に対する特定の権利主張（訴訟上の請求）を提示し、その当否についての審理及び判決（本案判決）を求める訴訟行為（申立て）を言い、裁判所に対する行為であるが、被告に対する権利主張を含んでいる。

　訴えにおいては、権利保護形式、審判形式も指定する。訴えは、裁判所に求める請求認容判決の効果、内容により、分類される。

2 訴えの利益

　訴えには、訴えの利益がなければならない。被告は無益な応訴の負担を免れたいであろうし、国家としても限られた司法資源を有効に活用したい。訴訟による紛争の解決が求められたとしても、紛争の解決に役立たない訴訟は排除しなければならない。訴えの利益とは、原告が訴えにより定立した審判対象である特定の請求に対し本案判決をすることが、当事者間の紛争の解決のために必要性と実効性を有することであり、個別具体的な訴訟につき、その請求内容と密接に関係して判断される訴訟要件である。訴えの利益を欠くときは、訴えは不適法として却下される。

　広義の訴えの利益として、そもそも紛争が裁判所で解決されるべきものか、法律上の争訟と言えるのかという審判権の限界が論ぜられる。権利保護の資格とも言われる。だが、訴えの利益を欠くために不適法となるのか、あるいは司法権の範囲に属さないので不適法となると考えるのかについては議論がある。

　また、狭義の訴えの利益（権利保護の利益）の中、各種の訴えに共通の利益として、その不存在が本案判決の要件となる消極的訴訟要件あるいは訴訟障害と呼ばれるものがある。例えば、同一の請求について原告が既に請求認容の確定判決を得ているときは、通常は、再度訴訟を行う必要性が認められない。また、起訴が禁止されている場合（重複訴訟の禁止（142）・再訴の禁止（262Ⅱ）・別訴の禁止（人訴25））にも、認められない。これらの場合には、既に本案判決を求める機会が与えられているからである。不起訴の合意、仲裁契約の存在によっても訴えの利益は否定される。だが、これらは訴えの利益の問題ではなく、それぞれの禁止規定、合意の効果として考える見解もある。そして、また、以下のように、それぞれの訴えの類型に応じた訴えの利益が求められる。

3　給付訴訟

　「給付訴訟」とは、原告が被告に対し特定の給付を求める給付請求権を主張し、その給付を命ずる判決を求める訴えである。給付には、金銭の支払い、物の引渡し、家屋収去請求等の作為を求めるもの、騒音の差止め等の不作為を求めるもののほか、不動産登記の抹消登記手続を求める場合のように意思表示を求めるものもある（意思表示の擬制。登記申請は登記権利者と義務者とが共同して行わなければならない（不登60）が、勝訴判決の確定により被告はその意思表示をしたものとみなされる。）。

（1）　現在の給付の訴え

　事実審口頭弁論終結時までに履行期が到来している給付請求権を主張する訴えが現在の給付の訴えである。現在の給付の訴えの場合には、被告が争っていなくても、現に給付を受けていないのであれば、債務名義を獲得するために確定判決を得る必要性があり、訴訟は実効性を有すると言え、訴えの利益が認められる。また、強制執行が法律上または事実上できなくても、給付判決により当事者の任意履行等も考えられることから、その必要性、実効性が認められる（最判昭和41.3.18民集20巻3号464頁、最判平成5.11.11民集47巻9号5255頁参照）。

（2）　将来の給付の訴え

　期限未到来あるいは条件付きのため、事実審の口頭弁論終結時には履行を求

めることができない請求権をあらかじめ主張しておく訴えを将来の給付の訴え
と言う。将来給付の訴えの提起が認められるのは、「あらかじめその請求をす
る必要がある場合」、すなわち、あらかじめ給付判決を得て債務名義を作成し
ておく必要があるときに限られる (135)。

　例えば、葬儀用の花輪や中元用の贈答品のように、定期行為 (民 542 I ④) に
基づく物の給付請求や、扶養料請求のように、履行が少しでも遅れると給付が
その本来の目的を達することができない、あるいは重大な損害が生じ得る場合
には、たとえ履行が確約されていたとしても、あらかじめ請求をなす必要が認
められる。

　また、義務者が既に義務の存在や態様を争い、あるいは履行を拒否する態度
を示しており、履行期が到来しても任意の履行が期待できない場合には、あら
かじめ請求をしておく必要があると考えられる。したがって、継続的または反
復的給付義務においては、既に履行期にある部分について不履行があれば、将
来の部分についても訴えの利益があると言える。

　物の引渡しを請求するとともに、その履行または執行不能の場合に備えて価
額相当額の賠償を求める代償請求をする訴えは、現在の給付の訴えと将来の給
付の訴えの単純併合であると解するのが通説であり判例である (大判昭和 15.3.13
民集 19 巻 530 頁) が、既に履行期にある物の引渡しがなされておらず、任意の
履行が期待できない以上、将来給付の部分である代償請求についても訴えの利
益が認められるであろう。

　だが、あらかじめ判決をする必要性が認められても、現実化の可能性が低
い、あるいはその内容が流動的であり未だ十分に具体化できない給付請求権に
ついては、さらなる検討が必要である。例えば、不法行為が現に継続している
場合に、将来の不法行為について将来の損害の賠償を請求する訴えが認められ
るであろうか。この場合には、履行期が到来していないのみならず、請求権の
原因である不法行為も未だ発生していない。訴えの利益を認めないとすれば、
将来の分については、原告は、損害が現実化した時点で再度訴えを起こさなけ
ればならないということになる。反対に、訴えの利益ありということになれ
ば、将来、請求権の成否・内容に変動が生じた場合、執行阻止のためには被告

が請求異議の訴え（民執 35）を起こさなければならない。

　判例は、①請求権の基礎となるべき事実関係及び法律関係が存在し、その継続が予測され、②請求権の成否及び内容につき債務者に有利な将来の事情の変動があらかじめ明確に予測し得る事由に限られ、しかも③その変動につき請求異議の訴えにより、その事由の発生を証明してのみ執行を阻止し得るという負担を債務者に課しても格別不当ではない場合に限り、将来給付の訴えにおける請求権としての適格が認められるとする（最大判昭和 56.12.16 民集 35 巻 10 号 1369頁）。そして、不動産の不法占拠者に対する口頭弁論終結後、明渡しまでの賃料相当額の損害賠償請求については、①不法占拠者が簡単に明け渡さないことは十分予想され、②についても、不法占拠者に有利な影響を生ずる事由としては、不法占拠者が退去したとか、当該不動産を譲り受けたとかあらかじめ明確に予測し得る事由に限られており、③不法占拠者である者に請求異議の訴え（民執 35）により、執行を阻止する負担を課しても格別不当とは言えないと肯定する。しかし、この判例の事案は、航空機の騒音公害が争われた事案であり、事実審口頭弁論終結後の騒音を不法行為とする損害賠償請求については、将来の変動状況を把握することは困難であり、請求権の成否及びその額をあらかじめ一義的に明確に認定できず（②につき）、そのような不確定要素の立証・提訴責任は請求者において負うべきである（③）として、訴えの利益を否定している。

4　確認訴訟

　「確認訴訟」とは、原告が被告に対し特定の権利・法律関係等の存在または不存在を主張し、それを確認する判決を求める訴えであり、その機能は、観念的確定をもって法的安定を図り、紛争を予防することにある。判決で確定されたからには、たとえ本意ではなくとも従うのだという意識の確立された社会で機能を果たす訴訟類型であり、既に生じた権利侵害の除去を求めるのではなく、それ以前の原告の権利・法的地位に対する危険・不安を除去することを目的とする。また、例えば、土地明渡請求権の基礎となる原告の土地所有権を確認する等、給付訴訟で救済・実現が求められる個々の請求権の基の部分を確認

することにより、そこから派生する紛争を予防し、あるいは根こそぎ解決する
機能も有する。

　しかし、確認判決を得ても、給付判決のように強制執行が可能になるわけで
もなく、法律関係が明らかになるだけである。また、給付訴訟の場合には、そ
の対象は実体法上の給付請求権に限定されるが、確認の訴えの対象は、理論上
無限である。したがって、上記機能を発揮できる、紛争解決に役立つ訴えのみ
を選別する必要性はより高く、その基準となるのが確認の訴えの利益（確認の
利益）である。

　確認の利益の有無の判断にあたっては、確認対象の適否、解決手段としての
適否、即時確定の利益が問われる。

（1）　確認対象としての適否

　裁判は法律を判断基準とし、訴訟物たる権利義務の存否を判断することによ
り紛争を解決するものであることからすれば、確認訴訟の対象も権利関係・法
律関係であると考えられる。例えば、ある物の所有権者が原告であることの確
認を求める等、所有権・債権・親子関係の存在（積極的確認）・不存在（消極的確
認）等である。

　また、民事訴訟の対象となる法律関係は、時とともに変動し得ることから、
通常は、過去の法律関係について確認しても紛争の解決に役立たない。確認の
訴えの対象は、原則として、紛争の直接の対象である現在の権利ないし法律関
係でなければならない。例えば、XY間である土地の売買契約の成否が争われ
ている場合に、売買契約無効の確認を求めて訴えを提起しても認められない。
売買契約の無効というのは過去の法律関係（ないし事実）であって、確認の対象
は、それに基づく現在の所有権の帰属、売買代金支払請求権の有無等の現在の
権利義務関係となる。なぜなら、売買契約の有効性が争われているのだから、
その点がはっきりすれば現在の権利義務関係も明らかになり、紛争は収まると
も考えられる。しかし、売買契約の有効性が確認されても、その後、弁済等に
より売買代金支払請求権は消滅しているということもあり得るのであって、確
認対象としては、やはり適切ではない。

　しかし、書面真否確認の訴え（134の2）は、ある書面が作成者と主張される

者の意思によって作成されたか否か（文書の真正）という「過去の事実」を確認の対象とする訴えであるが、法により例外として認められている。確認の対象となる証書は、その内容から直接に一定の権利関係の成立・存否が証明されるものを言い（最判昭和 28.10.15 民集 7 巻 10 号 1083 頁）、有価証券、契約書、借用証書、遺言書、定款、寄付行為等である。文書の真正という過去の事実の確認も、その真否が確定されれば原告の現在の法的地位に対する危険・不安が除去され得るというように、確認判決に求められる機能を果たす限りで認められる。

　また、「過去の法律関係」であっても、「ある基本的な法律関係から生じた法律効果につき現在法律上の紛争が存在し、現在の権利または法律関係の個別的な確定が必ずしも紛争の抜本的解決をもたらさず、かえって、これらの権利または法律関係の基本となる法律関係を確定することが、紛争の直接かつ抜本的な解決のために最も適切かつ必要と認められる場合においては、右の基本的な法律関係の存否の確認を求める訴も、それが現在の法律関係であるか過去のそれであるかを問わず、確認の利益があるものと認めて、これを許容すべきものと解するのが相当である。」（最判昭和 47.11.9 民集 26 巻 9 号 1513 頁。最判昭和 45.7.15 民集 24 巻 7 号 861 頁も確認を認める必要がある場合があるとする。）。例えば、ある土地の所有権が争われ、その土地が相続人の所有に属するか否かが遺言の有効性に係る場合には、遺言は過去の法律行為であり、その土地の所有権の帰属が遺言に基づく現在の法律関係であることから、原則としては、所有権確認の訴えを起こすべきであり、遺言の有効性の確認を求める訴えは確認の利益を欠くということになりそうである。しかし、遺言から派生する様々な法律関係をめぐる争いを、その前提・基本となる遺言の有効性を確認することにより抜本的に解決することができると考えられることから、その確認の利益は認められると考える。この理は、株主総会等の決議無効確認の訴えのように、法律の明文により認められている場合もある（会社 830・829、人訴 2 ①、行訴 36）。

　遺言無効確認の訴えは、実質的には、遺言という法律行為から生ずべき現在の特定の法律関係の存否の確認を求めたものと解し、過去の法律関係は、現在の個別的法律関係に還元して解することができる場合に確認の対象となるとする判例（最判昭和 47.2.15 民集 26 巻 1 号 30 頁）もあるが、そのように現在の法律関

係に引き直さずとも、過去の法律関係であっても、その確認が紛争解決に有効である場合には確認の訴えの対象とすることは認められると考える。また、紛争解決のために、過去の事実または法律関係の確認を求めるよりほかに適切な方法がないときにも確認の利益は認められよう（最判昭和 32.7.20 民集 11 巻 7 号 1314 頁）。

　将来の権利・法律関係についても、一般的には、その発生が不確実であり、内容も不確定であることから、先に訴訟をしておいても無駄となる可能性があるため、確認訴訟の対象として適切ではないとも考えられる。しかし、後述の即時確定の利益が認められる場合には、確認訴訟が有する紛争の予防的救済機能を有効かつ適切に果たすことができるとして、確認対象とすることを認めてよいと考える。確認の対象が将来の法律関係であっても、一律に確認の利益を否定するべきではなく、即時確定の利益が認められ、確認訴訟のもつ紛争解決機能が発揮される限りは、認めるべきであろう。

（2）　解決手段としての適否

　確認の訴えは他の紛争解決形態がないときに用いられる（不代替性・補充性）。

　（1）　**請求権の確認**　　給付の訴えが可能なときには、確認の利益は通常は否定される。例えば、貸金請求権を有し、返してもらいたい場合、その確認の訴えを提起するよりも、返還を求める給付の訴えを提起する方が、返してもらうという目的実現のためには有効であろう。確認することにより任意に履行してくれるとは限らず、強制的実現を望むときには債務名義を得る必要があるからである。

　（2）　**請求権の前提となる基本的法律関係の確認**　　しかし、給付請求権の前提であり基本となる法律関係については、派生する給付請求権について給付訴訟が可能な場合でも、確認の利益は認められる。基本となる法律関係を既判力をもって確定することにより、その安定を得ることができるからである（最判昭和 29.12.16 民集 8 巻 12 号 2158 頁）。例えば、所有権に基づく土地の引渡請求という給付の訴えが可能でも、相手方が、原告の所有権を争うときは、所有権の確認の訴えは認められる。所有権自体の存否について確認しても強制執行をすることはできない。その点では、貸金請求権の場合と変わりないが、引渡請求権の

確認ではなく、その基である所有権の確認である。そして、仮に、引渡請求訴訟を起こし、勝訴判決を得たとしても、所有権自体の存否については既判力は及ばない（114 I）。そうであるとすれば、基本となる所有権自体の存否について確認することにより、所有権の存否から派生する、引渡しに限らない問題（登記等）も予防するという確認訴訟の本来の機能が期待できる。同様に、賃借権に基づく土地引渡請求の訴えについても、前提・基本となる賃借権について争いがある限り、確認の利益が認められよう（最判昭和 33.3.25 民集 12 巻 4 号 589頁）。

(3)　**本案判決の前提をなす手続問題の確認**　　だが、訴訟代理人の代理権の存否のように、本案判決の前提をなす手続問題の確認を別訴で求める利益はなく、判決の前提として、当該訴訟の中で判断すれば足りる（最判昭和 28.12.24 民集 7 巻 13 号 1644 頁、最判昭和 30.5.20 民集 9 巻 6 号 718 頁）。また、訴訟代理権を証する書面の真否確認を求める別訴も、確認の利益を欠くとされる（最判昭和 30.5.20民集 9 巻 6 号 718 頁）。訴訟代理権の存否の争いについて、当該訴訟の中で判断すべきであるとするのであれば、それを明らかにすることを目的とするこのような書面の真否確認の訴えを別訴によることも確認の利益を欠くと考えられる。

(4)　**消極的確認請求**　　また、原則として、消極的確認よりも積極的確認を求めなければならない。例えば、ある土地の所有権をめぐり争っている場合には、原告は、被告が所有者でないことの確認を求めるのではなく、自己が所有者であることの確認を求めるべきである。なぜなら、原告が所有者であることの確認を求めて勝訴すれば原告が所有者であることが確定し、両立しない被告の所有権は否定されることになるが、被告が所有者でないことの確認を求めて勝訴しても、所有者が誰であるかは確定されず、紛争解決の実効性が薄くなるからである。

（3）　**即時確定の利益**（紛争の成熟性）

(1)　**危険・不安の現在性**　　対象としても、手段としても確認の利益が認められる場合であっても、さらに、訴訟を起こして確認判決を得るほどの必要性が現にあるのかどうかが問われなければならない。例えば、ある土地の所有権を争っていない者に対し、自己が所有者であるとの確認を求める訴えは確認の

利益を欠く（最判昭和 40.5.20 民集 19 巻 4 号 859 頁）。給付訴訟とは異なるところである。確認の訴えは、被告が原告の権利や法的地位を否定し、あるいはそれに抵触する権利主張をしている等、原告の権利や法的地位に現に危険・不安が生じている場合でなければ原則として認められない。ただし、被告が争っていない場合でも、時効の中断のために必要である、あるいは戸籍などの公簿の記載の誤りを訂正するために確定判決が必要となる場合には、例外として認められる。

　債務不存在確認の訴えの利益は、被告から理由のない債権を主張されている場合、金銭債務不存在確認の訴えであれば、その存否または金額につき争いがある場合に認められる。しかし、債務不存在確認の訴えの場合には、債権の発生原因事実についての証明責任は訴えられる側である債権者が負うことから、証拠が整わない間に訴えが提起され、権利があるにもかかわらず敗訴するといった不当な事態が生じ得る。また、損害賠償請求においては、損害額についての加害者と被害者との認識が異なるのが通常であろう。よって、単に争いがあるだけでは足りず、より厳密に確認の利益を求めるべきと考えられる。

（2）**保護を求める地位の具体性・現実性**　　原告が保護を求める法的地位は十分に具体化、現実化したものでなければならない。よって、将来の法的地位の確認は原則として認められない。将来の法的地位については、将来その不安が現実化したときに訴訟をすればよいし、将来のことは不確定であり、先に訴訟をしておいても無駄となる可能性もあるからである。同様に、現在の権利、法的地位であると解される場合でも、十分に具体化、現実化したものでない場合には認められない。

　例えば、被相続人生存中は、推定相続人の法定地位は、単に、将来相続の際、被相続人の権利義務を包括的に承継すべき期待権を有するだけであって、未だ、十分に具体化、現実化されておらず、即時確定の利益は認められない（最判昭和 30.12.26 民集 9 巻 14 号 2082 頁）。同様に、遺言者の生存中に推定相続人が遺言無効確認の訴えを提起することも認められない（最判平成 11.6.11 家月 52 巻 1 号 81 頁。ただし、この判例は、遺言は遺言者の死亡によりはじめてその効力が生ずるものであり（民 985 I）、また、新たに遺言をすれば以前の遺言は失効し（民 1022 以下）、遺言者

の死亡以前に受遺者が死亡したときには遺贈の効力は生じない（民994Ⅰ）のであるから、遺言者の生存中は遺贈を定めた遺言によって何らの法律関係も発生しない。したがって、受遺者とされる者の地位は、確認の訴えの対象となる権利または法律関係に該当しないと、受遺者の地位に着目し、確認対象としての適格を欠くとしている。）。

　だが、未発生の法律関係の確認であっても、不確定とは言えず、現段階で先んじて訴訟をする必要性がある場合には確認の利益は認めてよいと考えられる。例えば、判例は、賃貸借契約継続中の敷金返還請求権の存在確認の訴えについて、確認の利益を認めている（最判平成11.1.21民集53巻1号1頁）。敷金返還請求権は、「賃貸借終了後、建物明渡しがされた時において、それまでに生じた敷金の被担保債権一切を控除しなお残額があることを条件として、残存額につき発生するものであって（最判昭和48.2.2民集27巻1号80頁）、賃貸借契約終了前においても、このような条件付きの権利として存在するもの」であり、現在の権利または法律関係であるとして、確認対象としての適格を認めたうえ、即時確定の利益も認めた。

　賃貸借契約継続中の敷金返還請求権を、判例は、上記のように条件付の権利であると解するが、条件成就の可能性、すなわち契約の終了により具体化する蓋然性が高いと言える。また、判例の事案においては、契約継続中に既に敷金交付の事実が争われ、敷金の返還義務を負わないとの主張がなされているのであるから、契約終了時に返還がなされないとの原告の危険・不安が現実化する可能性が高いものであった。具体的な金額が定まらなくても、返還請求権の存否につき即時確定の利益が認められたのは妥当であろう。これに対し、退職金請求権の場合には、同じく条件付権利であると解したとしても（下級審の裁判例では、将来の権利であるとして不適法と解するものが多い。）、就業規則の変更の可能性もあり、将来発生するかどうか不確定なものであることから、認められないと解される。

(3)　確認判決の危険・不安の除去に対する有効性　　危険・不安が生じている現在の原告の権利または法的地位を直接確認の対象とする場合には、勝訴判決により、当該権利・法的地位の存在が既判力をもって確定されることから、危険・不安の除去にとって有効であると言える。しかし、過去の法律関係や事実

を確認の対象とする場合には、勝訴判決を得ることにより、危険・不安が生じている権利または法的地位の安定が図られるか否かは個別の検討を要することになる。

　また、判例は、法人の内部紛争等において、紛争関係者全員に判決の効力が及ぶのでなければならず、多数当事者の一部のみを当事者とする場合には、即時確定の利益を欠くとする（最判昭和 42.2.10 民集 21 巻 1 号 112 頁、最判昭和 44.7.10 民集 23 巻 8 号 1423 頁）。一部の者にしか判決効が及ばないのであれば、危険・不安の除去にとって有効ではないと解するものであるが、一部のみに対して下された判決も、事実上、他の者に対する行為規範として働くことを指摘して確認の利益を認める見解もある。

5　形成訴訟

　「形成訴訟」とは、原告が一定の形成要件の存在を主張して、それに基づく特定の権利・法律関係の変動を宣言する形成判決を求める訴えである。民事訴訟は民事紛争を対象とするが、民事の領域を規律する民法、商法等は私的自治の原則によって支配されている。したがって、民事上の権利・法律関係は、通常、当事者の意思のみで発生、変更、消滅する。しかし、裁判所に訴え、判決を得てはじめてその権利関係が変動することを法律が特別に規定している場合がある。例えば、婚姻の取消し（民 743）・離婚（民 770）等の人事訴訟、株主総会の決議の取消しの訴え（会社 831）等の会社訴訟、再審の訴え（338）等である。

　これら身分関係や会社関係の事件では、法的安定が重視され、法律関係の変動は、第三者との関係でも明確で画一的でなければならない（対世効）。そこで、判決の確定を待ってはじめて法律関係の変動を認めることとし、判決には法律関係を変動させる効力（形成力）を生じさせることにした。

　形成の訴えは、法が訴えの利益を認める場合に個別的に規定をおいている場合に認められるものであるから、規定の要件を具備している場合には原則として訴えの利益は認められる。しかし、訴え提起後の事情の変化によりその利益を欠くことになる場合がある。例えば、離婚訴訟中に協議離婚が成立したような場合には、形成判決によるまでもなくその目的が達成されているのであるか

ら、訴えの利益は失われる。

6　形式的形成訴訟

　「形式的形成訴訟」とは、形成訴訟と同じく判決の確定によって法律関係の
変動を生ぜしめるが、実体法に形成要件の定めがなく、裁判所が合目的的見地
から裁量によって判決を下すことが求められる訴訟である。当事者間に利害対
立があることから対審構造をとり、判決によるのであるが、法律を適用して裁
判するのではないから、訴訟事件ではなく、実質的には非訟事件であると言わ
れる。例えば、共有物分割の訴え（民258）においては、裁判所は、当事者の
言い分にとらわれずに合目的的見地から裁量によって具体的な分割方法を示す
判決を下す。遺産分割（民907）訴訟もそうである。

　隣接する土地の境界が事実上不明なために争いとなっている場合に、裁判所
の判決による境界線の確定を求める訴えを境界確定の訴えと言い、現在は、不
動産登記法において筆界（境界）の確定を求める訴えが前提とされている（不登
147・148）ほかに規定はないが、訴訟慣習法上認められている。この境界確定
の訴えの性質については議論があるが、通説・判例は形式的形成訴訟であると
解する。なぜなら、境界は、地番と地番の境界であり、地番によって表示され
る一筆の土地は私的所有・取引の単位であると同時に、課税上の単位ともな
り、また、市区町村の境界線ともなる公共的性格を有するものである。よっ
て、境界確定の訴えは、公簿上の地番と地番の境界線を確定する判決を求める
ものであって、私的所有権の範囲を確定するものではなく、私人がその範囲を
自由に決めることは認めるべきではなく、当事者の合意によって境界を変動す
ることは認められない（最判昭和42.12.26民集21巻10号2627頁）。裁判所は当事者
の申立てや主張に拘束されずに自ら正当と認める境界線を定めることができ、
処分権主義は適用されず、裁判所は当事者の主張する境界線の範囲に拘束され
ず（大判大正12.6.2民集2巻345頁）、不利益変更禁止の原則も適用されず（最判昭
和38.10.15民集17巻9号1220頁）、請求認諾の余地もない。弁論主義も排除され、
自白は裁判所を拘束しない。証明責任法理は適用されず、証拠から境界線を確
定できなくても請求棄却できず、裁量により合目的的に確定しなければならな

い。そして、取得時効の有無は境界の確定に考慮されず、境界確定の訴えの中では審理されない（最判昭和 43.2.22 民集 22 巻 2 号 270 頁）。

　しかし、境界確定の訴えが提起される目的は、自己の所有権の範囲を確定することにあろう。そして、境界がはっきりとすれば所有権の争いも治まるということが想定される。だが、境界が確定されても所有権の範囲について争いが残った場合、通説・判例によれば、公法上の境界を定めるものであって、私的所有権の範囲を確定するものではないことから再度所有権確認の訴えを提起することになり、実質的には目的を同じくする訴訟が 2 度行われ、紛争解決の効率ということからすれば望ましくない。また、判例は、境界確定の訴えの当事者適格は隣接する土地の所有者にあるとする（最判平成 7.3.7 民集 49 巻 3 号 919 頁）が、私人間の訴訟で公法上の境界を確定するというのは不合理である。よって、境界確定の訴えは形式的形成訴訟ではなく、土地の所有権の範囲の確認を求める訴えであると解する説もある。そして、土地所有権の範囲の確認を求める訴えであるということになれば、通常の訴訟と同様に、処分権主義も弁論主義も排除されない。しかし、境界確定の訴えという特殊な訴えが必要とされたのは、土地の境界線、所有権の範囲の証明が困難であることによる。所有権確認の訴えによることは、主張・立証の負担が重く原告にとって酷である。そのため、所有権の範囲の確認訴訟であるとする説も、証明責任の適用については、通常の訴訟とは異なるのであって、裁判所は、真偽不明の場合にも請求棄却とはせず、その判断で境界線を定めなければならない特殊な訴えとして境界確定の訴えを捉える。しかし、これはあくまでも境界が不明確ゆえに争いとなっている場合に限るべきである。公簿上の境界が確定されても、取得時効や合意の成立により所有権の範囲（境）は異なるというような場合には、取得時効や合意の成立につき証明責任法理の適用を排除することは不合理である。また、この場合には公簿上の境界と所有権の境とが異なるのであるから、分筆登記を要することになる。

②　訴えの提起

1　訴えの方式

　訴えの提起は訴状の提出による（134Ⅰ）。訴えを提起しようとする者は、第
一審の管轄裁判所に、被告の数に応じた副本（規58）、添付書類（不動産に関する
事件であれば登記事項証明書・登記簿謄本、人事訴訟であれば戸籍簿謄本、手形または小切
手に関する事件であれば手形または小切手の写し等）及び訴訟委任状・資格証明書（商
業登記簿謄本、代表者事項証明書）・固定資産評価証明書（不動産に関する訴えの訴額算
定のため）等の附属書類とともに、送達費用の概算額（郵券）を予納し、手数料
として訴額に応じた印紙を貼り、訴状を提出する。
　複雑でない事件、本人訴訟を多く扱い、アクセスしやすい裁判所としての役
割が期されている簡易裁判所の場合には、口頭でもよい（271）が、窓口に定型
の申立用紙があり、記入することにより作成することができる。

2　訴状の受付

　訴状は裁判所書記官が受理して受付印を押す。受付日付、事件番号・事件名
を付し事件記録が作成され、事務分配の定めに従い、事件は裁判機関（合議体
または単独裁判官）に配転される。

3　訴状の審査

　訴状の審査（137）は、簡易迅速な処理のために裁判長が行う。裁判機関が合
議体の場合には、そのうちの1人が裁判長となり、単独制の場合には、その裁
判官が裁判長の職務を行う。審査の対象となるのは、手数料相当額の印紙の貼
付（137の2）と訴状の必要的記載事項（134Ⅱ）である。

4　訴状の記載事項

　訴状には当事者と審判対象の特定が求められる。二当事者対立構造を原則と
することから、訴状には原告と被告が特定できる程度の表示が必要であり、自
然人であれば氏名と住所、訴訟無能力者の場合には法定代理人を、法人であれ

ば商号または名称と本店または主たる事務所の所在地、訴訟追行者たる代表者を表示する。審判対象の特定は、請求の趣旨と原因の記載による。請求の趣旨はどのような判決を求めるか、請求認容判決の主文に対応する。原因は、請求を特定するのに必要な事実を他の請求との区別が可能である程度に記載しなければならない。同じく金銭の支払いを求めるものであっても、不法行為に基づく損害賠償請求（民709）なのか、貸金の返還請求（民587）なのか、売買代金請求（民555）なのか、また同じような契約が複数なされているならば時期等の特定により明らかにする。

5　訴状の補正命令と訴状却下命令

　訴状に不備がある場合には、補正を促す。通常は裁判所書記官に命じて行わせている（規56）。

　原告が補正の促しに応じない場合には、裁判長は相当の期間を定め補正を命ずる（137Ⅰ）。原告が補正命令に応じない場合には、裁判長は命令で訴状を却下しなければならない（137Ⅱ）。不備のある訴状による訴えの提起は不適法であり、本来、判決で却下されるべきであるが、訴状の不備は形式的で、明白であることから、裁判長の命令という裁判により訴訟手続を終了させることを認め、簡易迅速な処理を可能にしている。補正命令に対する独立の不服申立ては認められないが、訴状却下命令に原告は即時抗告することができる（137Ⅲ）。しかし、訴状の送達によって訴訟係属が生じた後は、訴状却下命令によることはできず、判決で訴えを却下しなければならない（140）。

　なお、訴状の記載事項や印紙の貼付に不備がない場合でも、訴状の送達をすることができない場合（訴状に記載された住所の誤り等）、あるいは原告が送達費用を予納しない（民訴費11Ⅰ①・12Ⅰ参照）ときも、裁判長は、補正命令や訴状却下命令を発しなければならない（138Ⅱ）。

6　訴状の送達

　訴状審査で問題がなければ、その訴状は被告に送達（98以下）される（138Ⅰ）。当事者に訴訟資料提出の機会を与え、手続の円滑な進行を図るために、重要

な書類については法律が特に定めた方式で名宛人に対し交付し、または、交付を受ける機会を与え、確実を期す。その方式を送達と言う。

送達によるべき場合は法定されており、訴状（138Ⅰ）や判決書（255Ⅰ）のほか、補助参加の申出書（規20Ⅰ）、独立当事者参加または共同訴訟参加の申出書（47Ⅲ・52Ⅱ）、被告知者に対する訴訟告知書（規22Ⅰ）、期日の呼出状（94Ⅰ）、訴えの変更申立書（143Ⅲ）、上訴状（289Ⅰ・313）等がある。送達の方式を要さない書類については、当事者の相手方に対する直送も認められ、送付すべき書類の写しの交付またはファクシミリを利用しての送信による（規47Ⅰ）。

送達は、裁判所書記官の職責であり（98Ⅱ）、郵便によって行うが（101）、通常の郵便とは異なり、後日の紛争を防止するべく、送達が適式になされたことを明確にするため、送達報告書の作成と提出を要する（100）。

送達は、送達を受けるべき者の住所、居所、営業所または事務所において、本人に対し現実に送達書類の謄本を交付する（102の2。交付送達）のが原則だが、留守の場合には家族等の同居者や従業員等、相当のわきまえのある者に交付することもできる（106Ⅰ　補充送達）。また、本人が正当な理由なく受領を拒むときは、送達場所に置いてくれば、送達があったものと取り扱われる（106Ⅲ　差置送達）。しかし、配達しようにも昼間誰もおらず、不在者票にも応答がない等、そのような方法により送達をすることができないときは、夜間または休日に配達指定をしたうえ再度郵便により、あるいは執行官によって送達することも可能である（101）。また、就業場所であれば可能ということであれば、就業場所に直接送達することもできる（103Ⅱ）。さらに、留守ではあるがその住所に居住していることが確かなときは、書留郵便に付して発送すれば、発送時に送達ができたものとみなされる（107　付郵便送達）。そのほか、送達を受けるべき者の日本国内の住所等が明らかでないとき、または拒まないときは、その者に出会った場所においても送達することができる（105　出会送達）。出頭者に対し、裁判所書記官が自ら送達することもできる（102）。

以上の送達方法が採れない場合の最後の手段として、送達場所不明等の場合には、申立てにより公示送達をすることもできる（110）。公示送達は、裁判所書記官が送達書類を保管し、名宛人にいつでもこれを交付する旨を裁判所の掲

示場に掲示する等により（111、規 46 I）、掲示等を始めた日から 2 週間の経過により送達の効力を生ずる（112）。送達を受けるべき者の手続保障は実質的にはなされたとは言えないのであろうが、手続の進行を可能とし、相手方の権利を保護するためにおかれた制度である。なお、公示送達は職権によってもできるが、訴状や上訴状については許されない。110 条 2 項が、「訴訟の遅滞を避けるために必要があると認めるとき」としているのは、適法に訴訟係属が生じたことを前提とするからである。

③　訴え提起の効果

1　時効の完成猶予

　訴え提起の実体法上の効果としては、時効の完成猶予（民 147）があり、その効力は訴状提出時（受付日時）に生じ、訴えの取下げまたは却下の場合には、訴訟終了の時から 6 か月を経過するまでの間は、時効は完成しない（民 147）。時効の完成猶予の効力は、給付訴訟に限らず、どの類型の訴訟にも認められ、通説も判例も、相手方が提起した消極的確認訴訟によっても生じ（大判昭和 16.2.24 民集 20 巻 106 頁）、訴訟物のみならず、攻撃防御方法として主張された権利関係にも生ずるとする。また、一部請求訴訟の場合には、一部であることが明示されなかった場合には完成猶予の効力は全体に及び（最判昭和 45.7.24 民集 24 巻 7 号 1177 頁）、明示された場合には、明示された一部についてのみ生じるとされる（最判昭和 34.2.20 民集 13 巻 2 号 209 頁）。

2　重複訴訟の禁止

　訴訟法上の効果としては、重複訴訟の禁止がある。民事訴訟法 142 条は、「裁判所に係属する事件については、当事者は、更に訴えを提起することはできない。」と定めている。

　ひとつの訴訟が係属した後、同一の事件について重ねて別訴を提起し、訴訟手続が重複することは禁じられる。訴訟係属とは、特定の当事者間で特定の請求につき特定の裁判所で審判されている状態にあることであり、訴状が被告に

送達されて、はじめて原告・被告・裁判所間に訴訟法律関係が成立することから、その発生時は訴状の送達時である。

　重複して別訴が提起された場合には、後訴は142条により不適法として却下される。仮に裁判所が重複訴訟に気づかずに共に本案判決がなされた場合には、後訴判決は上訴により取り消されることになる。しかし、どちらかの判決が先に確定した場合には、係属の前後にかかわらず、先に確定した判決の既判力によって処理される。また、いずれの判決も確定し、内容が抵触する場合には、後の判決は再審の訴えにより取り消すことができる（338 I ⑩）。

　その制度趣旨は、第一に、同じ訴訟を繰り返すことは貴重な司法資源の無駄遣いであり、訴訟経済上望ましくないからである。また、相手方にとっては、同じ事件について重ねて訴訟を強いられるのは煩瑣なことである。さらに、極めて稀ではあろうが、重複訴訟が看過されて両訴訟共に下された判決が同時に確定し、内容が矛盾する場合には、判決は実効性を失うことになる。

　では、この趣旨からして、禁止されるべき事件の同一性はどのように捉えられるのか。事件が同一であるか否か、重複訴訟にあたるか否かは、当事者の同一性と事件の同一性により判断する。

　当事者の同一性が基準とされるのは、判決効は当事者にのみ及ぶのが原則（115 I ①）であるから、当事者が異なれば、判決の矛盾抵触も生じないし、無駄な訴訟であるとも言えなくなる。また、重ねて訴訟を強いられるということにもならないからである。

　そうであるならば、前訴と後訴の原告と被告の立場が入れ替わったとしても同様の弊害は生じ得る。また、当事者が同一ではなくても、115条1項2号により、他人間の訴訟であっても既判力が及ぶ者が同一の事件について別訴の当事者として訴訟追行する場合には、重複訴訟にあたると言える。例としては、債権者代位訴訟が挙げられる。債権者と第三債務者間の訴訟で言い渡された判決の効力は債務者にも及ぶとされていることから、債権者の第三債務者に対する訴訟の係属中に、債務者が同じ債権の支払いを求めて第三債務者に対しさらに訴えを起こした場合には、既判力抵触のおそれがある。また、訴訟経済上も2つの訴訟を認めるべきではないし、二重に応訴しなければならないのは第三

債務者にとって酷であり許されないと解される。しかし、別訴を提起するのではなく、共同訴訟参加（52）、独立当事者参加（47）の方法による場合には、併合審理が強制され、訴訟の目的は合一に確定されるのであるから、重複訴訟の弊害はないとされる（最判昭和 48.4.24 民集 27 巻 3 号 596 頁）。

　事件の同一性は、訴訟物が同一である場合であるとするのが多数説である。同一の訴訟物であれば、既判力が及び（114 I）その抵触のおそれが生じ、審理が重複するのは無駄であり、二重に訴訟をさせられることになるのは酷である。しかし、訴訟物が同一でなくても主要な争点が共通である場合、請求の基礎、すなわち両訴における事実関係ないしその資料が同一または共通する場合も含むと広く捉える見解も有力である。既判力が及ばなくとも、このような場合には、審理が重複するため、訴訟経済上も被告の応訴の煩ということからも認めるべきでないということであろう。

　訴訟物が同一である場合には 142 条で禁じられる重複訴訟にあたるということについては争いのないところであるが、訴訟物が同一であるということで考えるなら、例えば、一部請求の場合にも、訴訟物をどのように捉えるかということで結論が異なる。判例のように、1 個の債権の数量的な一部についてのみ判決を求める旨を明示して訴えが提起された場合の訴訟物は明示された一部のみであって、一部請求についての確定判決の既判力は残部の請求には及ばない（最判昭和 37.8.10 民集 16 巻 8 号 1720 頁、最判平成 20.7.10 金法 1856 号 26 頁）と解すれば、残部請求のために別訴を提起しても重複訴訟にはあたらないということになる。それに対し、一部請求の場合にも、訴訟物は残部も含めた全体であると解すれば、別訴によることは重複訴訟の禁止に触れることになる。しかし、上記昭和 37 年判例を引用し、訴訟物も既判力の範囲も一部に限られるとしながら、「1 個の債権が訴訟上分割して行使された場合には、実質的な争点が共通であるため、ある程度の審理の重複が生ずることは避け難く、応訴を強いられる被告や裁判所に少なからぬ負担をかける上、債権の一部と残部とで異なる判決がされ、事実上の判断の抵触が生ずる可能性もないわけでない」として、残部請求等が当然に許容されるものではないと説く判例もある（最判平成 10.6.30 民集 52 巻 4 号 1225 頁。ただし、別訴の提起ではなく、相殺の抗弁の場合には、簡易迅速かつ確実

な決済を図る機能があることから、正当な防御権の行使として許容されるものとした。）。また、一部であることを明示した場合も、審判の対象としては一部のみに限られず、債権の全部に及ぶと考える（最判平成 10.6.12 民集 52 巻 4 号 1147 頁）のであれば、既判力は抵触しなくても、審理は重複し、訴訟不経済が生ずるため、禁止の趣旨からして認められないと解することもできる。試験訴訟のような場合にはその必要性が認められるとしても、前訴判決をみないうちに訴えを提起することを認める必要性はなく、禁ずるべきものと考える。

　しかし、一部請求後の残額請求について別訴は許されないと解する場合にも、先に係属している訴訟の中で請求を拡張することは認められよう。

　また、訴訟物として主張されている権利関係が同一であれば、審判形式が異なっていても同一事件であり、重複訴訟にあたる（通説）。例えば、支払えと Y がしつこく迫る借金など存在しないのだと、債務者であると Y から主張される X が提起した債務不存在確認訴訟の係属後に、Y の方から、借金を返済せよと給付請求訴訟を提起したという場合、訴訟物は両訴訟とも同一の給付請求権であり、前者で勝訴すれば当該債務の不存在が、後者で勝訴すればその存在が既判力で確定されるため、既判力は矛盾抵触することになる。しかし、それでは債務不存在確認訴訟が先に提起されている場合、給付訴訟により債務名義を獲得し、強制執行を可能にしたいと考えても叶わないのであろうか。

　禁じられる別訴の提起は、独立の訴えのみならず、別の訴訟手続で訴えの変更・反訴・中間確認の訴えを提起する場合も含まれる。しかし、同一訴訟手続内であれば重複訴訟の弊害は生じない。先に債務不存在確認訴訟を提起されたときは、反訴（被告となっている者が、同一の手続内で原告を被告として提起する訴え。146）によるべきである（しかし、反訴が提起された場合には、反訴の前提となった不存在確認の本訴は、確認の利益を欠くことになり訴えは却下となる（最判平成 16.3.25 民集 58 巻 3 号 753 頁）。）。このように訴訟物が同一である場合には、弁論の分離（152）は許されないと解されており、同一訴訟手続内での解決が保障されている。

　また、重複訴訟禁止の趣旨から考え、訴訟物が同一でなくても既判力が及ぶとされる場合には、重複訴訟として別訴の係属を認めないとされる場合が出てくる。例えば、後訴請求が前訴請求と矛盾する場合、また、議論はあるが前訴

の訴訟物が後訴請求の先決問題となっている場合にも別訴によることは許されない。

　相殺の抗弁については、相殺に供した債権の存否の判断には既判力が生ずる（114Ⅱ）ことから、訴えではないものの議論がある。係属中の前訴で訴求している債権を後訴で相殺の抗弁に供した場合（訴え先行型）と、先に相殺の抗弁に供した債権を別訴で訴求した場合（抗弁先行型）とがあるが、判例は前者について、既判力の矛盾抵触のおそれを理由として、たとえ両事件が併合審理されている場合であっても、重複訴訟を禁止した民事訴訟法 142 条に違反し、不適法であるとする（最判昭和 63.3.15 民集 42 巻 3 号 170 頁、最判平成 3.12.17 民集 45 巻 9 号 1435 頁）。併合されている場合でも認められないと厳格に解するのは、制度上同一手続内での解決が保障されておらず、分離される可能性があることを理由とすると考えられる。

　これを前提とし、判例は、本訴と反訴として 2 つの手続が併合されている場合に、反訴原告がその訴求債権を自働債権として本訴で相殺の抗弁を提出した事案において、「反訴請求債権につき本訴において相殺の自働債権として既判力ある判断が示された場合にはその部分については反訴請求としない趣旨の予備的反訴に変更されることになるものと解する」（最判平成 18.4.14 民集 60 巻 4 号 1497 頁）として重複訴訟の問題を回避した。予備的反訴とすることにより弁論の分離の可能性も否定した。

　また、本訴請求債権が時効消滅したと判断されることを条件とする、反訴請求に対する同債権による相殺の抗弁を民事訴訟法 142 条の趣旨に反するものとはいえないとして認めた判例がある（最判平成 27.12.14 民集 69 巻 8 号 2295 頁）。この判例については、本訴と反訴の弁論の分離が許されないことを前提としていると考えられる。

　さらに、最判令和 2.9.11 裁時 1752 号 1 頁は、前掲最判平成 18.4.14 と本訴と反訴が逆の事例であるが、請負代金債権と瑕疵修補に代わる損害賠償債権の一方を本訴請求債権とし、他方を反訴請求債権とする本訴及び反訴が係属中に、本訴請求債権を自働債権とし、反訴請求債権を受働債権とする相殺の抗弁を主張することは許されるとした。請負代金債権と瑕疵修補に代わる損害賠償債権

の関係に鑑みると、相殺による清算的調整を図るべき要請が強いものといえるから、両者の弁論を分離することは許されないとする。

抗弁先行型の場合については最高裁の判例は存在せず、下級審では適法とするものが続いたが、不適法とする裁判例も出ている（東京高判平成 8.4.8 判タ 937 号 262 頁）。

重複訴訟とはならず適法であると考える理由としては、相殺の抗弁は訴えではなく攻撃防御方法にすぎないこと、そして、訴え先行型については相殺の担保的機能が、また、抗弁先行型については相殺の抗弁は予備的に提出されるものであり、判断されるかどうか不確実なものであることが挙げられる。

さらに、手形債務不存在確認訴訟が先に係属している場合に、手形訴訟による手形金請求訴訟を前訴被告が提起することが重複訴訟に該当するかを考えるにあたっては、手形訴訟と通常訴訟との訴訟手続の違い、簡易迅速に債務名義の獲得を可能とする手形訴訟の制度趣旨とが考慮されねばならない。前述のように、別訴は認められず反訴のみ許されるとするなら、手形金の支払いを求めたい前訴被告は、簡易迅速な手形訴訟を利用できないことになる。先んじて債務不存在確認訴訟が提起されれば、簡易迅速な手形訴訟を利用できなくなってしまうというのは不合理であり、重複訴訟に該当しないと解されている（大阪高判昭和 62.7.16 判タ 664 号 232 頁）。

このように、既判力が及ぶ場合であっても、別訴を認める必要性が大きいときには、重複訴訟には該当しないと解されている。重複しても無駄な審理であるとは言えないし、先に述べたように、既判力が抵触する場合というのは稀であることもあろう。

第7章　訴訟の審理①
——審理・口頭弁論の展開

① 準備書面

1　意　義

　準備書面とは、当事者が口頭弁論期日においてどのような主張・陳述をするのかを予告するための書面を言い、口頭弁論（87 I ）は、「準備書面」により①攻撃防御方法、②請求・攻撃防御方法に対する答弁を準備し、準備書面に基づいて行う（161 I Ⅱ）。できるだけ早い段階で当事者の主張を噛み合わせて争点を明らかにし、口頭弁論における審理の充実と促進を図るため、原告の攻撃方法である請求を理由づける事実は訴状に記載することが求められ（規53 I ）、被告の防御方法は答弁書に記載する（規80 I ）。この場合には訴状は準備書面を兼ね、答弁書は準備書面の一種である。

2　提出方法

　準備書面は、準備をするのに必要な期間をおいて（規79 I ）、相手方と裁判所にファクシミリで提出し、受けた側は相手方と裁判所に受領書を返送、提出する（規47 I ・ V ・ 83）。ただし、相手方への直送を困難とする事由その他相当とする事由があるときは、当事者は裁判所に対して、送達または送付を裁判所書記官に行わせるよう申し出ることができる（規47Ⅳ）。

3　不記載・不提出の効果

　相手方が在廷しない口頭弁論においては、準備書面に記載した事実でなければ、主張することができない（161Ⅲ）。理由は、口頭弁論期日に出頭しない場

合には、擬制自白が成立する（159Ⅲ）ため、欠席した当事者に予期できない不利益となるからである。しかし、単に相手方当事者の主張を争うにすぎない陳述（否認または不知）は、相手方も自己の主張が争われることは予期できることであり、不意打ちのおそれがないので認めてよい。証拠の申出については争いがある（大判昭和 8.4.19 民集 12 巻 703 頁、大判昭和 8.4.25 民集 12 巻 870 頁は否定、大判昭和 9.2.5 民集 13 巻 1974 頁は肯定。）が、既に要証事実が主張され、または、提出された準備書面に記載され争点として明らかとなっている場合には、やはり相手方は証拠の申出を予期できるから肯定してよいであろう（最判昭和 27.6.17 民集 6 巻 6 号 595 頁）。また、書証については、提出だけでなく、証拠調べをすることも許されるが、証人尋問については反対尋問の機会を奪うことになるので否定すべきである。

　なお、在廷していれば主張はできるが、相手方は反論のために準備を要することもあろうから、続行期日を求めることができ、そのための費用負担が課せられ得る。

4　提出の効果

　最初にすべき口頭弁論の期日においては、準備書面を提出した当事者は、欠席しても、記載されている事項を陳述したものとみなされる（158・297）。この陳述の擬制は、訴訟促進と当事者の公平を理由として認められている。原告が欠席した場合には、訴状、すなわち請求の趣旨と原因が陳述されないことになり、被告は答弁のしようがなくなるため、訴訟手続を進行させるためには陳述の擬制が必要となるのである。また、被告についても、最初の期日は被告の都合を聞かずに決められることでもあり、同様に扱い公平を図る。ただし、口頭審理の原則が形骸化しないよう、陳述擬制は最初の期日に限り例外として認められる。なお、簡易裁判所の手続においては、続行期日においても陳述の擬制が認められ（277）、事実上は書面審理が可能となっている。

　また、準備書面を被告が提出した後は、訴えの取下げは被告の同意を要する（261Ⅱ）。

②　第1回口頭弁論期日の進行

1　口頭弁論の意義

　弁論とは、裁判所に判決の資料を提出する「行為」（申立て・主張・立証）を言い、訴状によって特定され提示された訴訟の対象である訴訟物の存否についての判断材料の提出、すなわち、権利の発生や消滅を理由づける事実の主張と、それを裏付ける証拠の提出とが当事者によってなされることになる。口頭で行われることから口頭弁論と言われるが、それはまた、当事者が裁判所に事実と証拠を提出する「場」を意味することも、裁判所に判決の資料を口頭で提出する「方式」を意味する場合もある。さらに、行為としての意義では、最も広くは、裁判所と当事者が口頭弁論期日に行う一切の訴訟行為（152・160Ⅰ等）を、広義では、当事者の弁論と裁判所の証拠調べ（148・249・251等）を、狭義では、当事者の弁論（当事者が口頭で行う本案の申立て、攻撃防御方法の陳述。150・155等）のみを意味する。

2　口頭弁論期日の指定・呼出し

　第1回口頭弁論期日（期日とは、日にち自体のことではなく、日時と場所で指定される、訴訟手続が行われる「場」のことを意味する。）の呼出しは、実務上、被告に対する訴状の送達の際に、呼出状を同封して行うが、送達以外の方法もある（94Ⅰ）。原告に対する第1回期日の指定は、書記官から代理人に対し電話で行われ、最初の期日以外では、法廷にいる当事者には告知すればよく、欠席している当事者には、電話等の簡易な呼出しも認められる。ただし、呼出状の送達及び当該事件について出頭した者に対する告知以外の方法によった場合には、期日請書（期日の呼出しを受けた旨を記載した書面）が提出されていなければ、法律上の制裁その他期日の不遵守による不利益を帰することができない（94Ⅲ）。

　また、期日は裁判長が指定する（93Ⅰ）が、最初の期日の変更（93Ⅲ・Ⅳ、規36・37　いったん指定した期日を開くことなく、あらかじめその指定を取り消して、別の期日を指定すること。）は、当事者の合意があれば認められる。しかし、それ以外の期日については、顕著な事由がある場合に限られ、さらに、弁論準備手続を

経た口頭弁論期日の変更は、やむを得ない場合にのみ認められ、たとえ当事者本人が重病に罹っても、さらに訴訟代理人を選任できない等の事由がなければあたらないとされる（最判昭和 28.5.29 民集 7 巻 5 号 623 頁）。なお、期日の延期（期日を開始したのち、予定の訴訟行為をすることができずに、別の期日を指定すること。）には期日の変更に関する規定が準用される。

3　事件の振分け（一方当事者の欠席）

　第1回口頭弁論の期日では、訴状の陳述から審理が始まる。訴状の陳述とは言っても、記載された内容を実際に陳述するわけではなく、「訴状を陳述します。」というと陳述したものと扱われることになっている。次に、被告が答弁書を陳述し、書証の取調べや証人・当事者尋問の申出等が続いて行われる。実務上、書証は第1回口頭弁論期日から取り調べることが多いが、証人尋問は続行期日に行う。ただし、後述のように第1回口頭弁論期日を開かずに先に争点及び証拠の整理手続を経た事件については、裁判所は、争点及び証拠の整理手続の終了または終結後における最初の口頭弁論の期日において、直ちに証拠調べをすることができるようにしなければならない（規101）。

　だが、訴えられても、どうせ負けるのだと敗訴を覚悟しているためか、ただ怠慢からか、理由は様々であろうが、第1回口頭弁論に被告が答弁書を出さずに欠席（訴訟代理人も口頭弁論に出頭しない、出頭しても弁論せずに退廷したとき。）したときは、被告は、原告の主張をすべて認めた（自白した）ものとみなされる（159Ⅲ・158）。したがって、原告の訴状が請求を理由づける事実の記載に欠けることなく、当事者が主張する事実がすべて真実だと仮定したなら、その主張が法的に正当である場合には、通常は弁論を終結し、原告の請求を全部認容する判決が直ちに出される（243Ⅰ　欠席判決）。このように、欠席判決とは、欠席したこと自体を理由に不利益な判決をするわけではなく、欠席判決主義とは異なる。そして、この欠席判決で終了する事件は多く、判決で終了する事件は全体の5割ほどで、そのうちの約4割が欠席判決である。

　また、被告が出席しても、請求原因事実について自白または擬制自白が成立し、抗弁も提出しない場合（254Ⅰ①）、または、公示送達による呼出しを受け

た被告が口頭弁論期日に出頭しない場合（254 I ②）に、原告の請求を認容する
ときは、裁判所は判決書を作成せずに調書に基づき判決をすることができる。
これを調書判決と言い、判決書の作成に代えて、書記官に当事者及び法定代理
人、主文、請求ならびに判決理由の要旨を判決言渡しの期日の口頭弁論調書に
記載させる（254 II）。当事者間に争いがない場合には、迅速に判決を言い渡す
ことができるようにとの趣旨であり、1号には欠席判決の場合も含まれると解
されている。また、公示送達による呼出しを受けた場合には、擬制自白は成立
せず（159 III 但書）、原告は請求原因事実を立証する必要があるが、原告の提出す
る事実と証拠に基づき調書判決することを認めたものである。欠席判決もこの
調書判決も、弁論主義から導かれる帰結である。

　だが、被告が原告の言い分を争う場合には、通常はこの1回の口頭弁論では
審理を尽くすことができないので、その後、必要な回数の口頭弁論が開かれる
ことになるが、通常は、争点整理手続に付されることになる。訴えが提起され
ると裁判所は速やかに第1回口頭弁論期日を開き（規60）、争いのある事件と
ない事件との振分けを行い、当事者の意見を聴いて（168）、裁判所がその判断
で整理手続を選択し実施する（ただし、しないことも禁止されているわけではなく、通
常の口頭弁論で争点整理を行う裁判官もいる。）。

　なお、第1回口頭弁論期日を開かずに弁論準備手続に付することができるの
は、当事者に異議がない場合に限られる（規60 I 括弧書）。また、書面による準
備手続については、このような制限はなく、通常、第1回口頭弁論期日前に行
われている。

③　争点整理手続

1　争点整理手続の意義と概要

　争点整理とは、争いのある事実と争いのない事実を明らかにし、証拠調べに
よって確定すべき争点となる事実を明らかにし、確認された争点について、提
出予定のどの証拠で立証していくかを決める作業を言う。
　事実上の主張に対する相手方の態度（陳述）としては、その事実を認める「自

白」、そのような事実はないと否定して争う「否認」、答えない、はっきりとしたことを言わない「沈黙」、知らないと述べる「不知」の4つの場合に分けられるが、不知の陳述は否認と推定され（159Ⅱ）、沈黙は訴訟に現れた他の点（弁論の全趣旨）から争うものと認められない限り自白とみなされる（159Ⅰ）。当事者と裁判所が率直に意見を交わし、否認したり、認めたり、あるいは訴訟の勝敗に関わらないと考える事実については主張を撤回するなどし、証拠調べで明らかにすべき争点を確定する。

　争点整理の対象となる事実とは、民事訴訟は訴訟物たる権利義務の存否を判断することにより紛争を解決するものであることから、主要事実であるが、直接証拠がない等の場合には、間接事実、さらには補助事実が重要となる。さらに、事案によっては、本人訴訟でなくても、何故争い、縺れているのかが明らかにならないこともある。そのような場合には、生の紛争としての争いのポイントはどこにあるのかが把握され、はじめて、当該紛争解決のためには何を訴訟物とすべきなのかが明らかになる。当該訴訟物について判断することで紛争の解決にならないのであれば、その訴訟は無駄となる。この場合には、紛争解決に役立つ訴訟として再構成のうえ、訴訟を進めるべきと考えるが、その判断にあたっては、生の紛争を構成する社会的事実（背景事情）が重要な意味をもつことになる。

　我が国の争点整理手続には、3つのメニューがあり、裁判所は事案の内容に応じて適切なものを選択することになるが、その選択は、裁判所の手続裁量の問題となり、不服申立ては認められない。

2　準備的口頭弁論

　準備的口頭弁論とは、口頭弁論を二段階に区切り、専ら争点及び証拠の整理を目的とする口頭弁論であり、争点整理の結果を受けて証拠調べへと進む本来の口頭弁論とその点で異なるが、同じく口頭弁論であって、書証に限られない証拠調べや中間的裁判を行いながらの整理も可能である。また、ラウンドテーブル型法廷等、公開法廷で行われる。公開法廷で行われることから、社会の注目を集める事件、当事者や関係人が多数いる事件（公害事件、労働事件、大規模な

労災事件）等に適すると考えられる。

　争点整理を終了するときは、その後の証拠調べにより証明すべき事実を当事者との間で確認する。確認は口頭でもよいが、裁判所が相当と認めるときは書記官に調書に記載させなければならず、また、当事者に結果を要約した書面を提出させることもできる（165、規86）。争点及び証拠の整理の完了にあたって、準備的口頭弁論の成果を明確にする趣旨である。

3　弁論準備手続

　弁論準備手続は、争点及び証拠の整理を目的とする特別な期日を裁判所で開く方式により、受訴裁判所または合議体の一員である裁判官（受命裁判官）が実施し（171）、準備室、和解室、裁判官室近くの小部屋などで実施されるのが通常である。当事者双方が立ち会うことができる期日において行い、裁判所が相当と認める者の傍聴も認められる（169）。当事者の意見を聞いて、当事者の一方が出頭していれば、電話会議システムも可能である（170Ⅲ）。

　弁論準備手続は、口頭弁論手続に準じて弁論を行い、準備書面も陳述するが（170Ⅰ・Ⅴ→158）、公開法廷で行われる口頭弁論とは異なることから、その行為の範囲は限られる。争点及び証拠の整理（168）のため、文書・準文書（図面・写真・録音テープ・ビデオテープ等）の証拠調べはでき（170Ⅱ）、訴訟関係を明瞭にすることを目的とした釈明処分としての検証・鑑定ならできる（170Ⅴ→151Ⅰ⑤）が、証人尋問等、それ以外の証拠調べを実施することはできない。また、証拠の申出に関する裁判（文書提出命令・証拠決定）、口頭弁論の期日外でできる裁判（訴訟引受決定等）は、受訴裁判所が行う場合に限られる（170Ⅱ・171Ⅱ）。

　このように、準備的口頭弁論手続とは異なり、可能な訴訟行為が限られるため、弁論準備手続に付する場合には、当事者の意見を聴かなければならない（168）。また、直接主義、公開主義の要請から、口頭弁論期日に弁論準備手続の結果を陳述しなければならない（173、規89）。準備目的を達したとき（但し、172・170Ⅴ→166）は終了するが、準備手続の終了にあたって、その後の証拠調べにより証明すべき事実を当事者との間で確認する点は準備的口頭弁論と同様である（170Ⅴ→165）。

4　書面による準備手続

　書面による準備手続は、当事者の出頭なしに準備書面の提出等により争点及び証拠の整理をする手続を言い、弁論準備手続と同様に、当事者の意見を聴いて付することができる (175)。準備書面の提出または証拠申出の期間を定めなければならない (176Ⅰ・162Ⅰ)。電話会議システムによることも認められる (176Ⅱ)。

　審理の終了にあたっては、準備手続後の口頭弁論期日において、その後の証拠調べによって証明すべき事実を当事者との間で確認し (177)、証明すべき事実は口頭弁論調書に記載しなければならない (規93)。また、当事者に結果を要約した書面を提出させることもできる (176Ⅲ・165Ⅱ、規92)。

　書面による準備手続は、当事者が遠隔の地に居住している場合、訴訟代理人が遠隔の地に事務所を有する場合、当事者や代理人が怪我などで出頭が困難である場合等、当事者の出頭に時間的・経済的負担が大きいことに起因する訴訟手続の遅延を避ける趣旨で設けられているが、顔を会わせずに進めることから、あまり複雑な事件には向かないものと考えられる。

5　整理手続終了後の新たな攻撃防御方法の提出

　集中証拠調べを可能にし、審理の充実と促進を図るとの争点整理手続の趣旨・目的からして、争点整理手続が行われた場合には、攻撃防御方法はその中で提出すべきであり、手続終了後に新たに攻撃防御方法を提出した当事者は、相手方当事者の求めがあるときは、終了前に提出することができなかった理由を説明しなければならない (167・174・178、規87・94)。

　この説明義務は、当事者の訴訟追行上の信義則 (2) に基づくものと考えられ、理由の説明がないとき、あるいは理由が合理的でないときは、裁判所は時機に後れた攻撃防御方法 (157) として、その新たな攻撃防御方法を却下できるものと考えられる。

6　争点整理、事案の解明に資する制度

（1）　進行協議期日

　争点整理は行わないが、裁判所と当事者が、口頭弁論における証拠調べと争点との関係の確認、その他訴訟の進行に関し必要な事項について協議を行う期日を進行協議期日と言う。審理の充実を目的とする。裁判所が、当事者双方が立ち会うことができる期日を指定する（規95）が、一方当事者が出頭していれば、電話会議システムを利用することも可能である（規96）。また、期日は裁判所外でも行うことができる（規97）。

（2）　計画審理制度

　事件が複雑である等により適正かつ迅速な審理を行うために必要であるときは、裁判所は当事者双方との協議により、審理の計画を定め、その計画に従って審理を適正かつ迅速に進めなければならない。具体的には、争点・証拠の整理手続の期間（期日の回数）、証人の数・証人尋問の期間、口頭弁論終結及び判決言渡しの予定時期、特定の事項について攻撃防御方法の提出期間等を定めることになる（147の2・147の3・156の2）。

　事件が複雑である場合に特に必要とされる制度であり、計画を立てることにより、見通しが立ち、審理の充実・促進を図ることができると考えられるが、医療過誤のような専門訴訟においては、複雑であるがゆえに計画を立てることが難しく、計画の立て方に柔軟性を要するとの指摘もある。

（3）　専門委員制度

　争点を明らかにするため、また、事案の解明の前提として、事案の内容を理解しなければならないが、事件が専門性を有するときは、裁判所の専門的知識を補完する制度が必要となる。専門委員は、医療関係事件、建築関係事件、知的財産関係事件、金融関係事件等、専門的な知見が必要となる民事事件において、裁判所の補助者として手続に関与するために選任される専門家であり、裁判所は、争点若しくは証拠の整理、訴訟手続の進行に関する必要な事項の協議、証拠調べに際し、当事者の意見を聴いて、和解を試みるにあたっても、当事者の同意を得て、決定で専門委員を手続に関与させることができる（92の2）。また、電話会議システムの利用も可能である（92の3）。専門委員は非常勤であ

り、当事者の意見を聴いて裁判所が指定する（92の5Ⅱ・Ⅲ）。

　専門的知見の活用方法には、その他にも例えば、鑑定（212以下）があるが、鑑定は、事件の争点が明らかになり、その判断に高度な専門的知識を要する場合に、証拠調べの最終段階で関与するものであり、使える場面は限られている。釈明処分としての鑑定（151Ⅰ⑤）は、弁論準備手続の段階でも行える（170Ⅴ→151Ⅰ⑤）が、その目的は訴訟関係を明瞭にすることにある。専門家を調停委員に任命し、調停に付して争点整理を行うという訴訟運営もなされてきた。また、常勤の裁判官の補助者と位置付けられる裁判所調査官制度（裁57）は、知的財産権訴訟では拡充が図られ、口頭弁論、審尋、争点・証拠の整理手続、文書提出義務・検証の目的の提示義務の有無を判断する手続、進行協議の手続等において、当事者に対して釈明を行い、証拠調べの期日に証人、当事者本人または鑑定人に対し直接に問いを発し、和解期日に専門的な知見に基づき説明を行い、あるいは裁判官に事件につき意見を述べるものとされ（92の8）、他方で、役割の大きさから、除斥・忌避の制度がおかれ（92の9）、中立性の担保が図られることとなった。

④　審理・口頭弁論の展開

1　口頭弁論の意義と諸原則

（1）　訴訟の意義

　訴訟は、当事者にとってどのような意義を有するのであろうか。名誉棄損を理由に謝罪広告、慰謝料等を求めるような事件、いわゆる人格訴訟においては、当事者は、名誉を回復させたいと望むのは当然のことながら、相手方の不当な行為に対し、国家機関たる裁判所に正義に悖る行為であったのだと烙印を押してもらいたい、筋を通したいといった気持ちが強い。公害、薬害等の訴訟も然りである。これらは正義の実現を目的とした訴訟であると言える。

　それに対し、貸金返還請求訴訟、売買代金請求訴訟、割賦代金請求訴訟等の経済訴訟と言われるようなものは、その目的は経済的利益の追求、損害の回復にほかならない。とりわけ企業にとってはビジネス活動の一環としてあり、訴

訟は迅速に無駄なく進められ解決に至ることが何よりも望まれる。また、取引の中で紛争が生じたときに、どのような結果となるのかも予測できてはじめて経済活動は可能となるのであって、法律による裁判がいっそう重要な意義をもつ。

　しかし、また、訴訟は当事者を越えた意義をも有する。例えば、裁判は司法であり、具体的な権利関係の存否に関する紛争に既存の法律を適用して判断を下すことにより紛争を解決するものであり、その基準となるのは既存の法である。しかし、我々の暮らしている社会、経済は時とともに変わり行くものであり、時代によっては著しい変化をみることもある。そうした変化の中で、従前みられなかった類型の紛争が生じて裁判所に持ち込まれ、既存の法律では対応できない場合、裁判所はどうするのであろうか。裁判所が基準を欠くことを理由に判断を拒否したなら、紛争は解決されずに続くこととなるが、そのようなことは許されていない。裁判所には判断の許否は許されず、判断基準を欠くときは、裁判によって新たな法的規律を創設するよりほかに術はない。早急に立法的手当てがなされることが望ましいのはもちろんであるが、やむを得ない場合のこうした裁判の機能を称して、法形成機能と言う。また、判断を下すまでもなく、訴えの提起、訴訟の追行自体が、国、自治体あるいは企業に新たな立法的、行政的、経営的な措置を採らせることもあり、このような裁判の働きを政策形成機能と言う。

（2）　訴訟の理想

　では、このような意義をもつ民事訴訟制度はどのように運営されなければならないのであろうか。第一に、裁判は適正でなければならない。事実の認定が真実と合致し、かつ、法規の解釈適用が正しくなされていることが必要である。第二に、公平であること。審理し判断する裁判官は公正であり、当事者に主張・立証の機会が公平に与えられねばならない。第三に、迅速に行われること。すなわち、あまりに遅い解決は当事者を救済することにならず、相当な期間内に解決されなければならない。第四に、訴訟経済の視点を欠くことなく、国家にとっても当事者にとっても、司法資源を有効に活用し、廉価な裁判が保障されなければならない。このように、裁判は、適正、公平、迅速、訴訟経済

という４つの基本理念、要請を充たすものでなければならないと考えられている。しかし、適正であり公平である裁判を追求すると、時には迅速、訴訟経済の要請に反する結果を招く。バランスの問題であると言える。経済訴訟の場合には、迅速と訴訟経済の要請がその他に勝るかもしれない。人格訴訟の場合には、ある程度迅速は退いて何よりも適正さが求められるかもしれない。だが、また、例えば、公害訴訟等であまりに長引く結果、原告が生きているうちに結果がみられないというのでは、救済の意義を大きく減ずることになろう。当該訴訟に即したバランスが求められることになる。

　また、訴訟にこの４つが求められることは、多くの国家で疑いのないところであろうが、国や時代によっては、さらに弱者保護が強調されたり、実質的平等ということが強調されたり、そうした考え方は制度設計にも反映される。

　我が国の民事訴訟は、その審判の対象が私的自治の原則により当事者の自由な処分に委ねられることから、処分権主義、弁論主義等、当事者の意思を尊重する原則が採られるとともに、裁判の内容は適正であり、手続は公平、迅速であり、また、裁判所・当事者その他の関係人のコストをできる限り軽減するものであることが要請される。

　そして、この理想を実現するために、民事訴訟は原則として公開の法廷で、中立公正な裁判官の面前で、原告と被告が対席し、口頭審理、直接審理、双方審尋、適時提出等の原則に則り、両当事者の主張・立証活動を中心に展開される。

（3）　口頭弁論の諸原則（基本原則）

（1）　審理公開の原則・公開主義　　口頭弁論と判決の言渡しは公開されなければならないのが原則である（憲82Ⅰ）。公衆の傍聴できる状態において行うことにより、その監督を可能とし、司法の公正を保持し、司法に対する国民の信頼を確保するという意義を有する。公開の原則は、歴史的にはこのように密室裁判の弊害を除去するためにある。また、情報の供与、教育の機能も挙げられる。しかし、民事訴訟が私的生活関係において生じた紛争を対象とすることから、現代では、かえって、そっとしておいてほしい、マスメディアの干渉から逃れたい等望むこともありそうである。だが、非公開とすることができるの

は、裁判官の全員一致で公開が公序良俗を害する虞があると決した場合（憲82Ⅱ）と、厳格な要件の下に限られている。実質的に非公開の意義が大きいと考えられる訴訟記録の公開制限（91・91の2・92）については、私生活についての重大な秘密、営業上の秘密は制限できることになっているが、それ以外で公開を望まぬときは、裁判以外の解決方法を選択するしかないということであろうか。

(2)　直接審理の原則・直接主義　　弁論の聴取や証拠調べは、判決をする受訴裁判所が自ら行わなければならない（249）。この原則を直接審理の原則、直接主義と言う。審理をした裁判官が自ら判決をすることが、当事者の陳述の趣旨、真偽を正しく理解し、その結果を裁判に反映させることができると考えるためである。

　しかし、我が国では裁判官は3、4年に一度異動するが、訴訟係属中に裁判官の交代があった場合に、直接主義を厳格に貫き、審理をやり直さなければならないとすれば、訴訟経済を著しく害することになる。そのため、直接主義には、その修正・例外が認められている。

　訴訟係属中に裁判官の交代があった場合には、当事者は従前の口頭弁論の結果を交代後の裁判官の面前で陳述すればよいものとし、直接主義を擬制する。この従前の口頭弁論の結果を陳述させる手続を弁論の更新（249Ⅱ）と言う。そして、この結果陳述は、準備書面や調書を引用して概括的にすればよく、当事者の一方が欠席している場合にも、出頭した者がすれば足りる（最判昭和26.3.29民集5巻5号177頁）とされ、実務では、交代した裁判官が法廷で「弁論を更新します。」と言い、それを調書に書記官が「弁論更新」と記載（ゴム印による。）することにより、更新手続は完了している。また、交代のあった期日に更新手続をしなくても、その後に更新が行われれば、瑕疵は治癒される（最判昭和51.6.29裁判集民118号145頁）。だが、弁論の更新（249Ⅱ）を怠り、交代後の裁判官が判決をした場合には、直接主義に反し、絶対的上告理由（312Ⅱ①）、再審事由（338Ⅰ①）となる。これに対し、更新手続は直接主義の擬制であり、実質的には直接主義の放棄であると捉えれば、そのように重大な効果を与えるのは相当ではなく、通常の訴訟手続の違反にすぎず、絶対的上告理由には該当しな

いと解することもできる。

　ただし、証人尋問については、当事者の申出があるときは、再度やり直さなければならない（249Ⅲ）。証人尋問においては、その証言内容のみならず、態度、声のトーン等も裁判官の心証形成に大きな影響を与え得るためである。

　また、直接主義からすれば、証拠調べは受訴裁判所の法廷において行わなければならない。しかし、裁判所外で証拠調べを行う必要がある場合に、合議体の1人である受訴裁判所の裁判官をその場所に派遣して行わせること（受命裁判官）も、証拠に近い他の裁判所の裁判官に委託すること（受託裁判官）も認められる（185）。これは訴訟経済を理由として認められたものである。また、受訴裁判所から遠く離れた場所に証人がいる等の事情により、その出頭が困難である場合には、テレビ会議システムによる尋問も認められる（204）。やはり出頭が困難である場合に、尋問事項を考慮し裁判所が相当と認め、当事者に異議なきときには、尋問に代わる書面の提出も認められる（205）。ほかにも、直接主義の例外として、外国における証拠調べの嘱託（184）、大規模訴訟における受命裁判官による証人等の尋問（268）、弁論準備手続における受命裁判官による文書の証拠調べ（170Ⅱ・171Ⅱ）が挙げられる。

　しかし、判決は、その基本となる口頭弁論に関与した裁判官がしなければならない（249Ⅰ）。基本となる口頭弁論に関与した裁判官とは、すべての口頭弁論に立ち会っていた裁判官を指すとする見解もあるが、口頭弁論の一体性から、口頭弁論終結時に立ち会っていた裁判官をいう（大判明治35.5.20民録8輯5巻96頁）。また、基本となる口頭弁論に関与した裁判官がしなければならないのは、判決内容を決定することである。基本となる口頭弁論に関与した裁判官が判決言渡期日に法廷に出席しなくとも、また、基本となる口頭弁論に関与しない裁判官が判決の言渡しに関与しても違法ではない（大判昭和15.4.9民集19巻949頁、大判昭和8.2.3民集12巻112頁）。だが、これに反すると、法律に従って判決裁判所が構成されなかったことになり、絶対的上告理由（312Ⅱ①）、再審事由（338Ⅰ①）となる。

(3)　双方審尋の原則・双方審尋主義（当事者対等原則・武器平等の原則）　双方審尋の原則とは、当事者双方にその言い分を述べる機会を平等に与え、攻撃防

御の対等性を確保するという原則であり、当事者対等の原則、武器平等の原則とも呼ばれる。憲法 32 条の裁判を受ける権利及び憲法 14 条の平等権に基づき、審理過程を透明なものとし、公平な裁判を実現し、裁判に対する当事者の信頼を確保する。訴訟手続の中断・中止の規定（124 以下）等はこの原則を実現するものであり、対席方式もその担保となる。

(4)　口頭審理の原則・口頭主義　　口頭審理の原則とは、弁論と証拠調べを口頭で行わなければならず、口頭で陳述されたもののみが裁判資料として判決の基礎となる（87 I 本文）とする原則である。

我が国の訴訟では、代理人となる弁護士は慎重を期し、即答を好まず、書面を好むと言われるが、口頭主義が採られるのは、口頭による方が書面よりも裁判官は新鮮な印象を得ることができ、また、不明瞭な点があれば直ちに釈明できるので、当事者の真意を把握しやすく、裁判所は臨機応変に審理することが可能となる。また、直接主義や公開主義の長所も生かすことができるからである。

しかし、口頭のみによると、誤解や忘却、主張の脱落等のおそれがあることから、重要な訴訟行為については、確実を期するために書面が求められ（134 I）、事実関係や法律構成が複雑な場合には、理解し検討することに困難が生ずることから、準備書面を要し（161 I）、長期にわたる口頭弁論においては、裁判官が陳述のすべてを記憶することは困難であるため、口頭弁論調書の作成が義務付けられ（160、規 66・67・69）、また、上級審による下級審の手続や判断等の審査には判決書の作成（252）が不可欠となる等、口頭主義は書面により補完される。

(5)　適時提出の原則・適時提出主義　　適時提出の原則（156）とは、攻撃防御方法は、訴訟の進行状況に応じ適切な時期に提出しなければならないという原則である。口頭弁論は数回の期日にわたっても一体のものとして捉えられ、当事者の弁論も証拠調べも、どの段階でしなければならない（法定序列主義）といった制限はなく、どの時期において提出されたものも同一の価値をもつのが原則であり（口頭弁論の一体性）、平成 8 年改正前には随時提出主義が採用されていたことから、当事者は口頭弁論終結時までいつでも随意に攻撃防御方法を

提出できるものとされていた。そして、時機に後れた攻撃防御方法却下の規定はあったが、あまり用いられなかったこともあり、五月雨式や後出しの提出を招き、審理の遅延・長期化が忌々しき問題となった。そこで、審理の充実と促進のため、適時提出主義が採用された。

　時機に後れた攻撃防御方法の却下（157 I）の規定は、適時提出主義を支えるものである。そして、審理計画に特定の事項についての攻撃防御方法の提出期間を定めることができ（156 の 2）、その期間経過後に提出した攻撃防御方法は、それにより審理計画に従った訴訟手続の進行に著しい支障が生ずるおそれがあると認められれば、当事者から提出できなかった理由の疎明がない限り、裁判所は却下することができる（157 の 2）。争点整理手続終了後の説明義務（167・174・178）が果たされなかったときも、時機に後れた攻撃防御方法として却下することができる。また、準備書面の提出、証拠の申出の期間を定めることができる（162）等の規定も、適時提出主義を具現するものである。

　(6)　**必要的口頭弁論の原則**　　①「判決」で裁判すべき場合には必ず口頭弁論を行わなければならず、②口頭弁論で提出された事実や証拠のみが裁判資料として判決の基礎となるのが原則である（87 I 本文）。この原則を必要的口頭弁論の原則と言い、その趣旨は、判決は権利義務の存否という重大事項について判断するものであるため、審理の公正と国民の信頼を確保しなければならず、そのために、公開、直接、口頭といった審理の諸原則の下、両当事者に対し、攻撃防御の機会を十分に保障することにある。民事訴訟制度の歴史、経験から、このような審理方式によることこそ、適正・公平な審理を実現できると考えられたのである。

　これに対し、例えば、管轄の指定（10）、除斥・忌避の決定（25）等、訴訟手続上派生する付随的事項を対象にする「決定」の場合には、公正を重んじた厳格な手続よりも、簡易で迅速であることが求められるため、口頭弁論を行うかどうかは裁判所の裁量に委ねられている（87 I 但書　任意的口頭弁論）。なお、決定手続で口頭弁論をしない場合には、書面審理の補充として、「審尋」をすることができる（87 II）。審尋とは、無方式で裁判所に対し意見を陳述する機会を当事者や利害関係人に与える手続であり、口頭弁論とは異なり、公開の必要も

なく、当事者の一方のみにその機会を与えることも認められる。

　だが、必要的口頭弁論の原則は、特別の定めがある場合には、例外が認められる（87Ⅲ）。例えば、①については、補正ができない場合の却下判決（140・290・313・355・359）や上告棄却判決（319）は口頭弁論を要しない。前者は、口頭弁論を開いても結果に変わりなく、後者についても、上告審は法律審であり、原審の手続や判断に法令違背があるかどうかを審査するものであり（312）、判決書の書面審理だけで足りる場合が多いからである。また、担保不提供による却下判決（78）についても、担保提供の有無の判断は容易であり、あえて口頭弁論を開いて審理する必要がないために開かずともよしとされる。そのほかにも、被告に異議がない場合に限られるが、期日呼出費用の予納がない場合（141Ⅰ）、変更の判決（256Ⅱ）についても口頭弁論は不要とされる。②についても、例外として、前述のように、訴状等の陳述の擬制が認められる場合がある（158）。

2　不熱心な訴訟追行

（1）　一方当事者の欠席

　口頭弁論の諸原則は、当事者が口頭弁論に出席してはじめて生きるものである。では欠席した場合（訴訟代理人も口頭弁論に出頭しない。出頭しても弁論せずに退廷。）にはどうなるのであろうか。期日は延期されるのであろうか。一方当事者の欠席の場合には、欠席のまま訴訟は進められる。相手方が在廷しないときは、準備書面に記載した事実でなければ主張することができない（161Ⅲ）との規定は、それを前提としている。これは、一方が欠席すれば訴訟を進められないのでは訴訟が遅延すること、また、出席した当事者への配慮によるものである。そして、欠席した当事者は、口頭弁論に出席した当事者の主張を認めたものとみなされる（159Ⅲ）。

（2）　双方当事者の欠席

　原被告双方とも欠席した場合には、当事者の出頭を要しない判決言渡期日（251Ⅱ）や証拠調べ期日（183）を除いては、期日は終了し、職権により新たな期日を指定（延期）することもできる（93Ⅰ）が、次回期日を指定せずに休止と

した場合、当事者からの期日指定の申立てを1ヶ月間待ち、申立てのないとき、あるいは新たな期日を指定しても連続して2回欠席したときは、訴えは取り下げられたものとみなされる (263)。

（3）　審理の現状に基づく判決

　裁判所は、当事者の双方若しくは一方が口頭弁論の期日に出頭せず、または、弁論をしないで退廷した場合において、審理の現状及び当事者の訴訟追行の状況を考慮して相当と認めるときは、終局判決をすることができる (244　審理の現状に基づく判決)。今後の訴訟進行への協力が期待できないときに認められ、その趣旨は、従前の審理の結果を無駄にせず、敗訴濃厚な被告の引延しを阻止することにある。そのため、一方のみの欠席の場合には、出頭した当事者に不利益な結果が生じないように、その当事者の申出を要件とする (244但書)。

3　審理・口頭弁論の展開

（1）　本案の申立て

　申立てとは、裁判所に対し、裁判や証拠調べなど一定の行為を要求する当事者の行為であり、申立てのうち請求、仮執行の宣言、終局判決で判断される事項に関するものを「本案の申立て」と言う。「訴え」や「上訴」が代表的なものであるが、被告の「請求棄却」または「訴え却下」の申立ても含まれる。

　審理（第1回口頭弁論期日）においては、まず、原告が訴状に基づいて陳述し、

【審理の展開と被告の態度】

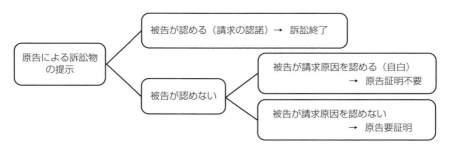

訴状で提示した原告の請求（訴訟物）について審理・判決を申し立てる。

　次に、被告が答弁書に基づいて陳述し、「原告の請求を棄却する」あるいは訴訟要件の欠缺を理由として「原告の訴えを却下する」との判決を求める。「反対申立て」、実務上は答弁と呼ばれる。しかし、請求棄却の申立ては、請求に対する被告の陳述（161Ⅱ②）にすぎず、争う趣旨を明確にするために答弁書に記載が求められるものであり、審理にとって必要的ではない。

　訴えも申立てであり、申立てに対しては、裁判所に応答義務が生じ（実務上は、職権の発動を促すにすぎない申立ては、上申と呼んで区別している。）、訴えが提起された以上、仮に、請求の棄却や訴えの却下を被告が求めなくても、裁判所は訴えの適否及び請求の当否について審理し、訴えが不適法であれば却下し、請求に理由がなければ棄却しなければならない。権利（訴訟物）のレベルでの訴訟行為として、被告が原告の権利を認めること（請求の認諾）も、原告が請求の当否の審判の申立てを維持しながら、自分に権利の無いことを認めること（請求の放棄）も可能である（266）。裁判所書記官がその旨を調書に記載すると、請求の認諾では原告の全面勝訴である請求認容判決と、請求の放棄では被告の全面勝訴である請求棄却判決と同様の結果となる（267）。しかし、被告が請求棄却や訴え却下の判決を求めなくても、事実のレベルで擬制自白（159）が成立するように原告の請求を認めたもの（請求の認諾）とみなされるわけではない。

（2）　攻撃防御方法の提出

　本案の申立てに続き、当事者（原告）は、本案の申立てを理由づけるために、事実上・法律上の陳述・主張及び証拠の申出を行う。原告の側が提出するものを攻撃方法と言い、被告の側が提出するものを防御方法と言う。例えば、貸金返還請求権を主張するのであれば、原告は、請求を理由づける事実として、金銭消費貸借契約成立の事実を主張しなければならない。これに対し、被告は、消費貸借契約成立の事実を争い、あるいは成立は認めつつ、既に弁済している、消滅時効が完成している等、その権利の消滅原因事由に該当する事実を主張してもよいし、要素に錯誤があった、行為能力がなかった等、権利の発生障害事由に該当する事実を主張してもよい。

　事実と証拠の提出は当事者の権限であり、責任である。争いのない事実、自

白された事実については、その裏付けとなる証拠を提出して証明する必要はなくなり（179）、裁判所は、たとえ証拠からその事実は存在しないとの心証を得ても、これを判決の基礎としなければならないが、争いのある事実については、その裏付けとなる証拠が求められ、証拠は当事者が申し出たものに限られる（弁論主義）。認否と抗弁事実の主張を繰り返し、争いのある事実とない事実を明らかにし、争点が絞られ、集中して証拠調べが行われることになる。

（3）　否認と抗弁

　当事者の事実の陳述に対して、相手方は争うか否かを示すことになるが、否認するにあたっては、相手方の主張を否定するのみの単純否認は許されず、理由を付さなければならない（規79Ⅲ　理由付否認）。そして、理由付否認のうち、特に、相手方の主張と両立しない事実を積極的に持ち出す否認を「積極否認」と言う。例えば、「金を貸し付けた。」と主張する原告に対し、「借りた覚えはない。」と言うのは単純否認であり、「借りたのではなく貰ったのだ。」と言うのは積極否認である。

　「借りたのではなく貰ったのだ。」と主張するのは否認である。「貰ったのだ。」という事実については、被告が証明責任を負うわけではなく、被告は借りていないと貸し付けの事実を否認するにあたっての理由としたにすぎない。貸し付けの事実についての証明責任はあくまでも原告にある。これに対し、「金は借りたが弁済した。」と主張するのは「抗弁」と言う。弁済による消滅は、請求原因事実である消費貸借契約成立の事実と両立し、かつ請求を排斥することができる事実であり、被告が証明責任を負う事実の主張である。

（4）　仮定的主張

　裁判の外、実生活の中では、金は「借りた」か「借りていない」かのどちらかであり、両者は両立せず、真実はどちらか一方である。しかし、訴訟行為としての主張では、「借りていない。」と否認しながら、その主張が認められない場合のために、「借りた」としても弁済したというように、仮定的に主張するのであれば、両立しない事実の主張も認められる。「借りていない。」という主張と「借りたが弁済した。」という主張を仮定も付さずに共にするのであれば矛盾が生じ、不明瞭な陳述として釈明（149）の対象となろうが、仮定的主張で

あれば、このような防御の仕方も認められてよい。陳述の信憑性は、その陳述の背景となる事情によるであろうし、相手方が争うときは立証の如何によることになるが、陳述自体は両立しなくとも排斥されない。

　そして、このような仮定的主張がなされた場合の裁判所の取扱いであるが、裁判所は当事者の付した順序や論理的順序にかかわらず、柔軟に審理・判断してよいと考えられる。例えば、所有権確認訴訟で、「その家を買った（売買契約により取得した。）。仮にそうでないとしても時効で取得した。」という陳述がなされた場合に、裁判所は、売買契約があったかどうかの審理判断をせずに、時効について審理判断することも許される。理由は、既判力の客観的範囲、すなわち、判決理由中の判断には既判力は生じない（114Ⅰ）ことにある。効力が及ぶのは所有権の有無という結論のみだからである。

　例外として挙げられるのは、予備的相殺の抗弁である。被告が、まずは債権の存否を争い、それが認められない場合には（仮定的主張）、自分の反対債権で相殺するという抗弁の場合には、相殺は、反対債権を犠牲にするので被告にとっては実質的に敗訴にほかならないことから、後に判断してほしいという被告の意思は尊重されるべきであるし、また、相殺の場合には、例外的に判決理由中の判断であっても既判力を生ずる（114Ⅱ）ことからも、裁判所は被告のつけた順序に従い、仮定を付された陳述は後順位に審理判断すべきものと解される。

（5）　撤回の自由

　私法上の法律行為（私法行為）の場合には、取消し、解除等、撤回は一定の要件を充たす場合に限り認められる。だが、申立て・主張・立証という取効的訴訟行為の場合には、目的が達せられるまでは、原則として撤回は自由である。例えば、訴えを提起しても、判決が確定するまでは取り下げることができる（261Ⅰ）。また、事実の主張や証拠の申出といった攻撃防御方法の提出も、口頭弁論が終結されるまでは自由に撤回できるのが原則である。審理中は熟慮期間であると捉えられ、撤回を認めることにより機動的な弁論が可能となり、審理の充実に資すると考えることによる。例外として撤回が制限されるのは、訴訟手続の安定や相手方の利益の保護が要請される場合である。例えば、自白

の撤回は制限されるし、証拠調べ開始後は、証拠共通の原則により、相手方に有利な証拠資料ともなり得ることから、証拠の申出の撤回には相手方の同意が必要であると解される。

　しかし、審理を妨げるほど頻繁に撤回を繰り返すなら、困ったものであるし、裁判所の心証を害するおそれもあろう。また、撤回が禁反言にあたり、訴訟上の信義則に反し許されないとされた判例（最判昭和51.3.23裁判集民117号287頁）もある。

⑤　訴訟行為の規律

1　訴訟行為の意義と種類

　訴訟法上の効果を生ずる行為を訴訟行為と言うが、申立て、主張、立証といった取効的訴訟行為のほか、裁判所に働きかけるのではなく、直接に訴訟上の効果を生じると認められている行為があり、与効的訴訟行為と呼ばれる。

　この与効的訴訟行為には、①訴えの取下げ（261）、上訴の取下げ（292・313・331）、上訴権の放棄（284・313・331）、異議申立権の放棄（358・378Ⅱ）、選定当事者の選定（30）、同時審判の申出（41Ⅰ）、通常手続への移行の申述（353Ⅰ・373Ⅰ）等、意思どおりの法律効果を認める単独行為である「意思表示」、②代理権消滅の通知（36Ⅰ・59）、訴訟告知（53Ⅰ）、提訴予告の通知及びそれに対する返答（132の2Ⅰ・132の3Ⅰ）、当事者照会及びそれに対する回答（132の2Ⅰ・132の3）といった「観念の通知」、③請求の放棄・認諾（266Ⅰ）のような「法律上の陳述」がある。請求の放棄・認諾は、取効的訴訟行為のうちの法律上の主張（陳述）に類似するが、裁判所に裁判を求めるものではなく、調書に記載されることによって、訴訟終了の効果を生ずる（267）ため、与効的訴訟行為の一種である。

2　訴訟上の合意（訴訟契約）

（1）　合意の適法性・有効性

　訴訟上の効果の発生を直接の目的とする当事者間の合意については、明文で認められているものとしては、管轄の合意（11）、担保提供方法に関する合意

（76但書）、期日変更の合意（93Ⅲ但書）、飛越上告の合意（281Ⅰ但書・311Ⅱ）、仲裁合意（仲裁2・3〜15）等がある。また、訴訟上の和解には、訴訟終了についての訴訟上の合意が含まれている。しかし、明文の規定がない場合にも認められるか否かは、任意訴訟の禁止との関係で問題となる。効率的な訴訟手続の進行と手続の安定を図るため、訴訟は画一化・定型化が要請されることから、手続の内容を当事者の合意によって任意に変更することは禁ぜられる。しかし、他方で、民事訴訟はその審判の対象が私的自治の原則により当事者の自由な処分に委ねられることから、処分権主義、弁論主義等、当事者の意思を尊重する原則が採られており、訴訟事項に関しても、できるだけ当事者の意思を尊重すべきとも考えられるからである。

　処分権主義、弁論主義の妥当する領域においては、当事者は、訴えを提起することも、取り下げることも、自白も、証拠の提出も、その意思で自由に行うことができるのであるから、このような領域では、訴訟上の合意も認められると解される。不起訴の合意や訴え取下げの合意、不控訴の合意、証拠制限契約、自白契約等が例として挙げられる。しかし、当事者に訴訟行為の自由が認められるというのは、当事者は行為をする時点で状況判断をしたうえでその決定を自由になすということであり、訴訟契約の場合には、事前にその決定がなされることから、意思決定の自由が確保されるかどうかが問われなければならない。よって、合意の効果、それにより被る不利益の限度が明確に予想できる場合に限られると解すべきである。例えば、不起訴の合意については、訴訟物たる権利が当事者の処分に委ねられており、かつ特定された紛争についてであれば、認められると考えられる。また、証拠制限契約については、自由心証主義との関係では、自由心証の対象が制限されるにすぎず、他の証拠を自由に評価して事実認定をすることはできるのであるから、それに反するものではないと考えられる。これに対し、証拠力を制限する契約は認められないであろう。

（2）　合意の法的性質

　訴訟契約の法的性質については議論がある。通説は、私法契約であると解し、契約により実体法上の作為ないし不作為義務が生ずるにすぎず、契約に反しその義務を履行しないときは、相手方は訴訟で契約の存在を主張し、契約の

存在が認定されて、はじめて訴訟上の効果が生ずるとする。この説は、裁判外で行われるものであり、裁判所が関与しない行為であること、また、明文規定なしに裁判外で行われた契約を訴訟行為と同一にみることは手続の明確性、画一性を損なうことを理由とする。これに対し、当事者の意思は、直接に訴訟上の効果を発生させようというものであるとして、訴訟契約であるとする説によれば、契約により直接訴訟上の効果が生じ、手続外で合意がなされた場合には、裁判所は知り得ないことであるから当事者からの主張を待つことになるが、訴訟手続内でなされた場合には職権で顧慮されることになる。

　不起訴の合意、訴えの取下げの合意については、私法契約とみるか訴訟契約とみるかで訴訟における取扱いに違いがある。私法契約であれば、合意の存在を抗弁として被告は主張し、裁判所は合意の存在により、訴えの利益なしとして却下する。訴訟契約説からは、合意の効果として考えられ、個々の合意内容に即した取扱いとなる。例えば、不起訴の合意に反する訴えは、私法契約説によれば、裁判所が合意の存在を認めるときは、審理・判決する利益、必要性を欠く場合と同様であるとの判断により、訴えの利益なしとして訴えを却下する。訴訟契約説によれば、不起訴の合意によりその権利関係につき訴えを提起する権限が訴訟上消滅することとなるため、裁判所が合意の存在を認めるときは、合意の効果として、訴えを不適法であるとして却下する。合意に反して訴えを取り下げない場合にも、私法契約説によれば、それ以上訴訟を行う利益、必要性、要件を欠く場合と同様であるとの判断により、訴えの利益を喪失したものとして、訴えは却下される（最判昭和44.10.17民集23巻10号1825頁、最判平成23.3.9民集65巻2号723頁）。訴訟契約説によれば、合意により訴訟係属が消滅することになるため、裁判所が合意の存在を認めるときは、合意の効果として、「訴えの取下げあるいは訴えの取下げの合意により、訴訟が終了した。」旨の訴訟終了宣言の判決をすべきとされる。

3　訴訟行為の瑕疵と治癒

（1）　訴訟行為の評価

　私法上の法律行為は、要件を充たせば有効であり、法規に従って当然に実体

私法上の効果（権利義務の発生・消滅等）を生ずる。これに対し、申立て・主張・立証という取効的訴訟行為は、裁判、証拠調べといった一定の行為を裁判所に求める行為であるが、その権限を有する当事者が申立て・主張・立証の形をとって行うときは、裁判所に応答義務が生じ、まず、有効か無効か、適法か不適法かという二段階の評価を受ける。訴訟能力、訴訟代理権といった訴訟行為としての効力を生ずるのに必要な要件を欠くときは無効であるが、有効な訴訟行為については、その要件や方式を定める訴訟法規に従っているか否かにより適法、あるいは不適法の判断がなされ、不適法な申立て・主張・証拠の申出は却下される。たとえ訴訟行為に瑕疵があっても裁判所には応答義務があり、放置することは許されず、却下の裁判をしなければならない。そして、適法な訴訟行為については、さらに、その内容が実体法あるいは訴訟法に従い認められるものであるかどうかによって、「理由あり」あるいは「理由なし」の判断がなされる。例えば、訴えについては、訴訟要件ないし適法要件を具備しているか否かが判断され、不適法であるときには却下の判決（訴訟判決）がなされ、適法であるときには、さらに、理由があると認められれば請求認容の、理由がないと認めれば請求棄却の判決（本案判決）がなされることになる。また、主張については、不適法であるとき（157 等）には却下、すなわち申立てあるいは他の主張の理由として斟酌されないことになる。

（2）　訴訟行為の瑕疵と治癒

訴訟行為に無効や不適法といった瑕疵あるときは、このように原則として本来の効力を生じない。しかし、私法行為とは異なり、訴訟経済の視点からも従前の手続を覆し、やり直すことは望ましくないことから、手続の安定が求められ、場合によっては有効として扱う途が開かれている。無効な行為の扱いは行為によって異なる。

例えば、訴訟能力や代理権または訴訟行為をするのに必要な授権を欠く者がした訴訟行為は、これらを有するに至った当事者や法定代理人の追認により、行為の時に遡って有効となる（34 Ⅱ・Ⅲ・59）。これは上訴審においても認められる（最判昭和 47.9.1 民集 26 巻 7 号 1289 頁）。

また、訴訟行為に瑕疵ある場合に、事後的に補充または訂正をすること（補

正）も認められ（34Ⅰ・Ⅲ・59）、法定代理人は、自ら、あるいは裁判所の補正命令に応じ、訴訟無能力者の行った訴訟行為を追認のうえ、将来に向かって瑕疵のない訴訟行為を行うことになる。

　そして、訴訟手続に関する任意規定違反の場合には、責問権の放棄・喪失（90）により治癒される。また、強行規定に反したときは、無効であり、瑕疵を除去し、追認・やり直し等しなければならないが、判決が確定すると、その瑕疵は、再審事由（338Ⅰ）に該当しない限り、治癒したものと扱われる。

　そのほか、例えば、独立当事者参加の要件を欠く場合に別訴の提起として扱う等、当事者の意思に反しない限りは、無効な訴訟行為を有効な訴訟行為として転換することもある。また、期間の伸張・短縮が認められない不変期間についても追完が認められ（97Ⅰ）、当事者の責めに帰することができない事由で不変期間を遵守できなかった場合、その事由が止んでから1週間以内に懈怠した訴訟行為をすれば、本来の期間内に訴訟行為をしたものとして扱われて有効となる。

　このように、追認、補正、治癒、転換等を認め、なされた訴訟行為を可能な限り生かし、手続を覆さないよう配慮されている。

4　訴訟行為に対する私法規定の適用の可否

　私法上の法律行為とは異なり、訴訟行為は他の訴訟行為のうえに積み上げられて行くものであるため、ひとつの行為が無効となり、あるいは取り消されると、それに続く行為も足場を失うこととなり、手続全体に影響する。よって、手続安定の要請から、民法の意思表示に関する規定は訴訟行為には原則として適用されないと解される。そして、そのように解しても、裁判所に働きかけてその行為を求めるものである申立て・主張・立証といった取効的訴訟行為については、裁判所に対してなされるものであり、また、厳格な手続の下に行われ、裁判所の釈明等により瑕疵も多くは回避されるであろうから、手続の安定を優先させても当事者の保護に欠けるといった事態は考え難い。これに対し、訴えの取下げ（261）、上訴の取下げ（292・313）、請求の放棄・認諾（267）、責問権の放棄（90）、上訴権の放棄（284・31）、和解、訴訟上の合意、自白等、意思

表示としての性質を有し、裁判所を介さずに直接訴訟上の効果を生じさせる与
効的訴訟行為についても、やはり手続の安定の要請から原則としてその適用は
否定されるが、訴えの取下げ、請求の放棄・認諾、和解の場合には、訴訟手続
を終了させる訴訟行為であり、そのうえに他の行為が積み上げられることはな
く、手続の安定を損なうこともないため、類推適用を肯定する見解が有力であ
る。また、訴えの取下げにつき、判例は、詐欺、強迫等明らかに刑事上罰すべ
き他人の行為によってなされた場合には、民事訴訟法 338 条 1 項 5 号の法意に
照らし、無効と解すべきであると、当該訴訟手続内でその効果を否定すること
を認め、再審の場合とは異なり、確定した判決を覆すものではないから、有罪
判決の確定等の要件（同条 2 号）の具備も必要でないとした（最判昭和 46.6.25 民集
25 巻 4 号 640 頁）。

　表見法理（民 109・110・112、一般社団財団 299 Ⅰ・Ⅱ、商 9、会社 354・421・908 等）に
ついては、取引の安全を図ることをその趣旨とするものであるから、訴訟行為
には適用されないとするのが判例（最判昭和 45.12.15 民集 24 巻 13 号 2072 頁）であ
るが、多数説は、民事訴訟を取引行為の延長線上にあるものと捉え、また、訴
訟行為の適否の判断にあたって双方当事者の利益の衡量を要する場合には、実
体法上の表見法理の趣旨を類推することは背理とは言えないと肯定する。

5　私法行為と訴訟行為

（1）　訴訟における形成権の行使――相殺の抗弁①

　裁判が開始する前、あるいは開始後であっても訴訟外で相殺権が行使された
場合には、それは既に行われた過去の事実であり、それを訴訟で、口頭弁論の
場で抗弁として主張するのは、弁済の事実を主張するのと同じである。法的性
質としてみるならば、相殺権の行使というのは私法行為であり、その事実を口
頭弁論において主張するというのは訴訟行為であり、この場合には、私法行為
と訴訟行為が併存している。私法行為については民法の、訴訟行為については
訴訟法の規律を受ける。

　しかし、訴訟開始後に、はじめて抗弁として相殺権が行使された場合には、
そのようにすっきりとはいかない。行為はひとつであり、その法的性質は私法

行為であるのか、訴訟行為であるのかが問題となる。

　相殺についての民法の規律としては、相殺するとの意思表示が相手に到達すれば（民506・97）、両債権が対等額について消滅する（民505Ｉ）。しかし、訴訟行為であるとする見解（訴訟行為説）は、相殺を認める判決の効力の発生と同時に、はじめて相殺の効力が生ずるのだと考える。そして、相殺権の行使の主張が時機に後れた防御方法である等を理由に却下された場合には、相殺の効力は生じないと解する。

　これに対し、多数説は、行為はひとつでも、私法行為と訴訟行為は併存すると解する（私法行為説、併存説）。その理由としては、訴訟行為説によれば、私法行為が存在しないのに、債権の消滅という私法上の効果が生ずることになり、不合理であること、また、相殺を認める判決の効力の発生と同時に、はじめて相殺の効力が生ずるということは、その判決は、判決によって権利義務を変動させる形成判決であるということになるが、上述のように意思表示のみで消滅するとする民法の規律に沿わないことが挙げられる。

　多数説の理由は首肯できる。しかし、私法行為と訴訟行為が併存すると解すると、今度は、訴訟行為としての相殺の抗弁が却下され、しかも原告の請求が認容された場合には、被告にとって酷な結果となる。訴訟行為としての相殺の抗弁が却下された場合にも、私法行為としての相殺権の行使の効果は残るからである。相殺の抗弁は、「原告の請求が認められるのであれば相殺する。」というように予備的に提出され、原告の請求が認められる場合には、私法行為としては相殺権は行使されたことになり、被告は、原告の訴求債権については敗訴ゆえに履行しなくてはならないが、自己の相殺に供した反対債権は、相殺の意思表示がなされているため消滅しているということになる。

　このように、訴訟行為としての相殺の抗弁は認められなくても、私法行為としての債権の消滅という効果のみは残るという不合理な結果を回避するために、私法行為としての形成権行使の意思表示は、訴訟行為としての形成権の行使が不適法であるとして却下された場合には、撤回されたものとみる（撤回説）、抗弁が防御方法として顧慮されることを停止条件としているとみる（停止条件説）、あるいは抗弁が不適法として却下されることを解除条件としているとみ

る（解除条件説）等の見解がある（新私法行為説）。相殺権を行使する被告の意思に沿うものであり、また、相手方も予期するところであり、その保護に欠けることもなく妥当であろう。

（2）　条件・期限──相殺の抗弁②

　訴訟行為については　手続の安定の要請から、期限は付し得ないとされる。条件を付すことも、やはり手続の安定を損なう場合には認められない。例外として、申立てについては、法が特に認めている場合（259・260）があり、また、予備的申立ては、主たる申立てが認容されることを解除条件とするものであるが、手続の安定を害さないため許される。主張については、一定の条件が成就したときは裁判資料となるというのは、手続の安定を損ない認められないが、解除条件を付すものである予備的・仮定的陳述は手続の安定を害さないため認められると解される（通説）。与効的訴訟行為についても、手続の安定を損なうか否かで考える。

　私法行為については、単独行為である私法上の形成権の行使に条件を付すことは、相手方の地位を不安定にするので許されないのが原則である（相殺につき民506Ⅰ後段）。併存説によると私法行為が含まれると考えることから問題となるが、訴訟で相殺権を行使する場合には、その条件となるのは、相手方の請求が認容されることであり、相手方の地位を不安定にするとは言えないし、そのような行使の仕方を認める必要性もあるので許される。また、新私法行為説は、形成権の行使の主張が不適法として却下された場合に私法上の効果のみが残る結果を回避するため、条件付法律行為として理論づける。この場合には、却下されるか否か、条件成就の有無が確定するまでは相手方の地位は不安定ではある。しかし、上述のように条件を付すことに合理的必要性があり、地位の不安定もその訴訟手続中のことであるから、認めてよいと考える。

第8章　訴訟の審理②
──裁判所と当事者の役割

① 職権主義と当事者主義

　訴訟の審理について、主導権を基本的に裁判所に認めるやり方を職権主義、当事者に認めるやり方を当事者主義と言う。我が国の民事訴訟では、判決のための資料の収集・提出については、当事者が主体となり（弁論主義）、審理の進行と整理については裁判所が主宰する（職権進行主義）。しかし、訴訟資料の収集と提出においても、裁判所は釈明権の行使により補充的な役割を果たすし、審理の進行においても、当事者の意見も聴く等（168・170Ⅲ・175、規61・95）、裁判所と当事者の協同が求められている。

② 職権進行主義

1　裁判所の訴訟指揮権

　手続進行の主導権を裁判所に認める考え方を職権進行主義と言う。裁判所は訴訟指揮権を行使し、訴訟の円滑な進行に努める。訴訟指揮権の内容としては、訴訟の進行を図るものとして、口頭弁論期日・和解期日・進行協議期日等の指定・変更（93）、訴状の補正期間・準備書面の提出期間・上訴期間等の伸縮（96）、訴訟手続の中止（131）、中断した訴訟手続の続行命令（129）、終結した口頭弁論の再開（153）等がある。また、口頭弁論や証拠調べを指揮（148・185・186・195・202Ⅱ・215の2Ⅲ）したり、弁論の制限・分離・併合（152Ⅰ）や裁量移送（17・18）、時機に後れた攻撃防御方法の却下（157・157の2）を通じて審理の整理・促進を図ったり、釈明・釈明処分（149・151）により訴訟関係を明瞭にし

たりというような審理の内容に関わるものもある。

　訴訟指揮権は、弁論の聴取、証拠の取調べ、判決の言渡しのように事実行為として行使される場合のほか、決定、命令という裁判として行使される場合があるが、訴訟指揮に関する決定及び命令は、一定の事項を確定する判断の表現ではなく、訴訟の進行に応じて合目的的に決せられるものであるから、自縛力はなく、取消し、変更が認められる（120・35Ⅱ・54Ⅱ・60Ⅱ・152Ⅰ・153）。

　口頭弁論における訴訟指揮権（148）の内容としては、期日において、弁論の開始を命じ、整理し、裁判をするのに熟するに至ると終結する。当事者や代理人に発言を許し、無用・不当な発言や、弁論を混乱させ、遅滞させるような場合には、注意を与え、従わないときには発言を禁止することができる。さらに、訴訟関係人が禁止に従わない等して、審理を妨害する程度に至れば、裁判長は、退廷を命ずることもできる（裁71Ⅱ）が、これは法廷警察権（司法行政権）の発動であって、その目的は法廷の秩序維持にあり、個々の事件の審理の進行、整理のためにある訴訟指揮権とはその目的を異にする。

　この弁論指揮権は裁判所に帰属し、裁判長がその代表者として行使する。弁論指揮権とは別に、裁判所の固有の権限と定められている行為（151〜153・155・157、規65）、また、裁判長に固有の権限とされている場合もあり（93Ⅰ・137）、これらは弁論指揮権には含まれない。また、法は特定の事項の処理を合議体構成員の一部の者（受命裁判官）に委任することや、他の裁判所の裁判官（受託裁判官）に嘱託することを認めており、受命裁判官または受託裁判官が授権された事項に関して訴訟指揮権をもつが、これらが単独で行う手続においては、弁論指揮権も行使する（185・195・206、規35）。

2　訴訟運営への当事者の関与──当事者の申立権及び責問権
（1）　当事者の意思の反映

　訴訟手続の進行については裁判所が主導権を有するが、弁論準備手続の開始（168）、電話会議システムによる弁論準備手続の実施（170Ⅲ）、証人尋問に先立つ当事者尋問（207Ⅱ）、専門委員の関与（92の2Ⅰ・Ⅲ）にあたっては、当事者の意見を聴いて行うこととなっている。また、審理計画を定めるにあたっては、

当事者双方と協議をし、その結果を踏まえなければならないとされている（147
の3Ⅰ）。

　当事者の意思に従い手続が進められるものとしては、例えば、当事者の合意
により、最初の期日の変更（93Ⅲ但書）、管轄（11）、飛越上告（281但書・311Ⅱ）
が認められる。また、公開の法廷で争点整理をしたいとの意向を尊重し、当事
者双方の申立てあるときは、弁論準備手続に付する裁判は取り消さなければな
らず（172但書）、同じく双方の申立てあるときは、専門委員関与の決定は取り
消さなければならない（92の4但書）。また、和解期日への専門委員関与につい
ては、当事者の同意（92の2Ⅳ）を要する。

　さらに、申立権（裁判所の訴訟指揮権の発動を求める当事者の権限）が認められて
いる場合には、申立てあるときは、裁判所は裁判によってその許否を明示しな
ければならない。例としては、移送の申立て（16～18）、手続受継の申立て
（126）、時機に後れた攻撃防御方法却下の申立て（157）、求問権（149Ⅲ）等が挙
げられる。

（2）　責問権

　裁判所または相手方当事者の訴訟行為に訴訟手続に関する規定（方式規定）
の違反がある場合には、裁判所には正す権限と責任があるが、当事者も異議を
述べてその無効を主張し是正を求める権能を有し、これを責問権と言う。異議
の対象は、訴訟の審理に関する方式・要件・時期などの形式的事項であり、訴
訟行為や手続の効力に影響を与える規定（効力規定）の違反であり、それらに
影響を及ぼさない規定（訓示規定）は当然のことながら対象とはならない。

　また、違反があっても、手続違反を知り、または知ることができた場合にお
いて、遅滞なく異議を述べなかった場合には、責問権を放棄、喪失したものと
して訴訟行為の瑕疵が治癒される（90本文）。訴訟手続の安定と訴訟経済のため
に、早期に治癒させようとの趣旨である。しかし、責問権の放棄・喪失により
訴訟行為の瑕疵が治癒されるのは、当事者の訴訟追行上の便宜や私的利益の保
護を主な目的とする規定（任意規定）の場合である。例としては、訴状の受理
能力のない者に対する送達（最判昭和28.12.24裁判集民11号595頁）、口頭弁論期日
や証拠調べ期日の呼出しに違法があるとき（大判昭和4.5.23民集8巻536頁、大判昭

和 14.10.31 民集 18 巻 1185 頁)、宣誓をさせずに証人尋問をした場合(大判昭和 11.10.6 民集 15 巻 1789 頁)、受命裁判官による尋問について旧 279 条 (195) の事由がなかった場合(最判昭和 50.1.17 裁判集民 114 号 1 頁)等が挙げられる。

　これに対し、民事訴訟制度の根幹に関わり、訴訟制度に対する信頼や効率の維持等を目的とする公益的要請の強い規定(強行規定)の違反の場合には、責問権の放棄・喪失は認められない (90 但書)。例えば、 裁判所の構成、裁判官の除斥 (23)、専属管轄 (13・20)、公開主義、口頭主義、直接主義、判決の言渡し (253)、不変期間に関する規定、当事者能力、訴訟能力等が挙げられる。強行規定は必ず遵守されなければならず、その違背の有無については常に裁判所が職権で顧慮しなければならず、それに反した行為は無効であって、やり直し・追認・排斥などの処置を採らなければならない。しかし、判決後は、上訴により瑕疵が主張された場合に限り、また、確定してしまえば、再審事由に該当する場合にのみ、再審の訴えにおいて顧慮されるに止まる。

③　弁論主義

1　意　義

　弁論主義とは、判決をするのに必要な訴訟資料の提出を当事者の権能であり責任であるとする原則を言い、処分権主義とともに民事訴訟の基本原則とされている。訴訟物たる権利義務の存否の判断に必要な資料は事実と証拠であり、事実と証拠の提出を「弁論」と言うことから弁論主義と呼ばれている。

　これは、裁判所と当事者との役割分担であり、権利 (訴訟物) のレベルでは処分権主義により、事実の主張と証拠の提出までは弁論主義により、いずれも当事者の役割であるとされている (しかし、その先の証拠による事実認定となると自由心証主義により裁判官に委ねられている。)。

2　具体的内容

　弁論主義については直接の根拠条文、明文規定はない (但し、自白については民事訴訟法 179 条、下記①については人事訴訟法 20 条前段の規定から推知するのが通説で

ある。）が、弁論主義の具体的内容としては、以下の３つの内容が含まれるとされる。① 当事者の主張しない事実を裁判の資料として採用してはならない〔主張責任〕。② 当事者間に争いのない事実（自白された事実）は、そのまま裁判の資料として採用しなければならない（179・159 I）〔自白の拘束力〕。③ 当事者間に争いのある事実を証拠によって認定する際には、必ず当事者の申し出た証拠によらなければならない〔職権証拠調べの禁止〕。

　当事者は要件事実（権利の発生や消滅を理由づけるために訴訟で主張しなければならない事実）を主張しなければならない（①）。また、相手方もその事実を認めた場合には、「裁判上の自白」と呼ばれ、証拠による裏付けは不要となる（②）。しかし、相手方がそのような事実はなかったと争う場合には、裁判官がその事実の存在を認識できるように、証拠が必要となり、当事者が提出する（③）。その結果、立証に成功すれば、これを要件事実とする法律効果の発生が認められ、原告の請求の当否について判断されることになる。

　例えば、貸金返還請求訴訟の場合であれば、原告は、自己の請求を基礎づけるため、消費貸借契約成立の事実として、返すと約束して金を渡したとの主張をし、その主張を裏付けるために証拠として借用書を提出する。被告は、返還の約束と金銭の授受は認めるが、返したと弁済の主張をし、証拠として領収書を提出する。裁判所は被告の自白により原告主張のとおり消費貸借契約の成立を認め、弁済の事実について原告が争えば、提出された領収書について証拠調べをし、貸金返還請求権（消滅）の存否（有無）について判断することになる。

3　適用範囲

　弁論主義の３つのテーゼによれば、判決内容を当事者の意思で左右することを認めることになる。したがって、弁論主義によることができるのは、当事者が任意に処分し得る私法上の権利・法律関係を対象とする紛争の解決にあたる場合であり、同じく私的紛争であっても、公益に関わる事件、事項については当事者自治は制限される。例えば、訴訟要件のうち公益性の強い裁判権、専属管轄、当事者能力、代理権の存在や、非訟事件手続等には職権探知主義が適用される。裁判所は訴訟代理権について疑いを抱いたなら、当事者からの主張が

なくても、職権で調査を開始し、資料を収集することができる。また、人事訴訟のように判決の効力が広く第三者に関わり、手続関与の機会のない第三者の利益を保護する必要がある場合、行政訴訟、医療過誤訴訟のように当事者の対等化を図る必要がある場合、人事訴訟法や借地借家法にみられるように弱者保護の要請がある場合にも、弁論主義は制限される。

4　根　拠

　では、弁論主義は何故採られたのであろうか。民事訴訟の対象の特性に着目し、そこから弁論主義が認められる必然性を説明するのが本質説（私的自治説）である。私的自治を指導原理とし、当事者の意思（自主性・自律性）が尊重される私法の領域における紛争、財産関係をめぐる紛争が訴訟に持ち込まれた場合には、その裁判の資料（事実と証拠）についても当事者の意思による支配を認めるものとしたのだと説明される。

　これに対し、弁論主義は真実発見のための便宜的技術的見地から採用されたひとつの手段であり、合目的的、政策的な配慮から採られたのだと説明するのが手段説である。最も事件の真相を良く知り得るのは当事者である原告、被告であるのだから、その当事者に訴訟資料の収集を委ねることが事案の真相解明・真実発見のために合理性を有し、また、敗訴した場合にも、自己責任として納得しやすく、裁判所が行うことはかえって不公平感を抱かせるのだと考える。

　その他、不意打ちを防止するために、当事者に訴訟資料についての支配を認め、当事者が提出していない事実や証拠を裁判の基礎とすることを否定するのだと考える不意打ち防止説もある。

　しかし、本質説に対しては、対象の特性から訴訟においても当事者の意思を尊重することが必然的だとするのは論理に飛躍があるのではないかとの批判があり、また、手段説に対しては、公益性に関わる場合には真実の発見を優先させ職権探知主義が採られることをどのように考えるのか、むしろ当事者の自己責任であるとすることが裁判所の負担の軽減のために都合がよかったのではないかと疑問が呈される。不意打ち防止説に対しては、不意打ち防止は弁論主義

の結果としての効用（機能）であり、目的ではないのだと批判される。確かに、不意打ち防止のために弁論主義は有効であるが、職権探知主義の下でも審理を充実させ真相を解明するために不意打ち防止は要請されるし、弁論主義によれば、釈明権の行使により不意打ちとならない場合にも、「当事者の主張しない事実は裁判の資料として採用してはならない。」という命題が貫かれ、裁判所の釈明に従い当事者が主張することを拒否した場合には判決の基礎とできないことを説明できない。さらに、いずれかひとつの根拠で説明することはできず、それぞれの説く多元的な根拠に基づいてできあがった1個の歴史的産物であると説く多元説も主張されている。

5　主張責任

（1）意　義

弁論主義の第1テーゼより、当事者の主張しない事実を裁判の資料として採用してはならない。たとえ、証拠調べからある事実の存在が判明したとしても、口頭弁論において当事者から主張されなければ、裁判所はその事実の存在を認定できない〔訴訟資料と証拠資料の峻別〕。しかし、弁論主義は当事者と裁判所との役割分担であり、どちらか一方が主張していれば、裁判所は判決の基礎とすることができる〔主張共通の原則〕。しかし、両当事者ともにある事実を主張していない場合には、その事実が認められると有利となる当事者にとっては、その事実を認定してもらえないという不利益を受けることになる。この不利益ないし危険を主張責任と言う。また、主張責任の所在を決するのは証明責任である。通説及び実務によれば、主張責任と証明責任の所在は一致する。

（2）権利抗弁

錯誤や弁済等のように、それを基礎づける客観的事実を主張するだけでは足りず、当事者の権利行使の意思表示がなくてはならないとされるものを権利抗弁と言い、この場合には主張共通の原則は働かない。例としては、同時履行の抗弁、留置権の抗弁（最判昭和27.11.27民集6巻10号1062頁）、催告・検索の抗弁等が挙げられ、また、取消権、解除権、相殺権、建物買取請求権等の実体法上の形成権も、訴訟外で行使された場合には、その行使によって実体法上の効果

は発生するのであって、訴訟では、その行使の意思表示のあった事実を主張（立証）するということになり、事実抗弁であるが、直接訴訟手続で行使する場合には、やはり主張共通の原則は働かず、権利者が主張しなければならないことから権利抗弁となると解する。

（3）　主張責任と証明責任

主張責任と証明責任の所在が一致するということについては、例えば、履行遅滞に基づく損害賠償請求（民 415）について、通説によれば、債権者である原告は、不履行の事実について証明責任を負わず、逆に債務者たる被告が履行の事実について証明責任を負い、主張責任も同様であるとする。しかし、有力説は、証明責任については、同じく履行の事実について被告にあるとしながら、債権者である原告は、履行がないからこそ履行遅滞となり損害賠償請求ができるのであるから、訴えの有理性を根拠づけるためには履行のないこと（不履行の事実）を主張しなければならないとする。この考え方によれば、主張責任と証明責任の所在とは一致しないことになり、通説・実務によれば、履行（があったこと）は権利の消滅を理由づけるために被告が主張しなければならない要件事実であるのに、有力説は、履行がないことを要件事実とし、証明責任については、履行（があったこと）という要件事実の反対事実について証明責任を認めていることになる。しかし、履行の具体的な事実については、債権者たる原告は、認めていない以上知りようがないのであるから、履行について立証責任を負う債務者は、原告の防御の対象を明確にするため、主張責任も有すると考える。そうでなければ、債権者である原告は抽象的に「履行がない」と主張できるに止まり、被告の立証を待ってはじめて弁済の具体的事実を知ることになり、それまでは否認理由や再抗弁について検討することができず、再抗弁の立証準備もできない。

債務不存在確認訴訟についても、主張責任と証明責任の所在は一致する。債権の成立について証明責任を負うのは債権者である被告であり、主張責任を負うのも被告である。原告は訴訟物の特定に必要な限りで請求の原因を主張しなければならないが、攻撃防御方法としての請求原因事実、請求を理由づける事実は、権利の発生を主張する被告が抗弁として主張立証しなければならない。

　また、公知の事実については、その証明は不要とされる (179) が、公知であっても要件事実である限り、主張責任はあると解される（最判昭和 28.9.11 裁判集民 9 号 901 頁）。ただし、明確に主張していない場合にも、公知であることから、当事者は当然の前提としていると考えられ、弁論の全趣旨から黙示に主張していると認めてよい場合も多くあろう。

　過失相殺（民 418・722Ⅱ）については、判例は、債務者の主張がなくても、裁判所が職権ですることができるが、債権者に過失があった事実は、債務者が証明責任を負う（最判昭和 43.12.24 民集 22 巻 13 号 3454 頁、類推適用につき、最判平成 20.3.27 裁判集民 227 号 585 頁）とするが、事実主張の要否については述べていない。① 弁論主義の適用はなく、過失相殺を構成する事実が証拠調べの結果明らかになればよいとする考え方、② 弁論主義の適用はあり、過失相殺を構成する事実は主張に現れていなければならないとする考え方、③過失相殺を構成する事実のみならず、過失相殺を権利として行使する旨の主張をしてはじめて、裁判所は顧慮できるとする考え方がある。過失相殺は、債務不履行や不法行為において、被害者側にも何らかの落ち度があるような場合に、損害額を弾力的に考えることを認めるものであることからすれば、権利行使の主張までは要さないが、過失相殺により損害額は減少するにもかかわらず、主張なくして証拠から認定できるというのは不意打ちになる。弁論主義の適用がないと考えるのも妥当ではないであろう。

（4）　弁論主義の適用される事実

　審理、判決の対象となる権利義務の存否の判断のためには、訴訟上、様々な事実が主張されなければならないし、また、審理の過程には、様々な事実が現れてくるであろう。例えば、貸金返還請求訴訟の事例で、原告の主張によれば、工場を経営していて資金繰りに窮した被告は、原告に 300 万円の借金を申し込み、原告は○月○日に、その自宅において、被告に 300 万円を貸し渡した。だが、被告は返済期限が来ても一向に返そうとしないので、原告は貸金返還請求訴訟を提起するに至った。被告は、訴訟において、金など借りていないと否認しているが、原被告共通の友人 A の証言によれば、原告の主張する 300 万円の受渡しの翌日に、被告は取引先に滞っていた 300 万円の債務を支

払っている。しかし、また、被告によれば、被告は、金銭の受渡しがあったと主張する日には、出張で家を留守にしている。また、友人 A も原告から同じく借金をしているとのことである。そして、両者の話から、以前、原告と被告は共同で工場経営をしており、経営の順調であった当時、原告は過分の金員と引換えに被告に経営を委ねたという経緯があることがわかった。

　訴訟上の事実のうち、権利の発生・変更・消滅という法律効果の判断に直接必要な事実、法律の条文に要件として掲げられている事実（要件事実）に該当する具体的事実を主要事実と言い、上記の貸金返還請求権の例で言えば 300 万円を貸し渡したとの事実（金銭の授受と返還の約束）がそれにあたる。また、主要事実を経験則上推認させる事実を間接事実と言い、上の例で言えば、被告は取引先に滞っていた 300 万円の債務を支払っているというのは、原告から被告への金銭の授受があったことを推認させるもので、これにあたると考えられる。反対に、金銭の受渡しがあったとされる日に出張していたというのは、金銭の授受がなかったのではないかと推認させる間接事実となろう。そして、証拠能力や証拠力を明らかにする事実を補助事実と言うが、友人 A も原告から同じく借金をしているというのは、原告に対して弱みをもつ A が原告に有利な証言をせざるを得なかったのではと、その証言の証拠力を弱める働きをする点で補助事実となると考えられる。そのほか、事件の由来・経過・来歴など事件をより理解しやすくするための背後の事実関係を実務では事情と呼んでいる。要件事実とは直接関係はないが、紛争の本質を明らかにするにあたって重要な役割を果たすこともある。共に工場を経営していた云々というのはこれにあたりそうである。

　では、これら主要事実、間接事実、補助事実のすべてに弁論主義の適用があるのであろうか。通説は、弁論主義適用の対象となり、当事者の主張を要するのは主要事実であり、間接事実には適用がないとする。その理由としては、間接事実は主要事実を推認させる働きにおいて証拠と変わりがなく、その主張がないときには主要事実の存在を推認してはならないとすれば、裁判官に不自然な無理な判断を強いることになり、自由心証主義に反することが挙げられる。例えば、間接事実にも弁論主義の適用があるとすれば、証人が「原告が、訪ね

てきた被告に 300 万円を手渡すのを見ました。」と証言した場合には、金銭の授受の存否の判断にあたって、その証言の信憑性については裁判官の自由な判断に委ねられる。しかし、同じく証人が「それまで被告は金策に窮していたが、原告の主張する受渡しの翌日に、取引先に 300 万円の債務を返済した。」と証言した場合には、たとえ裁判官が証言の内容は真実に合致するとの確信を抱いたとしても、当事者からの主張がない限り、証言された事実から主要事実の存在を推認してはならないことになる。証言内容は、金銭の授受との関係で言えば、前者は直接見たのだと述べており、後者は、間接的に推認させる事実を述べている。しかし、直接的か間接的かの違いはあるが、どちらの証言も、主要事実の存在を推認させるものである点において変わりはない。後者についてのみ、当事者の主張がなければ推認してはならないとするのは、不合理であると考えられる。

　しかし、判例は、間接事実であっても当事者からの主張を要するとしたもの（大判大正 5.12.23 民録 22 輯 2480 頁）、主要事実であっても当事者の主張を要しないとしたもの（最判昭和 33.7.8 民集 12 巻 11 号 1740 頁）、必ずしも主要事実と間接事実の区別を弁論主義適用の基準としてはいないようにみえる。むしろ、不意打ちとなるかどうかということから決しているようである。例えば、後者の判例は、当事者は原被告間での直接の契約締結を主張したのに対し、裁判所は、原告と被告の代理人との間で契約は締結されたものと認定し、上告審は、これを弁論主義に反しないものとした。この事例では、代理人が証人として尋問されており、代理であると認定されることを被告は予想することが可能であったことから、実質的には不意打ちはなかったと考えられる。

　しかし、この判例は、本人によってなされたか、代理人によってなされたかは、その法律効果に変わりはないのだから、弁論主義には反しないのだと理由づける。だが、同じ法律効果でも法的構成が異なれば、主張・立証しなければならない主要事実は異なり得る。代理によると主張する場合には、その主要事実を主張しなければならないはずである。旧訴訟物理論によれば、法的構成が異なれば訴訟物は異なり、審理の対象も既判力の範囲も訴訟物により画されるが、この判例も、例えば、請求権の競合の場合にも、法律効果が同じであるの

だから、主張されない主要事実を認定してよいとして、訴訟物の枠を超えることを認める趣旨ではないであろう。実務は一貫して旧訴訟物理論の立場を採っている。そうであるとすれば、この判例の射程範囲は、本人によるか代理人によるかという代理に関する事案に限られると考える。33 年判例の前にも、当事者の主張なくして代理人による契約締結を認めているが、「当事者が主張する具体的請求の同一性を動かさない限り」で「それが訴訟資料に基づく認定である以上」違法ではないとしている（大判昭和 9.3.30 民集 13 巻 418 頁）。さらに、この判例の後も、本判決を引用し、当事者の主張なくして代理人による契約締結を認定した事例（最判昭和 39.11.13 裁判集民 76 号 57 頁）、反対に本人による契約の締結を認定した事例（最判昭和 42.6.16 裁判集民 87 号 1051 頁）において、いずれも弁論主義に反しないとされている。

　弁論主義の適用される事実の範囲を広げれば、不意打ちの危険は少なくなる。当事者の攻撃防御の機会は保障されることになる。反対に、主要事実に限ると狭く解すれば、自由心証主義の効能が発揮されようが、釈明権を適切に行使しない場合には、不意打ちのリスクは高くなる。しかし、釈明を行っても当事者が主張を拒むような場合に、間接事実にも弁論主義が適用されて裁判所は判断の基礎とすることができないというのは、不意打ちの危険もなく、ただ、当事者の意思を尊重するものであるが、妥当であろうか。当事者の事実に対する支配をどこまで認めるべきかということからすれば、主要事実に限るとしてよいのではないだろうか。

（5）　主張の解釈

　実務では、裁判官が口頭弁論終結後に、ある事実について当事者の主張はないが、証拠はあると気づいたときに、相手方に実質的な不意打ちのないことを確認のうえ、黙示の主張を認め（最大判昭和 45.6.24 民集 24 巻 6 号 712 頁）、判決の作成において、「証拠から主張を拾う」ことも行われており、判決釈明と呼ばれている。この場合には、妥当な結果を導くために、主張責任、訴訟資料と証拠資料の峻別が緩やかに解されている。

　上記 33 年判例のように、代理人による契約締結の事実を認定するにあたっても、代理行為について明確に意識した主張でなくても、何らかの形で弁論に

現れていれば、相手方はこれを予測でき、防御も可能であることから主張は
あったものと考えることもできる。また、本人による契約締結の事実のみの主
張のようでも、代理人による契約締結の事実の主張が含まれていると解するこ
ともできる。そして、主張ありと認められる限りは、第三者の関与が代理であ
るのか使者としてのものであるのかは、当事者の主張に対する裁判所の法的評
価の問題であり、不意打ちなき限り、弁論主義に反するとして排する必要はな
いと考える。

（6）　規範的要件における主要事実

要件事実は、抽象化された事実であるが、民法709条の「過失」、借地借家
法28条の「正当事由」のように、事実ではなく評価（規範的）概念で記述され
ている場合には、それら評価概念自体を主要事実であると考えるとすれば、弁
論主義の適用対象を主要事実に限る通説によれば、例えば、脇見運転、スピー
ド違反等の具体的事実は当事者の主張なくして裁判所は認定できることにな
り、不意打ちの危険が生じ得る。脇見運転を主張され争い、攻防を尽くしたの
に、裁判所はスピード違反であったと認定するなら、当事者にとっては不意打
ちとなる。攻撃防御の対象を明確にし、審理の充実を図るためにも不意打ちと
なるような主要事実の捉え方はすべきではない。また、過失のような評価概念
を直接に証明の対象とすることはできず、証拠により直接証明することができ
るのは、脇見運転等の具体的事実である。当事者は証明の対象となる具体的な
事実を主張しなければならず、裁判所も当事者の主張しない具体的事実を認定
することはできないと解すべきである。よって、現在では、「過失」、「正当事
由」等と評価され得る具体的事実（評価根拠事実）こそが主要事実であると解さ
れている。

（7）　主張の具体性

事実は、どこまで具体的に述べなければならないか。要件事実は、抽象化さ
れた事実であり、当事者が主張しなければならないのは、要件事実に該当する
具体的事実である。例えば、民法587条により消費貸借契約の成立を主張しよ
うとする者は、要件事実である「金銭の授受」に該当する具体的事実として、
いつ、どこで、どのようにして金銭を受け取ったのかを述べることになる。

　問題は、どの程度まで具体化して述べなければならないかである。抽象度を高めれば、当事者の主張ありとして裁判所が認定できる事実の幅は広がるが、攻撃防御の対象も広がり、不意打ちのリスクは増すことになる。要件事実に該当する主要事実をどこまで具体化したものと解するかは法解釈の問題であり、法規の趣旨から考えるが、審理の対象となり、証明・証拠調べの対象となり得る事実であることからすれば、攻撃防御方法として明確となる程度に具体化されたものでなければならない。判例は、「当事者の主張した具体的事実と、裁判所の認定した事実との間に、態様や日時の点で多少のくい違いがあっても、社会観念上同一性が認められる限り、当事者の主張しない事実を確定したことにはならない。」とする（最判昭和 32.5.10 民集 11 巻 5 号 715 頁）。

　また、例えば、医療過誤訴訟では、原告に求められる事実主張の具体化の程度は、その専門性から、緩やかに解してよいと考えられる。上記 32 年判例は、医師の皮下注射により障害が残ったとして損害賠償を求めた事案であり、注射液の不良か注射器の消毒不完全かいずれかの過誤があったものとして過失を認定することを許容したものである（関連判例として、最判昭和 39.7.28 民集 18 巻 6 号 1241 頁）。前述のように、過失は規範的な要件事実であるから、原告としては、過失を基礎づける具体的な事実を主張・立証しなければならず、裁判所の認定も同様である。しかし、「注射液の不良、注射器の消毒不完全はともに診療行為の過失となすに足るものである」が、原告にそのいずれかの特定を強いることは酷である。他方、被告は専門家たる医師であり、事実を知り得るのも被告であることから、ある程度抽象的な主張によっても防御は可能であるし、そのように解しても公平も失しないと考えられる。また、経験則の蓋然性が高い場合には、評価根拠事実の抽象度を高めることができると解することには異論のないところであると考えるが、注射によって、注射部位が化膿した場合には、注射をした医師が当然なすべき注意を怠ったのだとの高度の蓋然性を有する経験則が働く場合でもあった。

　このように、評価根拠事実は、仮に規範的要件を主要事実として捉えるとしても、規範的要件を推認させる間接事実ではなく、規範的要件を具体化したものである。そして、どこまで具体的に主張しなければならないか、その具体化

の程度は、法規の趣旨と攻撃防御方法としての明確さから考える。

6　自　白

（1）　意　義

弁論主義の第2テーゼより、当事者間に争いのない事実（自白された事実）は、そのまま裁判の資料として採用しなければならない（179・159Ⅰ）。

自白とは、口頭弁論または弁論準備手続において、相手方が主張する自己に不利益な事実を認める陳述を言う。口頭弁論または弁論準備手続における弁論としての陳述でなければならず、当事者が裁判外でした自白は、自白された事実の存在を推認させる間接事実として、事実認定において自由心証の対象とされるに止まる。当事者尋問での供述も、弁論、訴訟資料ではなく証拠資料であり、裁判上の自白ではない。

（2）　自白の拘束力とその根拠

自白があると、その効果として、裁判所は、審理することは許されず（審理排除効）、そのまま判決の基礎にしなければならない（判断排除効）。また、当事者も、自由に撤回できない（不可撤回効）。そして、この自白の拘束力により、自白された事実については、証明が不要となる（179　証明不要効）。よって、自白があると、自白のない事実のみが争点として証明の対象となり、当事者は争点に攻撃防御方法を集中させることから、自白は争点整理の機能も有することになる。

自白の拘束力の根拠は、裁判所に対する拘束力と当事者に対する拘束力とでは異なる。裁判所に対する拘束力は、弁論主義から導かれるものである。だが、弁論主義からは当事者に対する拘束力である不可撤回効は導かれない。弁論主義によっても、当事者の撤回なき限りにおいて裁判所は拘束されるのだと考えることも可能である。当事者が自白の撤回を許されないのは、むしろ、相手方の信頼の保護を理由とする。すなわち、自白があると相手方には証明の必要性がなくなったとの期待が生じ、さらには、もう証拠の獲得に努めなくても、その保管に留意しなくてもよいのだと考える。そのために、例えば、重要な証言が見込まれる証人が重篤な状態にあっても、証拠保全（234）の措置を行

わないといったことも考えられ、にもかかわらず自白の撤回が可能だとすれば、時は遅く証言は得られないといった不利益を被り得る。また、撤回を認めると、自白の基礎のうえに主張、立証を重ねても覆ることになり、相手方にとっては酷であるし、訴訟経済上も望ましくない。そうなれば、前述のような証明不要効（179）による争点整理機能も働かないことになろう。よって、自白した当事者は、自己責任として撤回してはならず、撤回は当事者間の信義則、禁反言に悖ると考えられる。

（3）　自白の対象としての事実

　自白が成立するためには、事実についての陳述でなければならないが、事実とは主要事実に限られるのか間接事実、補助事実も含むのかについては争いがある。主要事実に限られるとする見解は、間接事実について自白の拘束力を認めるならば、証拠と同じ機能を果たす間接事実に対する裁判官の判断を拘束することになり、また、補助事実についても証拠の評価の問題であり、間接事実及び補助事実は裁判官の自由心証主義との関わりにおいて自白の対象とはならず、弁論の全趣旨として斟酌されるに止まるとする。

　すなわち、証拠による認定を要するのは争いのある事実であるから、間接事実についても、争いなき限り、裁判所は、証拠調べを経ずに認定してもよい（179）。実務上も、争いのない間接事実について、証拠等からそれと異なる事実が認定できないかを十分検討することは、多忙を極める裁判所には現実的ではなく、それを前提として判断されている。しかし、この見解によれば、真実であるとの心証を抱けなければ認定しなくてもよいし、当事者も自由に撤回できる（ただし、間接事実について陳述を変更した場合には、弁論の全趣旨から不利に判断されることはあり得るし、また、争点整理手続終了後の変更には説明責任が課せられ（167）、理由の説明がないとき、あるいは理由が合理的でないときは時機に遅れた攻撃防御方法として却下され得る（157 I）。）。判例には、債権譲渡の原因行為である建物の売買を間接事実として自白の撤回を認めたものがある（最判昭和 41.9.22 民集 20 巻 7 号 1392 頁）。

　これに対し、間接事実についても自白の拘束力を認める見解は、裁判官は、別の間接事実、あるいは証拠から主要事実の存否を自由なる心証によって認定

することは妨げないのであるから、自白された間接事実を前提にして主要事実の存否の判断をしなければならないとしても、自由心証主義に抵触するものではないと考える。また、裁判官に対する拘束力を認めないことは、当事者に予期せぬ不意打ちの危険性を生ずるし、当事者に対する拘束力についても、間接事実であれば撤回が自由であるとするのは、禁反言、自己責任といった当事者に対する不可撤回効の根拠からも妥当でないとされる。上記判例に対しても、債権譲渡の原因たる建物の売買について、間接事実であるからとして自白の撤回を認めることは、それを前提として進めてきた審理に混乱を来し、相手方にも不利益であるとの批判がある。この点において、主張責任における弁論主義の適用される事実についての議論とは、考慮要素が異なるところである。

　では、自白の拘束力は、文書の成立の真正を争わないときにも機能するのであろうか。文書は作成者の思想を記載する証拠方法であるから、その証拠調べにおいては、形式的証拠力（作成者の思想を表現するものであるかどうか）と実質的証拠力（思想内容の真実性、すなわち立証事項に関する心証形成への寄与度）を明らかにしなければならない。そして、形式的証拠力の前提事実として、文書が作成者の意思に基づいて作成されたものであること、すなわち、文書は、その成立が真正であることを証明しなければならない（228Ⅰ）。訴訟手続においては、一方当事者が証拠として文書を提出すると（書証の申出）、裁判所は相手方当事者に対して、その文書が真正に成立したものか否かについて認否をさせ、争うときは挙証者はその成立の真正を証明しなければならない。では、認めるときには自白が成立し、拘束力が働くのか。多数説は、文書の成立の真正は補助事実であり、自白の拘束力は生じないと考える。判例（最判昭和52.4.15民集31巻3号371頁）も不可撤回効を否定している。多数説も判例も、文書の証拠力は裁判所の自由心証に委ねられる以上、当事者に対する拘束力を認めることは無意味であり、自白の撤回を認めるべきであるとする。しかし、文書が法律行為が記載された処分証書である場合には、その成立の真正が認められ、形式的証拠力が認められると、直ちにその文書に記載された法律行為が存在することが認定され、相手方が反証を挙げて争うことは困難になることから、否定説の言う裁判官の自由心証が働く余地はないという指摘がある。

（4）　権利自白

　弁論主義は当事者と裁判所との役割分担を示すものであり、事実と証拠の提出については当事者の権限と責任であり、法の解釈と適用については法の専門家たる裁判所の職責であるとされている。よって、法規や経験則の存否・解釈についての意見の陳述には弁論主義の適用はなく、双方当事者の陳述が一致したとしても、裁判所は拘束を受けるものではない。また、ある事実がある法規の構成要件に該当するか否かの陳述についても否定すべきであろう。

　では、法規の適用結果についてはどうか。例えば、契約の成立、有効・無効等、具体的法律関係の成否・効力や、規範的要件である過失等を認める陳述、また、法的効果である具体的権利関係を認める陳述については、当事者の法適用に対する意見の表明にすぎず、裁判所を拘束しないと考えるのか、事実の自白と異なる取扱いをすべきなのかについては議論があるところである。とりわけ、訴訟物たる権利関係そのものについては請求の認諾・放棄（266・267）が認められている。しかし、訴訟物の前提をなす（先決的）権利関係についての相手方の主張を認める場合、例えば、所有権に基づく土地明渡請求訴訟で、被告が原告の土地所有権を認めたうえで、占有正権原の抗弁を出すような場合には、事実ではなく、法適用の結果、法的効果である具体的権利関係の存否について認めている（権利自白）が、請求の認諾のような規定はない。所有権取得の前提としての売買契約の存在を自白し、所有権を認めるとの陳述をするというように、具体的事実を陳述したうえで、その法的効果としての権利関係を自白する場合には、事実の面では通常の自白が成立するが、権利関係部分については、事実に対する法的評価、法適用に対する意見の陳述にすぎないと解し、自白の成立は否定するべきものと考えられる。問題となるのは、専ら権利関係のみを認める場合である。

　権利自白の拘束力を肯定する見解は、訴訟物たる権利関係そのものについては、前述のように請求の認諾・放棄（266・267）が認められていること、また、先決的法律関係についても中間確認の訴え（145 I）が提起され、認諾された場合には、裁判所としても従うことになる以上は権利自白も認められると考える。しかし、請求の放棄・認諾は処分権主義の問題であるが、権利自白は、法

と事実についての裁判所と当事者との役割分担に係る弁論主義の問題である。権利の処分については当事者の意思が尊重されても、法の解釈・適用については裁判官の職責とされる。その趣旨は、裁判官は法律の専門家であり、その能力において劣る当事者による法の解釈・適用を認め、裁判所の判断を排することは、法の正しい解釈・適用を害し、適正な裁判を実現できない可能性があるからである。この理から、規範的要件である過失についてであるが、国家賠償請求事件において、国側の抽象的な過失ありとの自認について、法的効果を十分に知りながら自白したのだから、事実の自白に該当し、裁判上の自白の拘束力を有するとした裁判例がある（東京地判昭和 49.3.1 民集 24 巻 6 号 524 頁）。他方で、また、天引きがなされた消費貸借の成立額については、判例は、法解釈の問題であるとして自白の拘束力を否定している（最判昭和 30.7.5 民集 9 巻 9 号 985 頁）。だが、売買の成立や賃貸借の成立を認めるという趣旨の陳述がなされた場合には、売買、賃貸借という用語は日常的に用いられており、具体的事実の簡潔な表現であるとされ、事実自白としての拘束力を認める見解もある。

　裁判所に対する拘束力については、弁論主義により当事者は訴訟資料についての自己決定権を有するが、それ以上に法律のレベルでも決定する権能を認めてよいのか、どこまでなら認められるのか、また、弁論主義の形式的適用による弊害は排除されるべきであるが、当事者の法的判断の誤りに法適用を職責とする裁判所がどこまで介入すべきなのかという視点からの検討が必要である。判例はおおよそ妥当な結果を導いていると考える。その際に、当事者の実際の理解を問題とすべきなのか、理解の可否を対象について吟味すべきなのかは難しいところであるが、権利自白に拘束力が認められるか否かは、相手方が信頼し、自白を基礎とし、そのうえに訴訟を進めることができるか否かに関わることになる。当事者の実際の理解を基準とすることは、相手方を不安定にするものであり、自白の争点整理機能から考えても妥当でないであろう。

　また、実務では、訴訟物の前提をなす所有権についての権利自白を弁論の全趣旨として捉え、それ以上審理をせずに所有権を認定している。所有権については、権利自白を認めないとすれば、当事者間に争いがなくとも、土地の時効取得、建物の新築等の原始取得まで遡り、原告の所有までの所有権移転を基礎

づける事実をすべて主張立証しなければならなくなるため、非常に酷な結果となる。よって、被告がある時点での所有を認めた場合には、通常はそれを前提として訴訟物について判断している。しかし、権利自白があると相手方は一応は証明の必要を免れるが、法の解釈と適用は裁判所の職責であることから、裁判所に対する拘束力はなく、基礎となる事実が当事者より陳述され認定される限り、裁判所は権利自白に反し、原告の所有権を否定する判断をすることも可能である。したがって、裁判所の判断が排除されない以上、不可撤回効についても問題とならず、自白に反する事実の主張も証拠の提出も、時機に後れた攻撃防御方法、信義則違反であるとされない限りは認められることになる。

（5）　不利益性

　自白が成立するためには、自己に不利益な事実についての陳述でなければならないとされるが、この不利益を①相手方に証明責任があることと捉えるか、②敗訴可能性と捉えるか、③不利益要件は不要であると捉えるかについては議論がある。証明責任説によれば、例えば、X の Y に対する 1000 万円の貸金返還請求において、Y が弁済を主張し、X がそれを認めれば、抗弁事実である弁済についての主張・立証責任は Y にあるので、X には自白が成立し、X は以後、弁済の事実を争うことはできなくなる。X の自白により、Y には以後立証の負担を免れるとの期待が生じ、この期待は護られるべきである。自白者 X の不利益とは、この相手方 Y の立証の負担からの解放であると捉えるものである。したがって、Y が弁済はなかったと陳述し、X がそれを援用したとしても、Y に自白は成立しない。債務者である被告 Y が、借りていないのだから弁済などするはずがないと主張する場合のように、契約の成立を否定する間接事実として、弁済のなかったことを自ら認めて契約の成立を争うことも考えられるが、弁済のなかったことにつき Y に自白の成立を認めたとしても、X はそもそも証明責任を負っていないのだから、その負担からの解放ということもなく、Y には不利益は生じていないと考えるのである。

　敗訴可能性説によれば、上記の場合にも、Y に自白の成立を認め、契約の成立が認められそうになったときに、Y が前言を翻し弁済を主張することは許されないことになる。この場合の Y の不利益とは、弁済が認められなけれ

ば請求認容となり Y 敗訴の可能性があることである。敗訴可能性説は、この
ように証明責任説より不利益を広く解し、自白の成立を認めるが、争わない意
思がない場合には自白の成立を否定する。

　これら見解に対し、不利益要件不要説は、自白の争点整理機能を重視する。
不利益要件を不要とすることにより自白の成立が容易に認められ、撤回できな
いこととなり、当事者に酷であるとの批判に対しては、不可撤回効の発生を争
点整理手続終了後であると解すれば酷ともならないとする。当事者の意思の合
理的解釈として、争点整理段階での自白は、相手方の主張の変化を黙示の解除
条件とする、あるいは相手方において黙示の停止条件付で撤回に同意していた
ものと考える。このように解したとしても、撤回を認めることにより機動的な
攻防が可能となり、審理の充実に資すると考えられるし、争点整理段階では、
訴訟手続の安定や相手方の利益を害することにもならないであろう。

（6）　主張の一致と不利益陳述

　自白が成立するためには、相手方の主張との一致が必要である。また、主張
の一致は援用でも足り、時間的な先後は問わない（通説）。例えば、X の Y に
対する 1000 万円の貸金返還請求において、X が、Y から 200 万円については
既に弁済を受けていると主張したのを Y が援用した場合でも、弁済について
自白が成立する（先行自白）。

　これに対し、Y の援用なきとき、例えば、前述のように借りてなどいないの
だから弁済などしていないと争うような場合には、自白は成立しないが、裁判
所は弁済の事実を判決にあたって斟酌することは認められる（最判平成 9.7.17 裁
判集民 183 号 1031 頁）。弁論主義によれば、当事者のいずれかから主張があれば
判決の資料とすることができるのであり、当該事実について当事者間に争いあ
るときは、裁判官の自由な心証に委ねられる。この場合、多数説によれば、弁
論の全趣旨から当該事実が認められないときは、証拠調べを行い、当事者から
の証拠申出がない等、必要な場合には、職権で当事者尋問を行うなどし、それ
らの結果に基づいて裁判をすべきと解される。なお、その際に、上記判例は、
釈明権を行使すべきであるとするが、自己に不利益な陳述をしている場合に
は、十分に理解したうえの主張でないこともあろうから、不意打ちとならない

よう釈明権を適切に行使することが求められよう。

（7）　自白の撤回

　我が国には、例外としても自白の撤回を認める規定はない。しかし、解釈論として、また、判例には撤回を認めるものがある。まず、① 相手方の同意あるときには自白の撤回を認める。自白の争点整理機能を重視し、訴訟遅延や審理の混乱を避けるためには、相手方の同意があっても撤回を認めないとすることも考えられようが、当事者に対する自白の拘束力、不可撤回効の根拠が、主に相手方の信頼保護にあること、また、撤回により実体的真実に基づく裁判結果が得られる可能性もあることからすれば、相手方が同意するのであれば認めてもよいであろう。また、同意は黙示でもよく、相手方が撤回に異議を述べずに応答すれば、同意があったものとして、撤回は認められる（最判昭和 34.9.17 民集 13 巻 11 号 1372 頁）。② 自白が詐欺、脅迫等の刑事上罰すべきほどの違法な行為によって強要された場合（任意性なきとき）にも撤回は認められると解される（最判昭和 33.3.7 民集 12 巻 3 号 469 頁）。任意でない自白については、たとえ相手方が信頼したとしても、それに基づき審理が進行していたとしても、撤回を認め自白した当事者を保護するのが妥当である。再審事由としても認められているところである（338 I ⑤）。その趣旨からすれば、罰すべき行為が相手方以外の第三者によってなされた場合でも認められると解される。また、再審の場合とは異なり、判決がまだ確定していない段階での問題であることから、民事訴訟法 338 条 2 項で求められる判決も不要であろう。

　判例は、また、③錯誤に基づき、かつ真実に合致しないという証明がなされたときにも撤回を認める（大判大正 4.9.29 民録 21 輯 1520 頁）。さらに、真実に反したことの証明があれば錯誤に基づくことが事実上推定されるとする（最判昭和 25.7.11 民集 4 巻 7 号 316 頁）ので、自白者は反事実のみ証明すればよいことになる。錯誤の証明は難しく、また、錯誤があったことまで証明を求めなくても、自白者が自白された事実について証明責任を負うことになるため、その撤回は相手方に酷ともならず妥当であろう。また、判例は、錯誤とは事実の真実性についての錯誤であり、その過失の有無は問わないとする（最判昭和 41.12.6 裁判集民 85 号 569 頁）。

実体的真実に基づく裁判ということからすれば、真実に反するのであれば錯誤については不問とすることに傾きやすく、自白者の禁反言や自己責任ということからすれば、真実に反しているかどうかよりも、自白者に責任を問うことが妥当か、すなわち、正しい認識を期待できる客観的状態にあったかどうか、それを相手方が信頼するのが尤もであると言えるのかどうかが問題となり、錯誤を要件とするということに馴染みやすい。また、自白とは、相手方主張の事実を真実であると思い、それを認めるというのに止まらず、当該事実を争わないとする意思の表明であると考えるなら、その意思表示に錯誤という瑕疵があるときには撤回を認め、また、過失も不問としないとするのが理論的ではある。

7　職権証拠調べの禁止

弁論主義の第3テーゼによれば、ある事実を証拠によって認定する際には、必ず当事者の申し出た証拠によらなければならず、裁判所は、職権で他の証拠を取り調べることはできない。最も事実を知っているのは当事者であり、利害関係の強い当事者に委ねることが真実の発見に結びつき、また、裁判所に任せることはその能力から限界があるという効率の視点から、あるいは、そもそも私益の争いであり、利害を有するのは当事者であって、第三者へ影響が及んだり、力の差があり保護の必要性があったりというような公益性も考慮する必要がない等といった紛争の本質から第3テーゼの趣旨は説明される。

しかし、職権証拠調べが認められても、訴訟資料について当事者の決定権限が認められる限りは弁論主義であるとの捉え方もある。現行法の下でも、職権による証拠調べが部分的に認められている。例えば、事案の解明ないし実体的真実発見の要請から、当事者尋問については職権によることが認められている（207Ⅰ）。また、証拠調べの補充として、裁判所の職権による調査の嘱託を認めており（186）、嘱託に応じて提出された調査報告を証拠とするには、口頭弁論に顕出し、当事者に意見陳述の機会を与えれば足り、当事者の援用を要しない（最判昭和45.3.26民集24巻3号165頁）。官公署または法人に対する鑑定の嘱託（218）、公文書の成立の真否についての照会（228Ⅲ）についても職権によること

が認められている。また、行政事件訴訟においては、この第 3 テーゼは採られていない（行訴 24）。

8　真実義務、完全陳述義務

　弁論主義は、事実について当事者の処分、支配を認めているが、弁論主義の下では、当事者は事実を隠してもよいのであろうか。また、嘘をついてもよいのであろうか。

　我が国の母法国であるドイツ法には、「当事者は、事実上の状態に関する陳述を完全に且つ真実に従って為すことを要する。不知の陳述は、当事者自身の行為でも当事者自身の認識の対象でもなかった事実についてのみ許される。」との規定があるが、我が国にはこのような規定はない。

　主観的真実に反する陳述はしてはならないとする「真実義務」については、真実に反すると思いながら事実を主張したり、真実に合致すると思う相手方の主張を争ったりすることまでを弁論主義は許容するものではないと考える。

　また、事実を陳述する際に、自己に不利であっても、真実であると知っている事実を脱落させてはならないとする「完全陳述義務」については、その事実が訴訟の勝敗に関わり、相手方が知らず、自己のみが知っているような場合に問題となろうが、情報や証拠が偏在するような事案において、このような義務が認められれば事案の解明には資することになる。

　しかし、こうした義務を認めるとしても、我が国においては、その根拠は信義則に求めることになろうが、いずれにせよ、これら義務違反があったとしても何らかの効果が生ずるものとはされていないので、実際的意義を有するものではない。

9　釈明権
（1）　釈明権の意義と目的

　裁判長は、口頭弁論の期日または期日外において、訴訟関係を明瞭にするため、事実上及び法律上の事項に関し、当事者に対して問いを発し、または立証を促すことができる（149 I）。権限としてのみ規定しているように読めるが、

通説も判例も、当事者の訴訟活動について不明瞭な点があるときは、裁判所は当事者に対して釈明を求めることができる（釈明権）のみならず、場合によっては釈明を求めるべきである（釈明義務）と考えており、釈明権を適切に行使しない場合には、不行使の違法が問われ得る（312Ⅲ・318Ⅰ）。

　弁論主義によれば、裁判官は、当事者から主張された事実と提出された証拠に基づき、中立な立場で審判にあたる。裁判官が過度に釈明権を行使し、中立な審判官としての立場を超えることになれば、弁論主義と衝突することになり、自己責任を希薄化することにもなる。しかし、勝つべきものを勝たせる、適正な裁判、真実に即した裁判の実現のために、釈明権の適切な行使が求められる場合もある。釈明は、弁論主義を修正・補充し、弁論主義の形式的な適用による不合理が釈明によって修正される（最判昭和45.6.11民集24巻6号516頁）。さらに、請求の趣旨や原因に矛盾、不明瞭等があるときは、246条違反を回避するためにも、釈明権の行使が求められるが、この場合には、釈明は弁論主義のみならず、処分権主義を修正・補充することにもなる。

（2）　釈明権行使の場面

　どのような場合に釈明権を行使するのかということについては、①当事者の申立てや主張に不明瞭や矛盾がある場合に、不明瞭を正し、矛盾を除去する（消極的釈明）ほか、②必要な事実と証拠について、裁判所と当事者の間に認識の不一致がある場合、すなわち、当事者は十分であり、正しい主張・立証をしているつもりでも、裁判所からすれば、不正確で不十分であると考えるときには、訴訟材料補完のため、その提出を促す釈明（積極的釈明）をすべきである。

　また、主張・立証の基礎となる法的観点について、裁判所と当事者の間に齟齬があるときには、裁判所がその正当であると考える法的観点を当事者に示さなければ、当事者にそれに沿った主張・立証を期待することはできない。法律構成が異なれば、主張すべき事実、争う事実も異なるのであるから、事実と証拠についての提出の権限と責任は当事者にあるとしても、法の専門家としての裁判所は、このような場合には法的観点を指摘することにより、当事者に主張・立証の機会を与えるべきである（法的観点指摘義務）。裁判所は釈明し、不足があれば当事者に主張を補わせるべきであり、釈明権が適切に行使されずに

敗訴した場合には、釈明義務違反を問われるべきであると考える。

　また、仮に、証拠調べから、事実が存在するとの心証を抱いたとしても、当事者の主張なく認定するなら、弁論主義違反となるが、当事者は自覚せずとも、間接事実等、いわゆる「生の事実」としては裁判所の法的観点に沿った事実が弁論に現れているときにはどうであろうか。それを主要事実として捉えて、裁判所が自己の考える法的観点に従った判断を示すことは弁論主義に反しないのであろうか。生の事実としては弁論に現れていたとしても、当事者に主要事実としての自覚がないままに当事者が考えるのとは異なる法律構成により判断するならば、不意打ちとなり、当事者は十分に攻撃・防御を尽くしたとは言えない場合もあろう。やはり、裁判所は自己の考える法的観点を示して、攻撃防御の機会を保障しなければならないと考える。

（3）　釈明権の行使・不行使の違法

　裁判所が釈明権を適切に行使することは、弁論主義の下、適正で、公平で、迅速で、経済的、効率的な裁判を可能とするために重要なことである。当事者の弁論の機会を実質的に保障し、充実した審理を実現し、事案の解明を図り、審理の遅延・混乱を回避するためにも、裁判所は適切に釈明を行うべきである。では、裁判所の釈明権の行使・不行使が、裁量の範囲を超えて違法であるとされる場合があるのだろうか。

　その時代的背景にもより、この点についての裁判所の判断は揺れてきた。民事訴訟は当事者の私益の争いだから、事実や証拠の収集は当事者に任せ、国（裁判所）は積極的に介入すべきではないと考えられ、釈明権の行使には謙抑的であるとの立場が採られた時期もあれば、釈明義務の不履行を理由に下級審の判例が破棄された時期もある。

　前述のように、釈明には、不明瞭あるいは前後矛盾するような申立てや主張を問い質す「消極的釈明」と、必要な申立てや主張がされていない場合に促す「積極的釈明」とがあると考えられており、前者については、義務であって、行使されない場合には義務違反が問われると考えられる。不明瞭、矛盾を放置することは、当事者の意思を尊重することにも、自己責任であるとすることにも結び付かないであろう。

　難しいのは後者である。釈明権の行使により当事者が必要な申立て、主張を補い、それが勝訴に結び付けば、勝つべき者が勝ったのだとしても、相手方からすれば、裁判所は肩入れをしたのだとの不満を抱きかねない。また、我が国は、本人訴訟を認めており、法的知識の十分でない当事者には釈明権の行使なくしては適切な訴訟追行が見込めないであろうが、一方のみが本人訴訟の場合には、相手方が不公平であるとの感を抱くのではとの懸念から、実務では、釈明を行うにあたっては慎重となるとのことである。事案の複雑さ、当事者、様々な要素を考慮のうえ、適切に行使するということになろうが、難度の高い行為である。釈明権は、懈怠があるとみられても、行きすぎであるとみられても当事者の不満、不信を呼び起こすことになる。では、どのような場合に違法となるのであろう。

　釈明義務に反するとその違法が問われる場合は、釈明権を行使すべきであると考えられる場合の範囲よりも狭いと考えられる。釈明権の不行使については、釈明義務を認めたものとして、判例には、主張と証拠の不一致の場合（最判昭和36.12.22民集15巻12号2908頁）、損害額の立証を促さなかった場合（最判昭和39.6.26民集18巻5号954頁）、法律構成が不十分な場合（最判昭和44.6.24民集23巻7号1156頁）、立証の要否について誤解が認められた場合（最判昭和58.6.7裁判集民139号89頁）、時価の立証を促さなかった場合（最判昭和61.4.3裁判集民147号489頁）、証拠の申出を促さなかった場合（最判平成8.2.22裁判集民178号265頁）等がある。

　釈明権の行使については、請求原因の変更を示唆する釈明権の行使も認められる。判例は、釈明権の行使が著しく公正を欠き、釈明権の範囲を逸脱したもので違法であるとの主張に対し、「訴訟の経過やすでに明らかになった訴訟資料、証拠資料からみて、別個の法律構成に基づく事実関係が主張されるならば、原告の請求を認容することができ、当事者間における紛争の抜本的解決が期待できるにかかわらず、原告においてそのような主張をせず、かつ、そのような主張をしないことが明らかに原告の誤解または不注意と認められるようなときは、その釈明の内容が別個の請求原因にわたる結果となる場合でも」違法な釈明権の行使にあたらないとした（最判昭和45.6.11民集24巻6号516頁）。学説

も、①判決における勝敗転換の蓋然性、②当事者の申立て・主張等の法的構成の当否、不備の有無・程度、③釈明を待たずに適切な申立て・主張を提出することの期待可能性、④当事者間の公平、⑤その他（抜本的紛争解決の可能性、釈明による訴訟完結遅延のおそれ等）を考慮して判断すべきであるとする。また、このような場合について、法的観点指摘義務の問題であると捉えれば、むしろ裁判所は釈明すべきであると考えられる。

　しかし、消滅時効については、実務では釈明を控えると言われている。消滅時効は、認められればそれで訴訟の勝敗が決まるからであると言うが、取得時効も含め、釈明義務に反しない（最判昭和 31.12.28 民集 10 巻 12 号 1639 頁）とされるのは、時効による問題の解決が望ましくないと考えられているのではないかとの指摘もある。

　なお、仮に、釈明権の行使がやりすぎであり違法であると評価できるとしても、実際には、裁判所が違法であるとして原判決を破棄し、原審に差し戻した場合には、当事者は改めてその主張をすればよいことになる。それをよしとせずに破棄自判し、釈明を受けた当事者を敗訴させるとすれば、釈明なくしてはもともと敗訴となったのだとしても、裁判所の違法を当事者の責に帰す結果となり妥当とは思われない。事案と適合している限り、評価規範としては違法を問うことはできないと考える。上記判例のように、訴訟物の変更をもたらす場合には、実務の考え方によれば、敗訴しても新たに訴訟を起こすことは可能であるから、なおさらである。

（4）　釈明処分

　裁判所は、訴訟関係を明瞭にするために必要な処分をすることができる（151）。釈明処分の目的は、当事者の弁論を理解し、事件の内容を把握することにあり、事実認定のための証拠資料を得るための証拠調べとは異なるものである。

　釈明処分の内容としては、訴訟代理人を通さずに、直接事情を知っている当事者本人の弁論を聴取するために出頭を命ずること（151 I ①）がある。これは、証拠調べとしての当事者尋問とは異なり、本人に出頭義務はなく、命令に応じなくても制裁は課されないし、弁論の趣旨を明瞭にすることを目的とするた

め、訴訟能力を要し、無能力者であるときは法定代理人に出頭を命じなければ
ならない。また、当事者よりも事情を詳しく知る者がある場合には、そのもの
に陳述を命ずることもできる（151 I ②）。訴状、答弁書、準備書面等の訴訟書
類または訴訟において引用した文書その他の物件で当事者が所持するものを提
出させることもでき（151 I ③）、また、提出された文書については裁判所に留
め置くよう命令を発することができる（151 I ④）が、応じなくても制裁の規定
はない。検証、鑑定は、証拠調べとしては当事者の申出を要するが、訴訟関係
を明瞭にするという目的の限りでは、職権により命ずることが認められている
（151 I ⑤）。釈明処分としての調査の嘱託も認められている（151 I ⑥）。

④　事案の解明と証拠・情報の収集

1　証拠・情報の収集

　我が国は、判決のための資料の収集・提出については当事者主義が採られて
おり、証拠の収集は当事者の責任であるが、そのためにどのような手立てが設
けられているのであろうか。紛争当事者から相談を受けた弁護士は、当事者や
関係者からの任意の聞き取りにより、まずは事案の把握に努めるであろうが、
そのほか、現行法には以下のような制度がある。

（1）　弁護士会照会

　弁護士は、受任している事件について、所属弁護士会に対し、公務所または
公私の団体に照会して必要な事項の報告を求めることを申し出ることができ、
弁護士会は、申出に基づき、公務所または公私の団体に照会して必要な事項の
報告を求めることができる（弁護23の2）。弁護士は直接ではなく、自己が所属
する弁護士会を通じて、必要な情報を得ることができる。照会を受けた公務所
や公私の団体は、正当な事由がない限り弁護士会に回答義務を負い、この義務
は公法上の義務であると解される。ただし、強制力はなく、違反しても制裁等
の定めはない。

（2）　当事者照会

　当事者は、相手方に対し、訴訟係属中、主張または立証を準備するために必

要な事項について、裁判所を介さずに直接書面で回答するよう、書面で照会することができる（163）。ただし、具体的または個別的でない照会や意見を求める照会、証言拒絶権の認められる事項についての照会等は認められないし、また、相手方が応じない場合にも制裁等の定めはない。

（3）　調査の嘱託

　裁判所は、必要な調査を内外の官庁公署、学校、商工会議所、取引所その他の団体に嘱託することができる（186）。証拠調べの補充として、裁判所が職権で行うことが認められているものであるが、当事者も申立てにより、必要な情報・証拠を得ることができる。ある地方の取引慣行について、その地の商工会議所に問い合わせる、特定の日時の天候を気象台に問い合わせる、伝染病の病状について伝染病研究所に報告を求める等、手元の資料で容易に回答することができ、客観性が高く証拠調べ手続による必要性のない場合に行われる。

　嘱託を受けた官庁公署等は、嘱託に応ずる公法上の義務を負うが、違反に対する制裁等の規定はない。また、嘱託を受けて提出された調査報告を証拠とするには、裁判所は、口頭弁論に顕出したうえで、当事者に意見を述べる機会を保障すれば足り、当事者の援用を要しない（最判昭和 45.3.26 民集 24 巻 3 号 165 頁）。

（4）　文書提出命令

　証拠となる文書については、自ら所持していれば提出すればよいが、そうではない場合には所持者に提出を求めることになる。その場合、文書の所持者にその提出を命ずるよう申し立て、直接にではなく裁判所を通じて実現する（219）。そして、文書の所持者は、事件に関連する文書は、原則として、すべて裁判の場に提出し、裁判所と相手方に参照させなければならない義務を負い（220）、当事者が従わないときは、当該文書の記載に関する相手方の主張を真実と認めることができる（224）。

（5）　文書送付の嘱託

　自ら所持していない文書について、所持者に提出を求める方法として、文書提出命令のほかに、当事者が、裁判所から所持者に対して提出を依頼するよう求める文書送付の嘱託（226）がある。所持者が任意に提出することが見込まれる文書、例えば、登記所や市町村の保管書類等について利用されている。

（6）　提訴予告通知

　提訴予告通知または提訴予告通知に対し返答をすると、予告通知をした日から4ヶ月以内に限り、訴えの提起前であっても、当事者照会（132の2・3）のほか、①文書送付の嘱託、②調査嘱託、③専門家への意見陳述の嘱託、④執行官に対する現況調査命令といった証拠収集の処分を申し立てることができる（132の4）。③の例としては、建築瑕疵が争点となる場合に、その瑕疵の修補に要する費用について建築士に見積もりを嘱託すること、④の例としては、境界紛争について当該境界の現況を調査しておく等が挙げられる。また、当事者は裁判所に提出された文書等の閲覧、謄写を請求できる（132の7）。文書提出命令については、提訴前には認められない。文書提出義務の存否についての審理は簡単ではなく、提出義務違反に対する制裁等も提訴前には働かないからである。

　提訴予告通知は書面により、請求の要旨及び紛争の要点を具体的に記載し、できる限り訴え提起の予定時期を明らかにして行い（132の2Ⅲ、規52の2）、予告通知を受けた者も答弁の要旨を記載した書面により返答をしなければならない（132の3Ⅰ、規52の3）。その趣旨は、訴え提起前の照会や裁判所の証拠収集の処分について、提訴予告通知を求めることで、制度の濫用を防止し、相手方や証拠方法の所持者の利益を保護することにある。

2　証拠保全手続

　訴え提起の前に、あるいは口頭弁論期日を待たずに、裁判所は、あらかじめ証拠調べをしておかなければその証拠を使用することが困難となる事情があると認めるときは、申立てにより、または職権で証拠調べをすることができる（234・237）。証拠の散逸のおそれがある場合、例えば、提訴後の本来証拠調べが行われる時まで生存が危ぶまれている証人の尋問、保存期間の経過が迫っている、あるいは改ざんのおそれがある診療録の取調べ等が挙げられる。保全の申立てにあたっては、保全の必要性を疎明しなければならない（規153Ⅲ）。また、①相手方、②証明すべき事実、③証拠、④保全の事由を記載した書面によらなければならない（規153Ⅰ・Ⅱ）。

　また、証拠保全は、相手方の所持する証拠の開示機能を有し、「困難となる

事情」、「保全の事由」を抽象的、緩やかに解すれば、その機能をより発揮することになる。証拠・情報が偏在する事案の場合には、そのような運用も認められてよいと考える。

　証拠調べの期日には、急速を要する場合でなき限り、申立人及び相手方を呼び出さなければならず (240)、その証拠調べに関する記録は、本来の訴訟記録の存する裁判所に送付され (規 154)、口頭弁論に提出されることにより本来の証拠調べの結果と同じ効力を有する。証拠保全手続における証拠調べは、本来の証拠調べに関する規定により (234、規 152) 行われるが、実務では、文書提出命令については、コピーの提出で、検証物の提示命令についても、レントゲン写真等にはフィルムの複写撮影等で対応されている。

第9章　訴訟の審理③
——事実認定と証拠

① 証拠の位置付け

　民事訴訟は、訴訟物たる権利義務の存否について判断することにより紛争を解決する。訴訟物は、当事者が特定し（処分権主義）、裁判所の判断の基礎となる事実と証拠の提出は、当事者の権限であり責任である（弁論主義）。我が国の裁判制度は、法律の知識（素養）のある者を裁判官に任用することとなっており、裁判官は法の専門家として、法律の解釈と適用はその専権に属する。他方、訴訟資料（事実と証拠）の提出は当事者の権限であり、当事者の主張しない事実を判決の基礎としてはならない。

　そして、事実について争いがあるときには当事者の申し出た証拠により、最終的には、裁判所の自由なる判断に委ねられる（自由心証主義）。

② 証拠等の概念

（1） 証明と疎明、証明度、解明度

　要証事実の存否の判断について、裁判官に確信を生ぜしめる状態、あるいはそのための当事者の証拠提出行為を「証明」と言う。また、事実認定に必要とされる心証の程度（最下限）、証明ありとされる程度を「証明度」と言い、通常人が疑いを差し挟まない程度に真実性の確信をもち得るものでなければならない（最判昭和 50.10.24 民集 29 巻 9 号 1417 頁）。実務では、8 割方確かであるとの判断、高度の蓋然性を意味するものとされる。これに対し、一応確からしいとの程度の事実の蓋然性判断を生ぜしめる状態、またはそのための当事者の証拠提出行為を「疎明」と言い、疎明によることができるのは明文で認められている

場合に限られる（35Ⅰ・44Ⅰ・91Ⅲ・198・201Ⅴ・403Ⅰ、規10Ⅲ・30Ⅱ・130Ⅱ・153Ⅲ等）、迅速な処理を必要とする事項や手続問題・派生問題について認められており、疎明は、即時に取り調べることができる証拠（持参文書、在廷証人等）による（188）。また、どの程度証拠調べを行ったかという観点からの心証形成の確実さ、審理結果の確実性を「解明度」と言うが、疎明は証明度ではなく解明度が軽減されているのだとする見解もある。

（2）　本証と反証

証明責任を負う当事者の提出する証拠またはこの者の立証活動を「本証」と言い、相手方の立証活動を「反証」と言う。また、裁判官の確信を生ぜしめる程度の証明を本証と言い、単に裁判官の確信を動揺せしめ、真偽不明に持ち込めば足りる証明を反証と言うこともある。

（3）　直接証明、間接証明、直接証拠、間接証拠

証拠に基づく主要事実の証明を「直接証明」と言い、主要事実の存否を直接証明する証拠を「直接証拠」と言う。例えば、契約の成立を認定するにあたって、契約書等の処分証書を直接証拠とするような場合である。これに対し、間接事実に基づく主要事実の証明、間接事実に基づく認定を「間接証明」と言う。また、間接事実または直接証拠の証明力に関係ある事実（補助事実）の存否に関する証拠、間接的に主要事実の証明に役立つ証拠を「間接証拠」と言い、情況証拠とも言われる。

（4）　証拠方法、証拠資料、証拠原因、証明力、証拠能力

「証拠方法」とは、裁判官が判決の基礎資料を得るために、直接に五官の作用によって取り調べることのできる対象を言う。証人、当事者本人、鑑定人といった人証、文書、検証物のような物証とがある。「証拠資料」とは、証言、当事者の陳述、鑑定意見、文書の内容、検証結果等、証拠調べによって、具体的な証拠方法から得られた内容を言う。「証拠原因」とは、要証事実の存否について裁判官の心証形成を可能にした根拠を言い、裁判所が事実認定に採用した証拠資料のほか、弁論の全趣旨も含まれる。そして、証拠調べによって得られた証拠資料が、要証事実の認定に役立つ程度を「証明力」、「証拠価値」、あるいは「証拠力」と言う。

「証拠能力」とは、民事訴訟法が規定する証拠方法として、ある対象（物）を証拠として用いることのできる資格を言い、必ずしも有体物に限らない。刑事訴訟においては、例えば、伝聞証拠が認められない（刑訴 320 以下）といった証拠能力の制限があるが、民事訴訟では一般に証拠能力の制限はなく、当事者自身が係争事実について作成した文書にも証拠能力は認められる（最判昭和24.2.1 民集 3 巻 2 号 21 頁）。例外としては、口頭弁論の方式に関する規定の遵守と調書（160Ⅳ）、忌避された鑑定人（214Ⅰ）、書証に限定する手形・小切手訴訟（352Ⅰ）、即時に取調べ可能な証拠に限定する少額訴訟（371）のようなものがある。違法収集証拠については議論があるが、証拠力の評価の問題であるとして証拠能力を肯定するのは、国家機関たる裁判所が違法行為を是認する結果となり、裁判の公正さを損なうとして、その手段が刑事上罰すべき行為に該当するとき、あるいは、著しく反社会的な手段を用いて人格権の侵害を伴う方法によるときは、証拠能力を否定すべきであると解される（東京高判昭和 52.7.15 判時 867号 60 頁）。

③　証明の対象

証明の対象は、当事者により弁論で陳述された、争いある事実である（179）。当事者間で争われている事実は、主要事実のみならず、間接事実、補助事実、その種類を問わず原則としてすべて立証されることを要する。

だが、法規は、裁判所が職務上知っていて然るべきものであり、証明の対象とはならない。外国法も法であるから裁判官に委ねられるが、知っていて然るべきとは言えないものについては、書証や鑑定を求めることができる。当事者に証明を求めるのは、明らかでなく調査を要する場合には、その費用等の負担は当事者に負わせるべきであると考えられることによる。ただし、外国法の内容が不明の場合にも証明責任により解決すべきではなく、依るべき法の確定は裁判所が行わなければならず、不明の場合には条理等により判断しなければならないと考える。

経験則については、皆が知っているようなものではなく、専門性を有するも

のについては当事者の証明を要すると解される。しかし、事実ではないので、自白の対象とはならない。経験則の有無、内容について当事者の意思で左右する結果を認めることは不合理であるからである。

　また、顕著な事実は証明不要であり (179)、証拠によらずに認定してもよい。顕著な事実や一般常識的な経験則が証明不要とされるのは、客観性があり、証拠に依らずに認定しても公正が担保されるからである。しかし、弁論主義の下では主張は要する（実務上は黙示の主張を認めることも多い。）。顕著な事実とは、歴史的大事件、新聞に大きく報道された事件、大災害等といった公知の事実が挙げられる。弁済期等、一定の日時の到来も公知の事実にあたるであろう。しかし、公知の事実も確信を要するので、例えば、報道されている事実が真実ではないときは、当事者はそのことを証明し、反駁することができる。また、他の事件について自ら行った裁判の内容のように、裁判官がその職務行為の過程で知り得た事実も、職務上顕著な事実として証明不要である。

④　証拠調べ手続総論

1　事実認定過程の客観化・合理化

　裁判所は、当事者が提出した事実が真実であるかをどのように認定するのか。法規の適用対象となる具体的事実は、適正な手続により確定されなければならない。事実認定の過程は、客観的で合理的なものでなければならない。

　民事訴訟法には、証拠調べのルールが定められている (180 以下) が、そのルールに従った証明を「厳格な証明」と言い、公開主義、口頭主義等、審理の諸原則に厳格に則って行われる。我が国では、必要的口頭弁論の原則 (87 I) が採られており、双方に主張、立証の機会が平等に与えられる。口頭弁論では、原告と被告が対席し、公開の法廷で、裁判官の面前で、口頭で、事件について権利や事実を主張・陳述し、証拠を提出する。裁判所は判決するためには必ず口頭弁論を行わなければならない。

　これに対し、法定の手続に縛られず、審理の諸原則も緩和される柔軟な手続による証明を「自由な証明」と言う。自由な証明は、当事者の手続保障、裁判

の公正を損なうおそれのない限りで許容することができる。本案請求の当否を基礎づける事実の認定は厳格な証明によるが、それ以外の事項については、その重要性に鑑み決せられる。一般に、職権調査事項とされる訴訟要件、決定手続による事項、上述の外国法や経験則等については自由な証明でよいとされるが、当事者の手続保障を重視すべきと考えられる事項については、厳格な証明によるべきであろう。

2　証拠の申出──証拠に関する当事者主義

　証拠調べは当事者の申出に基づいて行う。証拠の申出とは、裁判所に対して特定の証拠方法を取り調べるよう求める当事者の申立てであり、裁判所は、当事者の申出があった証拠方法についてのみ証拠調べを行う（弁論主義）。

　当事者は証拠の申出にあたっては、証明すべき事実を特定し（180 I）、証明すべき事実と証拠方法との関係（立証趣旨）を具体的に明示しなければならない（規99 I）。立証事項が特定されないと、相手方はどのように防御してよいかわからないし、また、裁判所も証拠の採否の判断ができず、仮に、証拠調べに入ったとしても、その目標が明らかでなければ効率的に進めることができないからである。我が国では、模索的証明、すなわち、抽象的な証明主題のみにより証拠申出を行うことは認められていない。主張・立証しようとする事実を十分に知り得ない状態で証拠申出をし、その証拠調べにより具体的な事実・情報を得ることで、ようやく具体的な主張・立証が可能となる。模索的証明は、それを企図してなされるものであるが、我が国では180条1項に反し不適法である。

　証拠の申出は、適切な時期に（156・157）、書面（証拠申出書）または口頭で行い（規1）、証拠調べ費用の概算額を予納しなければならない（民訴費11・12）。

　また、証拠申出は、証拠調べ開始までは撤回可能であるが、開始後は相手方の同意が必要となる。証拠共通の原則により、証拠は当事者に有利にも不利にも働くことを理由とする。また、証拠調べの完了後は、裁判官の心証は形成されており、取り除くことはできないから撤回の余地はない（最判昭和32.6.25民集11巻6号1143頁、最判昭和58.5.26裁判集民139号1頁）。だが、証拠調べ開始後は、

完了していなくとも裁判所の心証形成も始まっているのであるから、相手方の同意があっても撤回を認めるべきではないという見解、また、反対に、完了後についても、心証の一部取消しは可能であるとして、相手方の同意があれば認めるべきであるとの考え方もある。

3　証拠の採否

　証拠申出に対しては、相手方の証拠抗弁等を主張する機会を保障のうえ（←双方審尋主義）、裁判所は、証拠調べをするかどうかを裁量で決定する。証明すべき事実と証拠方法とに関連性があるかどうか、自白がある、他の証拠により心証が形成できる等、当該証拠による証明が不要でないかどうか等、取調べの必要性があるかどうか（181 I）、また、証拠の申出が時期に後れたものでないか（157）、証人が転居先不明である、公務員の尋問につき監督官庁の承認を得られる見込みがない等、証拠調べに不定期間の障害がないかどうか（181 II）といった証拠の申出の適法性を考慮して、裁判所は採否を決定する。

　また、唯一の証拠方法の申出は、特段の事情のない限り、取り調べなければならない（最判昭和 53.3.23 裁判集民 123 号 283 頁）。唯一の証拠方法を却下することは、証拠調べをせずに弁論の全趣旨のみにより心証を形成することになるからである。唯一であるか否かは主として争点単位で、かつ全審級を通じて判断される。

　証拠申出を採用して証拠調べをするには、形式的な証拠決定は不要である。証拠決定は、相当と認める方法で告知すればよく（119）、実務上は、証拠調べを実施するとき、特に書証の取調べについては、黙示の証拠決定が擬制されている。しかし、証拠調べのために新期日を定める、あるいは受命裁判官、受託裁判官による場合には、その旨の証拠決定をするのが通常である。証拠決定は、証拠調べのため、その間口頭弁論を中止することを意味する訴訟指揮上の裁判である。

　だが、不適法または不必要として、その取調べをしない場合には、すみやかに却下の決定をし、当事者に別の証拠を準備する機会を与えるべきである。誤って却下決定がなされずに弁論が終結され、双方当事者が異議を述べぬとき

は、証拠の申出の放棄（大判大正 9.8.9 民録 26 輯 1354 頁、最判昭和 26.3.29 民集 5 巻 5 号 177 頁、最判昭和 27.11.20 民集 6 巻 10 号 1015 頁）または黙示の却下決定があったと解される（最大判昭和 30.4.27 民集 9 巻 5 号 582 頁）。却下の裁判は終局判決とともに上級審の判断を受ける（283・328 I）。

4　証拠調べの実施

　証拠調べは、原則として口頭弁論期日に法廷で行うが、必要に応じ、別途、証拠調べ期日を定めて法廷外で行うこともあり、受命裁判官・受託裁判官に行わせることもできる（185 I）。

　また、証拠調べの期日にも当事者を呼び出さなければならないが、適式に呼出しがあった以上、証拠調べは当事者が欠席でも実施する（183）。しかし、あらかじめなされた証拠決定に基づき、その証拠調べのために予定された期日でない限り、当事者の弁論があった後でなければ証拠調べには入ることができないため、当事者双方不出頭の場合には証拠調べはできない。このことは、最初の口頭弁論期日前に証拠決定がなされた場合にも、最初の口頭弁論期日にはまずは本案の申立てをするのが通常であろうから、同様である。

　証人及び当事者本人の尋問は、できる限り、争点及び証拠の整理が終了した後に集中して行わなければならない（182　集中証拠調べ）。裁判官が争点に即して一挙に心証形成をすることを可能にすることで、適正で迅速な裁判の実現が企図される。よって、理論的には争点整理をしたうえで証拠調べは行われるべきであるが、実際には口頭弁論期日と証拠調べ期日は段階的に分離されていない。証拠調べは口頭弁論を行いながら適宜に行われ、また、文書の証拠調べは争点整理のためにも必要であり、争点整理の中でも行われている（証拠結合主義）。

⑤　書　証

1　意　義

　文書の記載内容を証拠資料とする証拠調べを「書証」と言う（219、規 137 等）

が、書証の手続による取調べの対象となる文書を指す（規55Ⅱ等）こともある。

　「文書」は、作成者の意思、認識、思想が文字その他の記号により表現されたものである。これに対し、写真、図画、録音・録画テープ等は、文字その他の記号によって表現されていないので文書ではないが、「準文書」として、それらの取調べも書証の手続による（231、規147）。しかし、文書が証拠として提出される場合でも、そこに表現されている作成者の思想等を事実認定の資料とするためではなく、その物理的性質や形状等を資料とするためであるときは、その文書は「検証」の目的（検証物）となる。

　また、手形や遺言書のように、証明しようとする法律行為がその文書によって行われている場合の文書を「処分証書」と言う。売買契約書、契約解除通知書のように、書面によらずともできる法律行為も、意思表示その他の法律行為が記載されていれば処分証書である。これに対し、「報告証書」は、受領証、診断書、商業帳簿、戸籍謄本、登記簿謄本等、作成者の見聞、判断、感想等、事実認識を記載・報告するものである。

2　自ら所持する書証の申出

　挙証者が自ら所持する文書の申出は、その文書を提出して行う（219）。また、事前に、その写しとともに、文書の記載から明らかな場合（登記簿謄本、戸籍謄本等）を除き、文書の標目・作成者・立証趣旨を記載した証拠説明書を提出しなければならない（規137Ⅰ）。裁判所と相手方の準備のためである。

　文書には、「原本」、「正本」、「謄本」、「抄本」、「写し」の区別がある。原本とは、作成者が最初に作った確定的な文書を言う。正本、謄本、抄本はいずれも原本の写しであるが、原本の存在と内容の同一性について公証権限を有する者により認証を得ている点で、単なる写しと区別される。抄本は一部の写しであり、謄本は全部の写し、正本は全部の写しで法によって原本と同じ効力が与えられているものを言う。

　文書の提出は原本、正本、または認証謄本（戸籍謄本等、官によって認証されたもの）によるが、裁判所は必要があれば原本の提出を命ずることができる（規143）。文書の単なる写しを提出してする書証の申出は、原則として不適法であ

る（最判昭和 35.12.9 民集 14 巻 13 号 3020 頁）が、相手方が原本の存在と成立を争わ
ず、その写しをもって原本の提出に替えることに異議なきときは、写しの提出
により文書の提出があったものとする。また、文書の写し自体を原本とし書証
の対象とする趣旨であれば、その申出も認められる（東京地判平成 2.10.5 判タ 759
号 173 頁）。写し自体も文書として証拠能力を有し、原本の所在や細工の有無等
は、証拠力の評価の問題となる。

3　文書の成立の真正

　書証は、挙証者が文書の成立の真正を証明する必要がある（228 Ⅰ）。証人の
場合には、その言葉は、その人自身の口から発せられたものであり、その意思
に基づいて話されたものであることは疑いようがなく、成立の真正や形式的証
拠力が問題となる余地はない。しかし、文書については、「実質的証拠力」、す
なわち、「その文書の記載内容が立証事項の証明にどれだけ役立つか」に先
立って、「形式的証拠力」の有無、すなわち、「その文書が挙証者の主張する特
定人の思想の表現と認められるかどうか」が問題となる。

　そして、形式的証拠力の前提として、「文書の成立の真正」、すなわち、「文
書が挙証者の主張する特定人によって作成されたものであるかどうか」が問わ
れることになる。例えば、習字の目的で書かれたような場合には、文書の成立
の真正は認められても、その者の思想の表現とは認められないので形式的証拠
力はない。

　また、公務員がその権限内の事項について正規の方式に従って職務上作成し
た文書を「公文書」と言い、それ以外の文書はすべて「私文書」であるが、公
文書は無条件に（228 Ⅱ）、私文書は本人またはその代理人の署名または押印が
あれば、成立の真正が推定される（228 Ⅳ）。これにつき、判例は「二段の推定」
の法理を認めている。すなわち、私文書の場合、まず、印影が本人の印章によ
り顕出されていれば、印影（押印）は本人の意思に基づくものであるとの推定
（事実上の推定、一段目の推定）が働く（最判昭和 39.5.12 民集 18 巻 4 号 597 頁）。ただし、
第三者が権限なく本人の印章を押印した事実や、家族や従業員等が本人の印章
を自由に使用できる状況にある事実等が反証によって示されれば、この推定は

働かない（最判昭和 47.10.12 金判 342 号 2 頁、同 50.6.12 判時 783 号 106 頁）。次に、印影が本人の意思に基づくものであるということになれば、文書全体が本人によって作成されたものであると推定される（228Ⅳ　法定証拠法則、二段目の推定）。ただし、本人の意思に基づく押印後に第三者が権限なく文書に記載を付加した場合、文書の内容を十分に確認せずに押印をするという事態が起こりやすい状況にあった場合等には、この推定は働かない。なお、署名の場合には、本人の筆跡であることが判明すれば、本人の意思に基づくことは明らかであるから、一段目の推定は働く余地がない。

　なお、処分証書については、文書の実質的証拠力が極めて高く、形式的証拠力が認められると、反証をもって争う余地がなくなる。

4　文書提出命令

（1）　文書提出義務

　相手方または第三者が所持している文書については、その者が文書提出義務を負うときは、挙証者は、当該文書につき提出命令を申し立て、書証の申出をすることができる（219）。文書提出義務を負うのは、①当事者が訴訟において引用した文書（220①）、②挙証者が引渡請求権または閲覧請求権を有する文書（220②）、③挙証者の利益のために作成された文書及び挙証者と所持者との法律関係につき作成された文書（220③）のほか、以下の除外事由に該当しない文書についても提出義務が課せられ、文書提出義務は一般義務化されている。除外事由に該当するのは、196 条の証言拒絶事由記載文書（220④イ）、公務員の職務上の秘密に関する文書（220④ロ）、197 条 1 項 2 号及び 3 号の証言拒絶事由記載文書（220④ハ）、専ら文書の所持者の利用に供するための文書（220④ニ）、刑事関係文書（220④ホ）である。

　①の引用文書について提出義務が認められるのは、引用している以上は秘匿の意思はないであろうし、また、引用による裁判官の心証への影響を考えるなら、相手方にも文書の内容について陳述の機会を与えるのが公平であると考えられるからである。

　②の引渡し・閲覧請求権には、例えば、債権証書の返還請求権（民 487）や交

付請求権（民503）等、法に基づくもののほか、契約によるものでもよい。引渡請求権を有するときは、引渡しを受けて提出すればよいのであるが、それでは、迂遠であるからである。

　③の「挙証者の利益のために作成された文書」（利益文書）とは、挙証者のためにする契約の契約書、挙証者を支払人とする領収書、挙証者の代理権を証明する委任状、挙証者を受遺者とする遺言状等のように、挙証者の権利義務や法律上の地位を発生させたり、証明することを目的として作成された文書を言い、そのような文書については、訴訟において証拠方法として利用することを認めるのが相当であると考えられた。

　また、「挙証者と所持者との法律関係につき作成された文書」（法律関係文書）とは、法律関係自体を記載した文書のみならず、これと密接な関係を有する事項について記載された文書を言い、前者の例としては、契約書、契約解除通知書、家賃通帳等が、後者の例としては、売買の際に授受された印鑑証明書、商業帳簿等が挙げられる。また、挙証者に対する捜索差押許可状及び捜索差押令状請求書（最決平成17.7.22民集59巻6号1837頁）等、公法上の法律関係でもよい。これらに提出義務が課されるのは、文書の記載内容である法律関係が挙証者に関わる場合には、一種の支配権能が認められると考えられることによる。しかし、法律関係文書は、法律関係またはそれに関連する事項を対外的に明らかにする目的のために作成されたものであることが必要であり、専ら自己使用のために作成されたにすぎない内部文書は、ここに言う法律関係文書にはあたらないと解される。220条1〜3号の提出義務に220条4号の除外事由の適用はないが、他の法令や1〜3号の制度趣旨による解釈上の制限には服すると解される（3号文書について、最決平成16.2.20裁判集民213号541頁、最決平成16.5.25民集58巻5号1135頁、最決平成17.7.22民集59巻6号1837頁、最決平成19.12.12民集61巻9号3400頁）。

　4号の一般提出義務の除外事由である「専ら文書の所持者の利用に供するための文書」（220④ニ　自己利用文書）にあたるかどうかは、文書の記載内容、作成され現在の所持者が所持するに至った経緯・理由等の事情を総合考慮して、それが「専ら内部の者の利用に供する目的で作成され、外部の関係のない者に

見せることが予定されていない文書」（①）かどうかによって決まることになるとされ、個人的な日記、忘備録、専ら団体の内部における事務処理上の便宜のために作成される稟議書のようなものが例として挙げられる。判例は、銀行の貸出稟議書について、上記に加え、開示されると個人のプライバシーが侵害されたり個人ないし団体の自由な意思形成が阻害されたりするなど、「開示によって所持者の側に看過し難い不利益が生ずる恐れがあると認められる場合」（②）には、「特段の事情がない限り」、当該文書は民事訴訟法 220 条 4 号ニの自己利用文書にあたるとした（最決平成 11.11.12 民集 53 巻 8 号 1787 頁）。そして、特段の事情を否定して文書提出義務を認めなかったもの（最決平成 12.12.14 民集 54 巻 9 号 2709 頁、同平成 17.11.10 民集 59 巻 9 号 2503 頁、同平成 23.10.11 裁判集民 238 号 35 頁）、特段の事情を肯定し文書提出義務を認めたもの（最決平成 13.12.7 民集 55 巻 7 号 1411 頁）が続いている。また、②の要件を充たさないとして提出義務を認めたもの（最決平成 18.2.17 民集 60 巻 2 号 496 頁）、①の要件を否定して提出義務を認めたもの（最決平成 19.8.23 裁判集民 225 号 345 頁、最決平成 19.11.30 民集 61 巻 8 号 3186 頁）等、文書提出義務に関する判例は多く、今後も展開が注目される。

（2）　文書提出命令の審理手続

　文書提出命令の申立ては、①文書の表示、②文書の趣旨、③文書の所持者、④証明すべき事実、⑤文書の提出義務の原因を明らかにした書面でしなければならない（221 Ⅰ、規 140）。また、民事訴訟法 220 条 4 号に基づく申立ては、書証の申出を文書提出命令によってする必要がある場合でなければすることができない（221 Ⅱ）。

　申立人が①または②を明らかにすることが著しく困難であるときは、申立時には、これらの事項に代えて、文書の所持者がその申立てに係る文書を識別することができる事項を明らかにすれば足り、その際、裁判所に対し、所持者に①または②を明らかにすることを求めるよう申し出なければならず（222 Ⅰ）、裁判所は、文書提出命令の申立てに理由がないことが明らかな場合を除き、所持者に対し①または②を明らかにすることを求めることができる（222 Ⅱ）。しかし、この求めに所持者が応じない場合でも制裁等の定めはなく、最終的に文書が特定できなければ裁判所は文書提出命令の申立てを却下することになる。

また、相手方は、この文書特定の申出または文書提出命令の申立てについて意見がある場合には、意見を記載した書面を裁判所に提出しなければならない（規140Ⅱ・Ⅲ）。

　裁判所は、文書提出命令の申立てを理由があると認めるときは、決定で、文書の所持者に対しその提出を命じ、文書の一部について取調べの必要または提出義務がないときは、その部分を除き提出を命ずる（223Ⅰ）。また、第三者に対し提出を命ずる場合には、その第三者を審尋しなければならない（223Ⅱ）。

　220条4号は、イ〜ホの除外事由に該当しない限り、文書一般について提出義務があるとするが、除外事由にあたらないことの証明責任は、文書提出義務があることを主張・立証する申立人にある。裁判所は、4号イ〜ニの文書に該当するかどうかの判断をするために必要があるときは、文書の所持者に提示させ、裁判官室内で非公開で審理を行うことができる（223Ⅵ　イン・カメラ手続）。

　文書提出命令の申立てについての決定に対しては、即時抗告ができる（223Ⅶ）が、証拠調べの必要性なしとの理由で申立てを却下する決定に対しては、即時抗告をすることはできない（最決平成12.3.10民集54巻9号2743頁）。

（3）　文書提出命令に従わない場合の効果

　文書の所持者が当事者である場合に、文書提出命令に従わないときは、裁判所は、当該文書の記載に関する相手方の主張を真実と認めることができる（224Ⅰ）。当事者が、相手方の使用を妨げる目的で当該文書を滅失させる等、その使用ができないようにしたときも同様である（224Ⅱ）。ここに言う文書の記載に関する相手方の主張とは、文書の存在、成立及び記載内容を意味する。そして、さらに、文書提出命令の申立人である相手方が、文書の記載に関して具体的な主張をすること及び当該文書により証明すべき事実を他の証拠により立証することが著しく困難であるときには、裁判所は当該事実に関する相手方の主張を真実と認めることができる（224Ⅲ）。ただし、この場合でも、他の証拠から当該事実が真実でないことが明らかであるとき、また、当該事実を当該文書によって証明できないことが明らかであるときは、当該事実を真実と認めることはできないと解される。

　文書の所持者が第三者である場合には、提出命令に従わないときは、裁判所

は、決定で、20万円以下の過料に処し、この決定に対しては即時抗告をすることができる（225）。

5　文書送付の嘱託

　　自ら所持しない書証の申出は、文書送付の嘱託によることもできる（226）。裁判所を通じて文書の所持者に対して文書の提出を依頼するよう求めるものであり、通常は、文書提出義務のない所持者、官公署・公法人の保管書類等、所持者が提出に協力する見込みのある文書について利用されるが、文書提出義務のある者が所持する文書についても適用される。だが、戸籍謄本等のように、当事者が法令により文書の正本または謄本の交付を求めることができる場合には、当事者が交付を受けて書証として提出するべきであり、文書送付の嘱託によることは認められない。

　　文書送付の嘱託の申立てについても、文書提出命令の規定（221Ⅰ①～④）が準用されるものと解されており、①文書の表示、②文書の趣旨、③文書の所持者、④証明すべき事実を明らかにして行わなければならないが、実務では文書提出命令よりも緩やかに解されており、例えば、他の裁判所が保管する訴訟記録等については、全部の送付嘱託をし、送付後に申立人が必要な部分を選択して書証として提出するという取扱いがなされている。

　　裁判所は、申立てを認めるときは、送付嘱託の決定をし、嘱託の手続は裁判所書記官が行う（規31Ⅱ）。

　　嘱託を受けた所持者が私人である場合には、嘱託に応ずる義務を負わないが、公的機関の場合には、嘱託に応ずる公法上の一般的義務があると解される。だが、いずれの場合も応じなかったとしても制裁等はない。

　　嘱託を受けた所持者は、原本、正本または認証ある謄本を送付する（規143Ⅰ）。送付された文書は当然には証拠とならず、上述のように、当事者はその文書の一部のみを提出することができるとされ、実務では、必要なもののみを書証として提出している。

⑥ 証人尋問

1 意 義

　自己の経験によって知った事実、過去の具体的事実や状態についての認識を報告する第三者を証人と言い、その証言を求める証拠調べが証人尋問である。証人尋問における証拠方法は証人であり、証拠資料は証言である。

　証人になることができる一般的な資格（証人能力）に制限はなく、自然人である限り誰でも証人として尋問することができる。証人能力は行為能力や訴訟能力の有無にかかわらず、幼児でも構わないが、その証拠価値は別である。しかし、第三者ではない訴訟当事者とその法定代理人、法人の代表者は当事者尋問（207・211・37）により、証人尋問をした場合には違法となる。

2 証人義務

　我が国の裁判権に服するすべての者は証人義務を負う（190）。証人義務の内容としては、出頭義務（192・193・194）、宣誓義務（201）、供述義務（200）の3種類が挙げられる。証人義務は、公法上の一般的義務であり、例外として、法の明文で定められている場合に限り、証言を拒絶できる公法上の権利が認められている。証言拒絶権が認められるのは、①証言が、証人または一定の範囲の親族等について刑事訴追を受け、または有罪判決を受けるおそれがある事項及び名誉を害すべき事項に関するとき（196）、②公務員または公務員であった者が監督官庁の承認なく職務上の秘密について尋問を受けるとき（197 I ①）、医師や弁護士等が職務上知り得た事実で黙秘すべきものについて尋問を受けるとき（197 I ②）、技術または職業の秘密に関する事項について尋問を受けるとき（197 I ③）である。証言拒絶の当否については、受訴裁判所が当事者を審尋して決定で裁判をする（199 I ）。

3 尋問の申出と準備

　証人尋問の申出も、他の証拠と同様に、証明すべき事実を特定し（180）、証明すべき事実及びこれと証拠との関係を具体的に明示して行わなければならな

い（規 99 I）。また、証人を指定し、尋問に要する見込みの時間を明らかにし
（規 106）、個別的かつ具体的に記載された尋問事項書を提出しなければならな
い（規 107）。さらに、集中証拠調べ（182）を可能とするためには、証人尋問の
申出は、できる限り一括して行わなければならない（規 100）。

　争点及び証拠の整理手続を経た事件については、裁判所は、整理手続の終了
後の最初の口頭弁論期日において、直ちに証拠調べをすることができるように
しなければならず（規 101）、その円滑な実施のためには、争点と証拠の整理が
十分に行われていることを前提とし、証拠となるべき文書が証人等の尋問に先
立って提出されていることが重要であり、証人尋問で使用する予定の文書は、
その陳述の信用性を争うための証拠として使用するものを除き、その証人尋問
開始の相当期間前までに提出しなければならない（規 102）。また、尋問予定の
証人が出頭せず、期日が空転するといったことを避けるため、尋問の申出をし
た当事者は、証人を期日に出頭させるよう努めなければならず（規 109）、当事
者が証人を同行できないことが見込まれるときは、裁判所は呼出状を送達する
（規 108）。

　また、集中証拠調べを円滑に有効に進めるために、事件の具体的事実経過等
を記載したものを、尋問予定者の作成名義の陳述書として提出を求める運用が
行われている。その目的は、裁判所が尋問前に事実関係を十分に把握するとと
もに（主尋問の代替・補充）、相手方に反対尋問の材料を提供し（証拠開示機能）、
その準備に資することにある。しかし、陳述書は、訴訟代理人である弁護士に
より法的観点から整理された事実のみが記載される準備書面とは異なるが、実
際には、訴訟代理人である弁護士との連携のもとに作成されることから、作為
の可能性が生まれるとの指摘がある。また、証人尋問（書面尋問）に代用され
る運用がなされれば、反対尋問の機会が保障されず、尋問に対する法規制が潜
脱される危険があるとも指摘される。

4　尋問の手続

　証人尋問は、他の証人の供述に影響されないようそれぞれ個別に行い、後の
証人は在廷させないのが原則（隔離尋問の原則）であるが、必要があると認める

ときは在廷を許すことができる（規120）。不当な影響を与えるおそれがない場合には、後の証人を在廷させることにより、前の証人の認識と異なるときは、それを踏まえて陳述することで、充実した証人尋問となるとも考えられる。また、複数の証人を同時に並べて同一事項について質問する手法（対質）を採ることも認められる（規118）。

　交互尋問制が採られ、尋問の順序としては、まず、その尋問の申出をした当事者が尋問し（主尋問）、次に相手方当事者が尋問し（反対尋問）、また、尋問を申し出た当事者が再度尋問し（再主尋問）、さらに、裁判長の許可を得れば、当事者はさらに尋問をすることができ、裁判長は、当事者の後に尋問する（補充尋問。202Ⅰ、規113Ⅰ・Ⅱ）。また、裁判長は、当事者の意見を聞いて尋問の順序を変更することもできる（202Ⅱ）。裁判長は、いつでも自ら証人を尋問し、または、当事者の尋問を許すことができるし、陪席裁判官も、裁判長に告げて証人を尋問することができる（規113Ⅲ・Ⅳ）。

　反対尋問は陳述の真偽の判断に重要な役割を果たし、反対尋問をなす権利を行使する機会が与えられないときは、その証言を証拠資料とすることはできない。しかし、相手方当事者が理由なく欠席したことにより、反対尋問権が行使されなかった場合、重篤な証人の臨床尋問の途中で病状が悪化し、その機会を失った場合等、やむを得ない事情があるときは、例外として証拠資料とすることができる（最判昭和32.2.8民集11巻2号258頁）。

　質問は、できる限り個別的かつ具体的にしなければならない（規115Ⅰ）。また、証人を侮辱、困惑させる質問はしてはならず、正当な理由なく、誘導質問、既にした質問と重複する質問、争点に関係のない質問、意見の陳述を求める質問、証人が直接経験しなかった事実についての陳述を求める質問をしてはならない（規115Ⅱ）。裁判長は、これら質問については、申立てにより、または職権で制限することができる（規114Ⅱ・115Ⅲ）。この申立人としては、訴訟当事者、補助参加人のほか、証人を侮辱、困惑させる質問（規115Ⅱ①）、意見の陳述を求める質問（規115Ⅱ⑤）については、その制限の趣旨が証人の人格的利益の保護にあることから、証人も含まれると考える。

　質問と証言は口頭により、証人は書類その他の物に基づいて陳述すること

できない。証人の供述の態度、身振り等も裁判官の心証形成にとって重要であるが、書面に基づいて行うことになれば、証人の内面の動きは読み取りにくくなるからである。ただし、事実関係が複雑である等、記憶のみに頼り陳述するのは困難な場合には、裁判長の許可を受けて、書類等を見ながら陳述することができる (203)。

　証拠調べは、口頭弁論期日に受訴裁判所の法廷で行うのが原則であり、遠隔地の証人尋問も他庁の法廷で行うのが原則であるが、公開主義、直接主義の要請を緩和させてもやむを得ないという審理上の必要があるとき、例えば、臨床尋問、検証現場での尋問等の場合には、受命裁判官、受託裁判官により、法廷外で行われることがある (185・195)。なお、受命裁判官による証人等の尋問は、受訴裁判所の属する裁判所内で行うことは認められない (大判明治 32.1.31 民録 5 輯 65 頁)。そのため、大規模訴訟においては、それを可能とするために、当事者に異議なきときは、認めるとの規定がおかれている (268)。

　また、証人が遠隔地に居住する等の場合には、その証人の重要性、出頭に要する費用等を勘案し、出頭させるまでの必要性はないと考えられる場合には、テレビ会議システムにより証人尋問も認められている (204)。テレビ会議システムによる場合には、当事者の意見を聴いて、当事者を受訴裁判所に出頭させ、証人を当事者尋問に必要な装置の設置された他の裁判所に出頭させて行う (規 123)。

　直接主義、口頭主義の下、証人には、宣誓の上 (201)、口頭で陳述させなければならず、尋問に代えて書面を提出させることができる (205、規 124) のは、裁判所が相当と認める場合に限られる。相当か否かは、証言者の多忙、病気等の出廷困難等を比較衡量して裁判所が決めるが、書面の提出が期待でき、反対尋問が実施されなくても信用するに足りる陳述が得られる見込みがある場合等に認められると解する。また、反対尋問をなす権利に配慮し、当事者に異議ないときに限られ、反対尋問事項書に相当する書面を提出させることができる (規 124 Ⅰ)。

5　当事者尋問

　当事者尋問には、証人尋問の規定が準用される (210)。証人尋問と当事者尋問との相違点は、後者は職権によることも認められ、宣誓は任意であり (207 I)、証人の尋問を先に行うとされていること（補充性。207 II）、また正当な理由なく出頭せず、または、宣誓、陳述を拒んだときは尋問事項に関する相手方の主張を真実と認めることができること (208)、宣誓した場合でも、虚偽の陳述に偽証罪は成立せず、過料のみであること (209)、書面尋問 (205、規 124) が認められないこと (210) である。

7　鑑　定

1　意　義

　鑑定は、ある事実について、特別の学識経験を有する第三者に、その専門的知識またはその知識を適用して得た判断を報告させる証拠調べである。鑑定人が証拠方法であり、鑑定の結果が証拠資料となる。鑑定は、事実認定のために行われるものであり、当事者の主張内容を明らかにすることを目的とする釈明処分としての鑑定 (151 I ⑤) とは異なるものである。

　鑑定人は、法律の専門家である裁判官を補助する者と位置付けられる。証人が自ら経験した事実を提供するのに対し、鑑定人は専門的知識や専門的知識に基づく判断を提供する点で異なる。したがって、鑑定人の場合には、代替性を有するものであることから、正当な理由なく出頭しない場合の勾引 (194) の規定は適用されない。

　また、自ら経験した事実を陳述する者は、その事実を特別な学識経験を有するために知ることができたのだとしても、鑑定人でなく証人の一種であると考えられ（鑑定証人）、その証拠調べは証人尋問に関する規定による (217)。例えば、診断にあたった医師が病状等について陳述する場合等である。

2　手　続

　鑑定の申出は、当事者が原則として鑑定事項を記載した書面を提出して行う

(180 I、規129 I）。しかし、個人でないものに対し、裁判所は、職権により鑑定を嘱託することができる（218）。また、検証に際し、必要があると認めるときは、裁判所は鑑定を命ずることができる（233）。

　職権による鑑定が認められるか否かについては、鑑定人は裁判官の判断能力を補充するものであること、上記のように鑑定の嘱託や検証の際の鑑定については職権によることが認められていることから議論があるが、鑑定も証拠調べであり、弁論主義は適用され、釈明処分としての鑑定（151 I ⑤）及び調査嘱託（186）も認められていることから、その必要性もないと考える。

　裁判所は鑑定人の採否を決定し（181）、鑑定人の人選は裁判所の裁量に任され、受訴裁判所、受命・受託裁判官が指定する（213）。鑑定人には中立性が求められ、当事者は誠実に鑑定をすることを妨げる事情があるときは、忌避の申立てをすることができる（214）。これに対し、実務では、訴訟当事者の一方が自ら選んだ専門家に依頼して専門的知識やそれによる判断の報告として、専門家が作成した書面（私鑑定報告書）を書証として申請し、証人尋問を申請するといったことが行われている。だが、書証の対象となる文書には制限はないのであるから、書証として扱い、証拠評価の問題として対応すれば足りると肯定する見解、正規の鑑定の代用とする証拠契約のあるときは鑑定として扱うが、そのような契約なきときは弁論の全趣旨として事実認定の資料となるに止まり、責問権の放棄・喪失がなければ書証と扱うことはできないと否定する見解、あるいは専門的主張をする準備書面として扱うべきであるとする見解等、争いのあるところである。

　鑑定人は書面または口頭で鑑定意見を述べる（215 I）。鑑定書が提出されるときでも、鑑定書が文書として証拠方法となるのではなく、鑑定人が証拠方法であり、証拠資料となるのは鑑定結果である鑑定書の記載内容である。

　鑑定書の提出による場合には、裁判所は口頭弁論に上程し、鑑定書を閲読して証拠資料とすることができる。鑑定書は鑑定結果の表現形態のひとつで、その提出により証拠調べとしての鑑定が達成されるが、内容を明瞭にし、または、その根拠を確認するために必要があると認めるときは、申立てにより、または職権で、さらに鑑定意見の提出を求めることができ（215Ⅲ）、鑑定人質問

（215の2）に移行することもある。

　鑑定には証人尋問の規定が準用される（216）が、交互尋問制（202）は排除され、裁判長の質問を先行させている（215の2）。科学・技術の進歩、発達に伴い専門の細分化、特殊化が進んだことから、鑑定適任者は限られ、その確保は困難になっている。敵対的質問を鑑定人が浴びることになるのは、その確保ということからも、また、裁判官を補助するものであるとの位置付けからも相応でないと考えられたのである。また、鑑定による手続遅延を回避するために、テレビ会議システムによる方法も認められている（215の3）。

⑧　検　証

　検証とは、物、場所または人について裁判官の五官の作用でその存在や状態を把握する証拠調べを言い、事故地、係争地の状況を実際にみる等がその例である。その手続は、およそ書証に準じ、検証の対象である物・場所を挙証者が自ら所持・占有していないときは、文書提出命令の規定が準用され（232Ⅰ）、従わなかった場合の効果についても同様であり、当事者は従わないときには事実認定上の不利益を受け（224）、第三者は正当な理由なく従わない場合には過料の制裁を受ける（232Ⅱ）。また、テレビ会議システムによる方法も認められ（232の2）、建築現場の検証に建築士を伴わせる等、検証の際には、職権で鑑定を命ずることができる（233）。

⑨　自由心証主義

1　意　義

　証拠の提出までは当事者の権限であり責任であるとされている（弁論主義）が、どのような証拠を調べ（181Ⅰ）、その証拠を如何に評価するか、その証拠から何を読み取るかは裁判官に委ねられている。裁判所は、判決をするにあたり、口頭弁論の全趣旨及び証拠調べの結果をしん酌して、自由な心証により、事実についての主張を真実と認めるべきか否かを判断する（247　自由心証主義）。

　事実の認定は、自由心証主義により、裁判所は、①どのような証拠によりどのような事実を認定してもよく、②証言や文書の内容等、証拠調べにより得られた証拠資料の評価は個々の裁判官の自由な判断に委ねられ、③証拠調べの結果のみでなく、当事者や代理人の陳述の態度や時期等、口頭弁論の経過に現れた一切の資料・状況（弁論の全趣旨）も考え合わせて判断される。

　また、自由心証主義の帰結として、適法に行われた証拠調べの結果は、どちらの当事者が申し出たものであるかに関わりなく、どちらの当事者の利益のためにも事実認定の資料とすることができる（証拠共通の原則）。したがって、一方の提出した証拠でも、他方に有利であれば、その援用を要さずに斟酌される。

　自由心証主義が採られるのは、複雑で多様化した現代社会においては、如何なる証拠に基づいて如何なる事実を認定すべきかにつき、一定の事実を認定するには必ずこういう証拠方法がなければならないとか、一定の証拠があれば必ずこういう事実を認定しなければならないといった証拠法則に従い事実を認定する「法定証拠主義」によるよりも、裁判官の自由な判断に委ねた方が真実に即した裁判が実現されると考えられたことによる。だが、それは、高度の専門能力と独立性に裏打ちされた裁判官によってこそ成り立つものであり、恣意専断のおそれのある裁判官制度や、素人による陪審制の下では妥当しない。そして、また、口頭弁論の諸原則に則った公開法廷での審理により担保されるものである。

2　自由心証主義と上告

　自由心証主義によることは、裁判官の専断を許すものではない。証拠調べの結果や弁論の全趣旨に依らずに判断することは許されず、事実認定の根拠は判決理由中に明らかにされなければならない。また、その判断は論理法則や経験則に基づく合理的なものでなければならず、事実認定の過程に論理の矛盾・飛躍や経験則違反があってはならない。

　判決には理由を付さなければならない（252 I ③）が、事実認定についても、如何なる証拠を根拠として、また、如何に弁論の全趣旨に基づき、その事実を

認定したのかが判決書に明らかにされなければならず、これを欠くときには上告理由となる（312Ⅱ⑥）。証拠の取捨については、証拠の取捨判断が経験則に合致し、一般に容易に首肯できる場合には格別の説明を要しないが、一般には証拠価値の高い証拠を評価せず、あるいは反対に証拠価値の低い証拠を措信する等の場合には、その理由を示さなければならず、これを欠く場合にも上告理由となろう。

　経験則違反については、事実認定の場面で経験則に反する判断がなされることは、経験則に基づき心証形成をしなければならない自由心証主義（247）に反するものであって、法令違反であると解される。したがって、最高裁判所に対しては、上告理由とはならず（312Ⅲ）、上告受理申立理由となり得る（318）に止まる。しかし、すべての経験則について、その違反を理由とする上告を無限定に認めれば、事実認定は凡そ経験則適用の結果であることから、あらゆる事実認定に対する不服は上告理由となり得ることになる。そうなれば、上告審を法律審とし、その対象を限定しようとした上告受理制度の趣旨に沿わないであろう。よって、すべての経験則違反が上告理由となるわけではなく、高度の蓋然性ある経験則違反の場合に限り、上告受理申立理由となると解する。

⑩　証明責任

1　証明責任の意義

　証明責任は自由心証主義の尽きたところで問題となる。すなわち、裁判所は、口頭弁論の全趣旨及び証拠調べの結果をしん酌して、自由な心証により、事実についての主張を真実と認めるべきか否かを判断する（247）が、その判断の対象となる事実は、裁判外の過去の事実であって、審理の最終段階になっても証明度に達せず、存在するともしないとも確定できない（真偽不明）ということがあり得る。だが、その場合でも、裁判所は、わからなかったと裁判を拒否することは許されない。当事者間で解決できずに裁判所に持ち込まれた紛争が、そのまま返されるのでは事態はさらに悪化しかねない。そこで、民事訴訟では、そのような場合には、一方当事者の不利益に帰することで解決を図るこ

とになっており、一方当事者が受けるその不利益を「証明責任」と言う。証明
責任により、事実は真偽不明となっても権利は真偽不明とならず、裁判所によ
る解決が可能となる。そして、この意義の証明責任は、判決段階で問題となる
ものであり、「客観的証明責任」と呼ばれ、職権探知主義の下でも必要となる。
職権探知主義が採られる訴訟においても、事実について真偽不明となることは
あり得るからである。

　これに対し、最終的に存否不明となり不利益を受けることにならないよう
に、審理中の当事者が行為責任として負い、弁論主義の第3テーゼである証拠
提出責任に反映されるのが「主観的証明責任」である。その所在は客観的証明
責任の所在に従い、訴訟の経過によって移ることはない。また、当事者は、訴
訟の過程で裁判官の心証が自己に不利に傾き、このままでは敗訴することにな
ると考えれば、証明活動に努めることになるが、このように訴訟の経過に伴い
変動する立証の必要性を「証明の必要」と言う。

　なお、証明責任は、証明度をどのように考えるかにより、大いに異なること
になる。客観的証明責任について、実務では高度の蓋然性、8割方確かである
との確信を要するとするが、仮に優越的蓋然性若しくは証拠の優越で足りると
してその証明度を下げるとすれば、証明度に達せずに証明責任で決せられる事
態は考え難くなろう。だが、証明の必要ということからすれば、証明度につい
て、優越的蓋然性若しくは証拠の優越で足りるとするならば、証明責任がどち
らにあろうとも、両当事者ともに安穏とはしていられないであろう。結果とし
て、解明度は、優越的蓋然性説による場合の方が上がりそうである。

2　証明責任の分配

（1）　分配の基準

　真偽不明の場合にも裁判を可能にすることを目的として証明責任が必要であ
るのだとすれば、原告も被告も両者ともに証明責任を負うということはあり得
ない。では、如何なる事実について、原、被告どちらの当事者が証明責任を負
担するのか、分配の基準はどのように考えられるのであろうか。もし、権利を
主張する者が、権利が発生したという事実のみならず、消滅しなかったという

事実等も含め、現に権利が存在すると認められるために必要なすべての事実を証明しなければならないとすれば、権利の実現は極めて難しくなり、妥当であるとは思われない。民事訴訟における証明責任は両当事者に適切に分配される必要がある。

　しかし、実体法に証明責任の所在は必ずしも明示されていない（例外として、民117Ⅰ・453・949但書、商560・590、手45Ⅴ、自賠3、製造物4等）。そのため、現代社会における複雑化した大量の民事事件を合理的に処理する必要から、実務（司法研修所）で培われたのが要件事実論であり、法律要件分類説である。

　権利の発生・障害・消滅等の法律効果を生ずるための法律要件を構成する事実を要件事実と言い、それぞれの権利につき、どのような事実が要件事実とされるのかは、実体法の問題である。しかし、実体法の規定は、必ずしも訴訟の場で必要となる要件事実を十分に意識して定められていないため、解釈によることになる。その解釈、要件事実をどのように捉えるかをめぐる理論が要件事実論である。ある法律効果を発生させるために法律要件として必要にして十分な事実は何か、それら要件事実の主張・立証責任をどちらの当事者に負わせるのが妥当かを考慮して実体法の規定を見直し、請求原因、抗弁、再抗弁等として整理する。

　そして、法律要件分類説によれば、実体法の規定は、①権利根拠規定（権利の発生の要件を定めた規定）、②権利障害規定（権利の発生を妨げる要件を定めた規定）、③権利阻止規定（権利の発生を一時的に阻止する要件を定めた規定）、④権利滅却規定（いったん発生した権利の消滅の要件を定めた規定）の4つに分けられ、当事者はそれぞれ自己に有利となる法律効果の発生または不発生を定める法規の要件事実の証明責任を負う。すなわち、①の規定に該当する事実については、権利を主張する者が、②〜④の規定に該当する事実については、その相手方が証明責任を負う。貸金返還請求を例とすれば、金を貸し渡した（民587）という事実（①）については原告が証明責任を負い、その存否について真偽不明となれば、貸金返還請求権の発生という効果は認められず、原告の請求は棄却となる。また、被告が金を借り受けた事実を認めたうえで、返したと主張する場合には、この弁済の事実（④）が真偽不明となれば、貸金返還請求権の消滅は認められず、

原告の請求は認容される。この場合、真偽不明の場合の不利益、すなわち証明責任を負うのは被告である。したがって、例えば、権利を主張するのが被告であり、主張されるのが原告である債務不存在確認訴訟においては、債権の成立について主張・立証責任を負うのは被告である。原告は、訴訟物の特定に必要な限りで当該債権について陳述しなければならないが、訴訟物である権利の発生についての要件事実は、被告が抗弁として主張・立証しなければならない。

（2）　証明責任の転換

　特別の場合に、法律の規定によって、要件事実の反対事実について相手方に証明責任を負わせることを証明責任の転換と言う。例えば、自動車事故の過失の立証が困難であるため、不法行為の規定（民709）によれば、その立証責任は被害者である原告にあるが、自賠法（3但書）により、損害賠償請求権の不存在を主張する被告の側が注意を怠らなかったことについて証明責任を負うものとされている。また、製造物責任法も、過失責任ではなく欠陥責任とし、被害者は通常有すべき安全性の欠如について立証すれば足り、製造者側が責任を免れるためには法定の特別事由を要するものとしている。

　証明責任の転換は、立証が困難であり、不当あるいは酷であると思われる場合に、勝つべきものを勝たせるために証明責任の分配を修正するものであるが、「一応の推定」、「表見証明」、「証明妨害」等の理論や、証明度の軽減、証拠収集方法の拡充によっても、そのような困難、不当は是正される。

3　法律上の推定
（1）　事実推定

　法律上の推定とは、経験則が法規化され、法律の適用として行われる推定であり、証明困難な事実についての証明責任を緩和する役割を果たす。その中、「甲事実（前提事実）あるときは乙事実（推定事実）あるものと推定する。」と定めるものが事実推定である。例えば、「前後の両時点において占有をした証拠があるときは、占有は、その間継続したものと推定する。」（民186Ⅱ）、「債務者が支払を停止したときは、支払不能にあるものと推定する。」（破15Ⅱ）等の規定がある（そのほか、民619Ⅰ・772、手20Ⅱ、破47Ⅱ・51等も挙げられる。）。

　法律上の事実推定の規定がある場合には、乙を要件とする法規の適用を求める者は、要件事実である乙を主張・立証しても、通常それよりも証明の容易な甲を主張・立証してもよい。例えば、所有権の取得時効を主張する者は、20年間の占有の継続（乙）を主張・立証しなければならない（民162Ⅰ）が、上述の占有継続の推定規定（民186Ⅱ）により、20年前の占有と20年後の占有（甲）を主張・立証してもよい。

　そして、後者についての主張・立証がなされたときは、相手方は、前後両時点の占有（甲）について反証してもよいし、20年間の占有の継続（乙）について、その不存在（占有の中断があったこと）の本証により推定を覆してもよい。20年間の占有の継続については、本来は取得時効を主張する側が証明責任を負うものであるが、そのなかったこと（反対事実）について相手方に本証を求めるのは、占有の継続が法律上推定されている（186Ⅱ）ことによる。20年間の占有の継続については、証明責任の転換がなされている。

　このように、法律上の事実推定の場合には、証明主題の選択（甲とするか乙とするか）が可能であり、また、証明責任の転換が生ずる。これに対し、同じく事実を推定するものであっても、例えば、占有の態様の推定（民186Ⅰ）の場合には、証明主題の選択はできず、その構造を異にする。すなわち、所有権の取得時効（民162Ⅰ）の要件としては、20年間の占有のほか、①所有の意思をもって、②平穏に、かつ、③公然と、占有しなければならない。他方、占有者は、①所有の意思をもって、善意で（自己の所有に属すると信じて）、②平穏に、かつ、③公然と、占有するものと推定される（民186Ⅰ）。よって、取得時効（162Ⅰ）を主張する者は、20年間の占有（あるいは、前後の両時点での占有（186Ⅱ））のみを主張・立証すれば、相手方が①、②、③の事実がなかったことを抗弁として主張・立証しない限り、取得時効を認められることになる。これは、162条1項と186条1項とを併せ、「二十年間、他人の物を占有した者は、その所有権を取得する。ただし、所有の意思をもって、平穏に、かつ、公然と占有をしなかったときはこのかぎりでない。」と言い換えることができる。このように、占有の態様の推定（民186Ⅰ）の場合には、要件事実の一部（占有）が認められると、同じく要件事実である①と②と③は推定されるという関係にある。この

場合の①、②、③のような事実を「暫定真実」と言う。占有か①②③の事実か
と証明主題の選択が可能なわけではないが、推定された事実については、やは
り証明責任の転換が生じている。

（2）　権利推定

　法律上の推定の中、「甲事実（前提事実）あるときは乙権利または法律効果が
あるものと推定する。」と定めるものが権利推定である。例えば、「占有者が占
有物について行使する権利は、適法に有するものと推定する。」（民 188）との
規定は、占有の事実から占有権原（所有権・地上権・賃借権・使用貸借権等の適法な
占有の権利）を推定するものである。「境界線上に設けた境界標、囲障、障壁、
溝及び堀は、相隣者の共有に属するものと推定する。」（民 229）等との規定も
ある（そのほか、民 250・762 Ⅱ等も挙げられる。）。

　権利推定も事実推定と同様に、証明主題の選択が可能であり、例えば、占有
権原を主張する者は、その発生原因事実を証明してもよいし、権利推定の規定
（民 188）があることから、証明のより容易な占有（の事実）を証明してもよい。
そして、相手方としては、後者についての主張・立証がなされたときは、占有
について反証をし、推定規定の適用を排除してもよいし、極めて困難であろう
が、占有権限の発生原因事実の不存在、あるいは障害・阻止・消滅原因の存在
を抗弁として本証することにより、推定を覆してもよい。また、共有を主張す
る者は、その発生原因事実を証明してもよいし、その権利推定の規定（民 229）
により、境界標等が境界線上にあることを証明してもよい。相手方としては、
後者について主張・立証がなされたときは、境界標等が境界線上にあることに
ついて反証をし、推定規定の適用を排除してもよいし、共有の発生原因事実の
不存在等を本証することにより推定を覆してもよい。

（3）　法律行為の解釈規定

　同じく推定するとの文言であっても、「期限は、債務者の利益のために定め
たものと推定する。」（民 136 Ⅰ）、「違約金は、賠償額の予定と推定する。」（420
Ⅲ）等のように、法律行為で明確に定めなかった場合の解釈を定めたものもあ
る。また、「買主が売主に手付を交付したときは、当事者の一方が契約の履行
に着手するまでは、買主はその手付を放棄し、売主はその倍額を償還して、契

約の解除をすることができる。」（民 557 I ）というように、合意の解釈に加えて法律効果も付与する規定もある。これらの場合の推定は、証明責任を転換するものではなく、それ以外の解釈を排除するものであり、この推定を覆滅するためには、法定された合意の不存在の主張・立証では足りず、その解釈を排除する合意の存在を主張・立証する必要がある。

（4）　法定証拠法則

文書の成立の真正についての規定には、推定するとの文言が用いられている（228 II・IV）が、推定事実は要件事実ではなく、証明主題の選択も可能でない点で、法律上の事実推定とは異なるものである。通説も、実務も、これは法律上の事実推定ではなく、自由心証主義の例外として定められた法定証拠法則であると解しており、また、法律上の事実推定ではないことから、文書の成立の真正を争う者は、本証を要さず、真偽不明に持ち込めば足りるとする。この点、推認力が揺るがされた場合には推定は破られたと考えるので、結論に異論はないが、要件事実ではなく文書の証拠力が問題となっているのであるから、その証明度をめぐる本証か反証かとの議論は当を得ないのではないかとの疑問が生ずる。

4　事実上の推定

（1）　意　義

経験則によってある事実の存在が推認されることを事実上の推定と言う。証拠や間接事実から主要事実を推認して心証を形成するが、そこに介在するのは経験則であり、経験則に反する事実認定は、自由心証主義（247）に違反するものである。

また、法律上の推定には、事実推定と権利推定があるが、事実上の推定にも権利推定を認めることに合理性が認められる場合がある。例えば、所有権を主張する者は、原始取得まで遡り、自己の所有までの所有権移転を基礎づける事実をすべて主張立証しなければならないが、実務では、訴訟物の前提をなす所有権についての権利自白を弁論の全趣旨として捉え、それ以上審理をせずに所有権を認定している。だが、どこまで遡っても被告の権利自白が得られず、原

告に原始取得まで遡って所有権移転を主張立証させるのは酷であるような場合
には、登記簿上の原告ないし原告の前主等の所有者名義の記載から、原告ない
し前主等の所有権を認定する扱いがなされている。不動産登記により権利を推
定することを認めるものであり、事実上の権利推定がなされていると解するこ
とができる（最判昭和 33.6.14 裁判集民 32 号 231 頁、最判昭和 34.1.8 民集 13 巻 1 号 1 頁、
最判昭和 46.6.29 判タ 264 号 197 頁）。

（2）　間接反証

　証拠がなくとも、間接事実を積み上げることにより主要事実を推認して心証
を形成し、判決を下すことは可能であるが、ある主要事実について証明責任を
負う者が、これを推認させるに十分な間接事実を一応証明した場合に、相手方
がその間接事実とは別の、これと両立し得る間接事実を本証の程度に立証する
ことによって主要事実の推認を妨げる立証活動を「間接反証」と言う。間接事
実からの推認が認められた場合には、判決理由中に「…の事実（間接事実）が
認められる本件においては、特段の事情がない限り、…の事実（主要事実）を
認めるのを相当とする。」と表現され、この特段の事情というのが、相手方に
本証が求められる間接事実である。また、証明しなければならない主要事実が
甲である場合に、間接反証が成功した場合には、判決理由には「証人 A の証
言によれば、乙の事実を認めることができる。しかし、他方、証人 B の証言
によれば丙の事実も認めることができ、この丙の事実に照らして考えると、前
記乙の事実から原告主張の甲の事実を推認することができず、他に甲の事実を
認めるに足りる証拠はない。」と表現される。

　しかし、間接反証の説明において、間接事実から主要事実の推認を妨げる別
の間接事実については本証の程度の証明が必要であるとされることには疑問も
呈される。間接事実であっても争いある限り、証明の対象となる (179) が、裁
判を可能とするために証明責任が必要とされるのは、主要事実のみである。間
接事実、補助事実については、立証の必要に迫られることはあっても、客観的
証明責任は問題とする必要はない。自由心証主義により、その推認力を判断す
れば足りることである。

（3）　一応の推定

　事実上の推定として、経験則に基づきある事実の存在が推認される場合の中、特にその推認が類型的・定型的になされる場合を「一応の推定」と言う。間接事実から主要事実等を推認するにあたって用いられる経験則が高度の蓋然性を有する場合には、判決で特段の事情と表現される例外現象が稀有であり、前提となる間接事実の証明があれば、推認される事実についての心証は一挙に証明度に近づき、相手方が反証に成功しなければ、推認される事実は存在するものと判断される。また、一応の推定と実質的に同様の考え方であるが、ドイツの判例・学説において形成された概念として、主として不法行為の場面で、「過失」等の規範的要件を認定するにあたって、定型的事象経過と呼ばれる高度の蓋然性を有する経験則が働く場合には、具体的な個別の事実について十分に立証されなくても、要件事実の存在を認めてよいとする法理があり、これを「表見証明」と言う。例えば、自動車が歩道に乗り上げて歩行者が怪我をした場合には、運転者の過失が推定される。この場合、運転者に過失があることは個別事実の具体的事情を無視して差し支えないほどに定型的であると言ってよく、運転者がハンドル操作を誤らなければ、通常、自動車が歩道に乗り上げることはないとの経験則には高度の蓋然性がある。また、開腹手術後の患者の腹腔内に手術用メスが遺留されていたのが発見された（前提事実）場合には、手術との因果関係及び医師の過失が推定される。この場合には、手術の際に誤って遺留されたのでない限り、通常では腹腔内にメスがあるはずはないとの高度の蓋然性を有する経験則が働くことになる。また、注射を受けた部位が化膿した（前提事実）場合には、医師の過失が推定される。注射の際に注射をした医師が当然なすべき注意を怠ったのではない限り、注射部位が化膿するはずがないとの経験則には高度の蓋然性があるからである。判例は、このような場合に、過失を基礎づける具体的な事実を特定することなく、「注射液が不良であったか、または注射器の消毒が不完全であったかのいずれかの過誤があった」との択一的認定（選択的認定）も過失の認定として容認されるとした（最判昭和32.5.10 民集 11 巻 5 号 715 頁）。

　このように、経験則の蓋然性が高い場合には、評価根拠事実の抽象度を高め

ることができると解することには、一応の推定であると考えるにせよ、自由心証主義の当然の帰結であると考えるにせよ異論のないところであると考える。では、経験則の蓋然性が必ずしも高くない場合には、過失や因果関係について、択一的認定や概括的認定（何らかの過失にあたる事実）は認められないのか。一定の類型の事件については、情報、証拠の偏在による一方当事者の立証困難を放っておくべきではないとの考え、また、相手方の行為に対する非難可能性等に基づき、公平の見地から、高度な蓋然性を有する経験則が働かない場合にも評価根拠事実の抽象度を高めることを認め、証明責任の軽減あるいは実質的に証明責任の転換を図ることが認められてよいのではないかと考える。そして、それは、事実認定の問題ではなく実体法の解釈の問題であると考える。

第10章　判決、その他の訴訟終了

① 裁判の意義

　裁判所または裁判官がその判断を表示する訴訟行為を裁判と言い、裁判には、判決・決定・命令がある。訴訟事件を解決する終局判断である判決のほかに、裁判官等の除斥・忌避、管轄の指定等、訴訟手続上の派生的または付随的事項の解決や、期日の指定、弁論の分離・併合、訴訟手続の中止等、訴訟指揮上の措置、また、債権の差押命令・転付命令、不動産に対する強制競売開始決定等、裁判所のする執行行為についても行われる。これに対し、弁論の聴取、証拠の取調べ、判決の言渡し等の事実行為は、裁判所の行為ではあるが、裁判にはあたらない。

　また、裁判所書記官は、支払督促の発布（382）や執行文の付与（民執26Ⅰ）にあたって、その要件につき審査・判断し、また、訴訟費用負担額を定める（71Ⅰ）が、裁判所または裁判官が行うものではないから、判断の表示行為ではあっても裁判ではなく、処分と呼ばれる（121）。

② 裁判の形式

1　判決・決定・命令

　判決は、裁判所の判断であり、判決で裁判すべき場合には、必ず口頭弁論を行わなければならず（87Ⅰ）、その言渡しはあらかじめ作成した電子判決書に基づいて行うのを原則とする（253Ⅰ）。判決に対する上訴は控訴、上告による。

　決定は、裁判所の判断であるが、付随的・派生的な事項や迅速な処理の必要な事項について行われ、必要的口頭弁論の原則は妥当せず、口頭弁論をすべき

か否かは裁判所が定め（87 I 但書）、口頭弁論を開かずに書面で審理する場合には、「審尋」が認められる（87 II）。審尋は、当事者その他の利害関係人に無方式で裁判所に意見を陳述する機会を与える手続であり、手続公開や期日を定めて両当事者を呼び出す必要がなく、当事者の一方だけにその機会を与えてもよい点で、口頭弁論と異なる。また、その判断は、相当と認める方法で当事者に告知すればよい（119）。上訴の方法は、抗告、再抗告である。

命令は、裁判官の判断であるほかは、決定と同じに扱われる。法律上、裁判所としての判断とは明確に区別された裁判官としての判断であって、裁判所とは独立に判断する必要がある場合に用いられる。なお、文書提出命令のように内容から「命令」と呼ばれながら、裁判形式としては「決定」であるものがある。

2　決定・命令と不服申立て

決定・命令には、不服申立てが認められない場合もある。例えば、除斥や忌避を認める決定に対しては、不服申立てはできない（25 IV）。また、独立した不服申立ては認められず、終局判決とともに上訴審の判断の対象となる場合もある（283・313）。例えば、訴えの変更が要件を欠くときは、決定により変更を許さない旨の宣言をすることになる（143 IV）が、そのまま審理は続行し、終局判決の理由中で判断を示すことでも足りる。この訴え変更不許の決定に対しては、終局判決に対する上訴の機会に上級審の判断を受ける（大決昭和 8.6.30 民集 12 巻 1682 頁）。

独立の不服申立てが認められる場合としては、第一に、口頭弁論を経ないで訴訟手続に関する申立てを却下した決定・命令に対しては、抗告をすることができる（328 I）。この対象となるのは、例えば、管轄指定の申立て（10 I ②）、訴訟引受けの申立て（50 I）、期日指定の申立て（93 I）、受継申立て（128 I）、証拠保全の申立て（234）等が却下されたとき等、本案の審理と密接不可分ではなく、本案審理のための必要的口頭弁論による必要がない任意的口頭弁論の場合であり、口頭弁論が実際に行われなかった場合を意味するものではない。

また、決定・命令により裁判をすることができない事項について決定・命令

がなされたとき（違式の裁判）も、これに対して控訴ではなく、抗告をすることができる（328Ⅱ）。原裁判所でさえも判断を誤ったのに、不服申立てをしたい当事者に、控訴によるのか抗告によるのか判断させるのは不合理であり、原審の採った方式に応ずればよいと考えられるからである。

　さらに、特別規定がある場合がある。例えば、除斥や忌避を認めない決定については、即時抗告をすることができる（25Ⅴ・86・137Ⅲ）。「即時抗告」は、法律が特に定めている場合にだけ認められ、1週間の抗告期間内に提起しなければならず（332）、執行停止効がある（334Ⅰ）ものを言う。これに対し、「通常抗告」は、期間の定めがなく、原裁判の取消しを求める実益（抗告の利益）のある限りは、いつでも提起でき、執行停止の効力はない。

　抗告の手続は、性質に反しない限り抗告には控訴の規定が、再抗告には上告の規定が準用される（331）。ただし、口頭弁論を開く必要はなく、審尋ができる（335）。また、抗告については、原裁判所による更正（再度の考案）も認められる（333、規206）。原裁判をした裁判所または裁判長が行うもので、裁判の拘束力を緩和し、簡易迅速に事件を処理し、上級審の負担軽減を図る。

３　判決の種類

1　本案判決、訴訟判決

　訴えによって定立された原告の被告に対する特定の権利主張（訴訟上の請求）の当否についての判決を「本案判決」と言い、請求に理由があると認められれば請求認容判決、理由がないと認められれば請求棄却判決がなされる。これに対し、訴訟要件ないし上訴要件を欠いた場合に、訴えや上訴を不適法として却下する判決を「訴訟判決」と言う。

　また、本案判決や訴訟判決はその確定により訴訟の終了という効果を形成的に生じさせるものであるが、訴え取下げや当事者の死亡などにより、既に訴訟が終了していることを確認し、宣言する判決を「訴訟終了宣言判決」（例えば、「訴訟は、○月○日訴えの取下げにより終了した。」との主文となる。）と言う。

2　終局判決、一部判決

　終局判決とは、当該審級で訴訟事件の全部または一部の審理を完結する判決を言い、独立に上訴の対象となる（281・311　但し、356・357）。

　訴訟事件の全部についての審理を完結させる終局判決が全部判決であり、同じ手続で審理されている事件の一部について他の部分から切り離して、まずその一部についての審理を完結させる終局判決が一部判決である。一部判決がなされた場合の残部についての終局判決を残部判決（結末判決）と言い、一部判決は残部判決とは独立した1個の終局判決である。

　一部判決により、一部については早期解決が得られ、また、審理も単純化することができるというメリットがある。しかし、一部判決も終局判決であり、独立の上訴の対象となる。上訴がなされれば、残部とは別々の審級で審理・判断されることになり、かえって不便でもあり、一部と残部の内容が関連する場合には、審理の重複や判断の矛盾が生ずるおそれもある。よって、一部判決をするか否かの判断は裁判所の裁量に委ねられている。また、実務では、一部判決の前提として、弁論の分離（152 I）が行われている。

　一部判決が認められるのは、訴訟の一部が裁判をするのに熟したとき（243 II）と、弁論の併合や反訴により、数個の請求が後発的に同一の訴訟手続により審判されることになった場合に、その一部が裁判をするのに熟したとき（243 III）である。

　単純併合の場合、例えば、原告が同一の被告に対し、貸金返還請求と売買代金支払請求の訴えを併せて提起した場合に、一方のみについて裁判をするのに熟したときは、その請求についてのみ判決をすることができる。だが、単純併合であっても、請求相互に関連があり、判決内容が抵触すれば紛争の解決が不能となるような場合、例えば、ある土地の所有権に基づく引渡請求権と所有権移転登記抹消登記請求権とが併合されている等の場合には、認めるべきではないであろう。

　請求の客観的予備的併合の場合には、予備的併合は、主位的請求の認容を解除条件として予備的請求についてあらかじめ審判を申し立てる場合の併合形態であり、原告が順位を付けて2つの請求を立てているときは、裁判所はその

順位に拘束される。両請求の審理は最初から一緒に行われるが、主位的な請求をさておいて予備的な請求について先に判決をすることはできないし、主たる請求を認容するときは、予備的請求について判決をすることは許されない（大判昭和 16.5.23 民集 20 巻 668 頁）。この場合、主位的請求に対する認容判決が、全部判決となる。これに対し、主たる請求を理由なしとして棄却するとき、不適法として却下するときは、必ず予備的請求について裁判することを要し（大判昭和 11.12.18 民集 15 巻 2266 頁、大判昭和 11.7.20 民集 15 巻 1491 頁）、各別に裁判をすることはできず（最判昭和 38.3.8 民集 17 巻 2 号 304 頁）、一部判決は認められない。

　では、数量的に可分な訴訟物の一部については、直ちに認容または棄却の判決ができるという場合に、一部判決をすることは認められるであろうか。一部請求については、判例は、一部であることの明示があれば認めている。訴訟物はその一部と残部とで別になるとする。この立場からすれば、一部判決も認められそうである。しかし、一部請求の場合には、可分な訴訟物を分割請求するか否かは原告の意思による（処分権主義）。よって、職権による分割には、合理性がなければならない。例えば、請求の一部に対してのみ弁済の事実等、抗弁が主張されている場合に、それ以外の部分について先に認容判決を下す場合等には認められてよいであろう。だが、このような場合にも、判決に矛盾が生ずる可能性があること、審理がかえって複雑化すること、残部判決の内容を予告することになることなどを指摘し、認めるべきではないとの見解もある。

3　中間判決

（1）　意　義

　裁判所が裁量により、独立した攻撃防御の方法、その他中間の争い、また、請求の原因及び数額について争いがある場合のその原因の存否について、審理の途中で示す判断を「中間判決」と言う。その審級における審理の整序を目的とし、終局判決のように審理を完結させるものではなく、その対象も訴訟物の存否ではない。

（2）　対　象

　民事訴訟法 245 条に言う中間の争いとは、訴訟要件の存否、訴訟行為の追完

の適否、代理権・訴訟能力の有無、訴え取下げ・訴訟上の和解・請求の放棄・認諾の効力等、訴訟手続に関する争いであり、本案判決の内容に関わる実体法上の問題に関する争いは含まれない。

　訴訟要件の存在を否定することになれば訴え却下の判決を、訴え取下げ等の効力を認めれば訴訟終了宣言判決をすることになろうが、逆の結論になる場合には、終局判決の理由中で判断を示してもよいが、審理の整序のために必要であると判断されれば中間判決をしてもよい。裁判所の裁量に委ねられる。

　また、後段の「請求の原因」とは、訴訟物の存否をめぐる一切の争いから数額を除いたものであり、原告に主張・立証責任がある請求原因事実のみならず、被告が主張・立証責任を負う抗弁事実（例えば、弁済等）も含まれる（大判昭和 8.7.4 民集 12 巻 1752 頁）。例えば、請求の原因とそれに基づく数量や金額とを同時並行的に審理し、原因がないとの判断に至った場合には、数額の審理は無駄となる。よって、先に審理・判断する必要性が高いことから、中間判決の対象とし、原因の存在を否定するときには請求棄却となるが、肯定するときには中間判決を行うことを認めたものである。

（3）　効　力

　中間判決でなされた判断は、その審級における裁判所自身を拘束する。その反射的な効果として、当事者も、中間判決の判断事項については、当該審級に限ってであるが、中間判決の言渡期日直前の口頭弁論期日までに主張できた攻撃防御方法を提出することができない（中間判決の失権効）。

４　判決の成立と確定

1　判決の成立

　訴訟が裁判をするのに熟すと終局判決がなされる（243 Ⅰ）。訴訟が裁判をするのに熟したときとは、当事者からすれば、主張・立証を十分に尽くし、裁判官に判断を委ねるのだと思えたときが望ましいが、たとえ当事者は不十分だと思っていても、終局判決をするのに十分な心証が形成されている場合には、裁判所は、熟したとして終局判決ができる。

　また、熟さなくとも、当事者の双方または一方が口頭弁論の期日に出頭せず、また弁論をしないで退廷した場合において、裁判所は審理の現状及び当事者の訴訟追行の状況を考慮し、相当と認めるときは、終局判決をすることができる（審理の現状に基づく判決）。相当と認めるときとは、訴訟追行への協力が全く見込めない等の場合であり、その趣旨は、従前の審理を無駄にせず、また、敗訴が濃厚となった場合等の訴訟の引延しを阻止することにある。また、一方のみの欠席の場合には、出頭した当事者に不利益となる場合には認めるべきではないので、その当事者の申出があるときに限られている（244）。

　訴訟が裁判をするのに熟すと、口頭弁論は終結され、判決内容が決定され（合議体の場合には、合議体構成員全員で評議のうえ過半数により決する。裁77）、裁判所は、口頭弁論終結時までに提出された資料（事実や証拠）を判断資料として、判決原本を作成し、それに基づき、原則として口頭弁論の終結の日から2ヶ月以内に言い渡され（251・253）、当事者に送達される（255）。

　また、被告が原告の主張した事実を争わず、その他何らの攻撃防御方法を提出しない等、実質的に争いのない事件について原告の請求を認容する場合には、判決書の作成に代えて裁判所書記官に主文及び理由の要旨を調書に記載させ、判決書に基づかないで言い渡すことができる（254、規155Ⅲ　調書判決）。

　判決は、言渡しにより成立する（250）。言渡しは、当事者の出席を要しない（251Ⅱ）が、法廷で主文を朗読して行う（規155Ⅰ）。判決は言渡しにより成立すると、判決をした裁判所自身を拘束し（自己拘束力）、変更や撤回は認められなくなる。だが、例外として、判決に法令違反がある場合には、言渡し後1週間以内に、確定しておらず、弁論の必要がない場合に限り、変更の判決をすることができる（256）。また、計算違い、誤記等の形式的な誤りについては、申立てまたは職権により、いつでも更正決定をすることができる（257）。

2　仮執行宣言

　判決は確定してはじめて本来的効力を生じ、執行力も確定判決につき生ずるものである。だが、裁判所は必要と認めるときは、申立てまたは職権により、仮執行宣言を付すことができる（259Ⅰ）。上訴による不服申立てを認めること

で不当な裁判に対する救済が図られるが、上訴されると判決の確定が遮断され、勝訴しても権利の実現は先延ばしとなる。また、そのために執行逃れを目的とする上訴も招きかねない。仮執行の制度により、この上訴者と勝訴者の利益の調節を図ることができると考えられた。なお、この仮執行の制度は、実務上は原則化しており、上訴による執行停止の要件も厳格なものとなっている (403)。

　仮執行宣言を付することができるのは、財産権上の請求に関する判決であり、金銭若しくは金銭的価値を有する物または権利をその対象とする請求について認められる。判決が覆っても原状回復が容易であり、金銭賠償によって損害を償うこともできるからである。だが、本案は財産権上の請求でなくても、訴訟費用の裁判については仮執行宣言を付すことはできる（大判大正 8.9.3 民録 25 輯 1555 頁）。

　登記手続を命ずる判決には、仮執行宣言を付すことはできない。登記を命ずる判決は意思表示を擬制するもので、意思表示をすべきことを命ずる判決は、確定することではじめて意思表示をしたものとみなす（民執 177）と明記されている。登記は浮動的状態には馴染まないからであろう。行政処分の取消しまたは変更の判決も同様であり、確定以前に行政権を拘束することは、司法に認められていないと考えられる。さらに、離婚判決とともになされた財産分与を命ずる判決も、離婚判決の確定を前提とするものであるから、やはり認められない。

　確認判決、形成判決は狭義の執行力を有さないが、広義の執行力を有する判決も仮執行宣言の基礎となり、確認判決や形成判決にも認められる場合がある。例えば、強制執行の停止、続行、取消しを命じ、または既にされたその決定（民執 36）を取り消し、変更し、若しくは認可する裁判（執行訴訟上の形成判決）には、仮執行の宣言をしなければならず（民執 37 I・38 IV）、直ちに形成効が発生する。

3 判決の確定

（1） 確定の時期

　不服申立てのできない判決は、言渡しと同時に確定する。例えば、上告審の終局判決（281・311）、手形・小切手訴訟による審理・裁判をすることができないとの理由で訴えを却下する判決（355 I・356 但書）、少額訴訟の異議審での終局判決（380）等である。

　上訴・異議のできる判決の場合には、まず、上訴期間（285・313）・異議申立期間（357・378）に上訴・異議が提起されなかったときは、その期間満了の時に確定する。

　また、上訴・異議の取下げ（292 I・313・360・378 II）があった場合、上訴・異議を不適法として却下する判決または決定（287・290・316・317）がなされ確定した場合、上訴の取下げ・異議の取下げが擬制される場合（292 II・313・360 III・378 II による 263 の準用）には、上訴・異議申立期間経過の時に確定する。

　上訴権・異議権の放棄（284・313・358・378 II）がなされた場合には、放棄の時に確定する。また、不上訴の合意が判決言渡し前から当事者間に存する場合には、判決の言渡しと同時に、判決言渡し後上訴期間経過前に成立した場合には、合意の成立と同時に確定すると解するが、上訴期間満了の時、あるいは、これに反して上訴が提起された場合には、相手方が合意を主張し上訴却下を求めた時であるとする見解もある。また、飛越上告の合意（281 I 但書）の場合には、上告期間の満了の時に確定する。

　期間内に適法な上訴・異議の申立てがなされた場合には、判決の確定は遮断され（116 II）、上訴却下若しくは棄却の判決（若しくは決定（317 II））が確定した時、また、手形・小切手訴訟の判決・少額訴訟の判決の場合には、その認可する判決（362 I・379 II）が確定した時に、原判決も確定する。上告受理申立却下決定が効力を生じた時も、原判決は確定する。上級審、異議審で取り消されまたは破棄された場合には、取消判決・破棄判決の確定により、原判決は効力を失う。

（2） 確定の範囲

　請求の客観的併合、すなわち、ひとつの訴訟手続で複数の請求の審理が行わ

れ、数個の請求がともに裁判をするのに熟し、外形上1個の終結判決（一通の判決書）がなされたときは、法律上も判決は1個であり、原則として、すべての請求について同時に確定する。当事者が、その1個の判決の一部についてのみ不服として、取消し・変更を求めて上訴した場合にも、判決全体について確定が遮断され（116Ⅱ）、移審の効力も生ずる（上訴不可分の原則）。数量的に可分な給付を目的とする請求について一部認容判決がなされた場合にも、原告の上訴により勝訴部分の確定も遮断される（大判昭和7.1.16民集11巻21頁）。

しかし、請求の主観的併合における通常共同訴訟の場合には、外形上1個の判決が同時になされていても、共同訴訟人独立の原則（39）により上訴不可分の原則の適用はない。上訴を提起するか否かは各自の判断に委ねられ、一部の者のみが上訴したときには、確定遮断と移審の効力もその者にしか及ばず、他の者に対する判決は先に確定する。

これに対し、必要的共同訴訟の場合には、必要的共同訴訟人連合の原則（40Ⅰ）により、共同訴訟人の1人が適法に上訴すれば、全員が上訴したものと扱われ、確定遮断と移審の効力は全員に対して及ぶ。上訴期間については、議論があるが、個々の当事者ごとに進行するとして、判決が確定するのは全員について上訴期間が経過したときである。独立当事者参加訴訟についても、必要的共同訴訟の規定が準用されるから（47Ⅳ）、同様に考えられる。

同時審判申出共同訴訟の場合には、弁論及び裁判は分離しないでしなければならないが（41Ⅰ）、上訴を提起するか否かは各自の判断に委ねるべきであるから、上訴不可分の原則の適用はなく、41条3項はそれを前提としている。

（3）　確定判決の効力

判決は、不服申立ての可能性が尽き確定すると、判決の内容である判断について、既判力・執行力・形成力を生じ、それによって紛争は解決する。

既判力とは、後述のように、前訴判断の蒸返しを禁ずる効力であり、形成力とは、法律関係の発生・変更・消滅といった法律関係の変動を生じさせる形成判決の効力である。

判決の執行力には、広義と狭義2つの意味がある。すなわち、民事訴訟は権利義務の存否について判断することにより、紛争を解決するものであるが、

裁判所の判断が示されても債務者が従わないときは、債権者は判決に基づき、債務者に対して民事執行法により強制執行し、債務者の財産を強制的に換価して支払わせることができる。これを狭義の執行力と言い、給付を命ずる給付判決に認められるものである。確認判決、形成判決には生じず、給付判決の主文で宣言された給付命令についてのみ生ずる。給付判決でも、反対給付を条件として給付が命じられている場合には、執行力が生ずるのは本来の給付部分に限られ、反対給付については生じない。

　これに対し、広義では、執行力とは、強制執行以外の方法により、国家機関に対し裁判の内容に適合する状態を実現する効力を意味し、法律により、一定の裁判がなされたときに国家機関が特定の取扱いをすべきことが定められている場合に生ずるものであり、判決それ自体の効力によるものではない。例えば、判決に基づいて当事者が戸籍簿の記載・訂正を申し立てたり（戸63・77・79・116）、登記の抹消・変更等を申請したり（不登27）、あるいは執行不許の判決に基づき執行機関に執行の停止・取消しを求める（民執39Ⅰ①・②・⑥・⑦・40Ⅰ）等である。また、所有権確認訴訟の勝訴判決により、未登記不動産につき所有権保存登記を申請する（不登74Ⅰ②）、認知判決に基づき戸籍簿の記載の変更を求める（戸63）等の場合のように、確認判決、形成判決にも認められる。

5　既判力

1　意義と根拠

　確定判決で示された判断は、その後の訴訟で基準となり、前訴で当事者だった者は、前訴確定判決の判断に矛盾した主張はできず、裁判所も、既判力に反した当事者の主張や証拠申出を取り上げることはできない（消極的作用）。裁判所は、前訴確定判決の判断に反する判断はできず、既判力の生じた判断を前提に後訴について裁判しなければならない（積極的作用）。この前訴判断内容の後訴に対する拘束力が既判力である。

　確定判決に既判力が生じ、紛争の蒸返しが封じられることにより、法的安定性が得られ、訴訟による紛争の解決が実効性を有することになる。紛争の解決

のためには、不服申立てが尽き、その訴訟手続の中ではもはや取り消される可能性がなくなった（形式的確定力の発生）判決には既判力を生じさせ、その判断内容が覆されないようにする必要性がある。そうでなければ紛争はいつまでも蒸し返され、終息しない。当事者としても、主張・立証の機会が与えられ、自ら追行した訴訟の結果としての判断であれば、たとえ納得できなくとも、さらに言えば、実は真実と判決とが食い違っていても、自己責任として引き受けさせても不当とは言えない。

　また、真の実体法状態とは異なる不当な判決であったとしても、確定すれば既判力が生じ、拘束されるのは何故なのかについては議論がある。判決内容どおりの和解契約がなされたと同様に考える（民 696）のは実体法説である。判決内容どおりに実体法状態を変えることを認めるものであるが、これに対しては既判力が当事者間にしか及ばない（115 I ①）ことと整合しないとの批判がある。実体法状態とは無関係に、裁判所の判断の統一という見地から認められた訴訟法上の効力であると考えるのは訴訟法説である。また、同じく訴訟法上の効力であると捉え、訴訟が私的紛争の公権的・強行的解決制度であることから、内在する紛争解決の一回性の要請、一事不再理の理念から導かれる効力であると説くのが新訴訟法説である。また、権利既存の観念を否定し、裁判を通して、抽象的な原被告間の法律関係が実在性を得て、判決によって具体的な権利関係として成立するのだと考えるのが権利実在説（具体的法規説）である。

2　既判力の作用

　既判力の対象となる私法上の権利義務関係は、新たな事由が生ずれば、変動（発生・変更・消滅）するものであるから、判決確定後もその可能性があり、前訴と後訴とが全くの同一事件であるという方が厳密には考え難い。よって、既判力は、後訴を不適法として却下するのではなく、判断内容に対する拘束力として作用する（積極的作用）。しかし、紛争が蒸し返されると、確定判決の実効性が損なわれ、また、相手方当事者にとっても、訴訟経済上も望ましくない。そこで、既判力の効果として、判断内容を争う攻撃防御方法を遮断し（消極的作用）、再審理の無駄を省いている。

　では、既判力はどのような場合に後訴に及ぶのか。第一に、後訴の訴訟物が前訴の訴訟物と同一の場合に作用する。例えば、ＸがＹを被告として提起した土地所有権確認訴訟で負け、請求棄却の判決が確定した後に、もう一度、同じ訴えを提起した場合、ＸがＹを被告として提起した貸金返還請求訴訟で勝ったが、今度はＹがＸを被告として同じ貸金債務の不存在確認請求の訴えを提起した場合等である。前者の訴訟上の請求はいずれもＹに対するＸの土地所有権の主張であり、後者の訴訟物はいずれもＸのＹに対する貸金返還請求権であり、訴訟上の請求（→第２章２）としては、前訴はＸがその存在を主張し、後訴はＹがその不存在を主張している。

　第二に、前訴の訴訟物が後訴請求の先決問題である場合に作用する。例えば、ＸがＹを被告として提起した土地所有権確認訴訟で勝ち、「Ｘの所有であることを確認する。」との判決が確定した後に、ＸがＹを被告として所有権に基づき地上建物の収去と土地の明渡しを請求する訴えを提起した場合、ＸがＹを被告として提起した土地所有権確認訴訟で負け、請求棄却の判決が確定した後に、ＸがＹを被告として所有権に基づき地上建物の収去と土地の明渡しを請求する訴えを提起した場合等である。訴訟上の請求は、前訴ではＹに対するＸの土地所有権の主張、後訴ではＹに対する土地の所有権に基づく返還請求権としての土地明渡請求権の主張である。

　第三に、後訴請求が前訴請求と矛盾する場合に作用する。例えば、ＸがＹを被告として提起した土地所有権確認訴訟で勝ち、「Ｘの所有であることを確認する。」との判決が確定した後に、ＹがＸを被告として土地がＹの所有であることの確認を請求する訴えを提起した場合である。訴訟上の請求は、前訴ではＹに対するＸの土地所有権の主張、後訴ではＸに対するＹの土地所有権の主張であり、Ｘの所有でなくても、Ｙの所有であることにはならず、訴訟物は異なるが、一物一権主義（同じ物のうえには互いに相容れない内容の物権は２個以上成立しない。）からすれば、この２つの主張は矛盾し、ともには認められない。また、同じく矛盾する場合の例としては、貸金返還請求訴訟で敗訴し、判決が確定し、被告がその貸金を取り立てられた後に、今度は前訴原告を被告として、「金は借りていなかった。」と主張し、取立金を不当利得であるとして

返還請求をした場合が挙げられる。訴訟上の請求は、前訴では X の Y に対する貸金返還請求権の主張であり、後訴では Y の X に対する不当利得返還請求権の主張であり異なるが、両者は両立しない。

3　既判力を有する裁判

　既判力は確定した終局判決に生ずる。中間判決には、言渡しにより自己拘束力が生じ、その判断に基づき後に終局判決が行われるが、既判力は生じない。

　本案判決については、確認判決（給付訴訟、形成訴訟における棄却判決も、それぞれ訴訟物である給付請求権、形成原因の不存在を確認する確認判決である。）と給付判決、形成判決いずれにも既判力が生ずる。形成判決については争いがあるが、形成力は権利変動を生じさせるが、権利変動の適法性、有効性を確定するものではないことから、形成の効果である権利変動について、やはり後に争いが蒸し返されるのを封ずる必要があるため、形成要件の確定に既判力が生ずるものと解する。

　訴訟判決についても既判力は認められると解される（最判平成 22.7.16 民集 64 巻 5 号 1450 頁、東京地判昭和 31.11.30 下民集 7 巻 11 号 3479 頁）。訴訟判決でも、例えば、訴えの利益なしとして却下された後に、基準時（→4）後の新たな事由なく原告が再び訴えを提起した場合に、訴えの利益について再審理しなければならないというのは妥当ではない。やはり同一紛争の蒸返しを封ずる必要性がある。既判力は、主文に包含するものに限り生ずる（114 I ）が、主文の判断には、訴訟物たる権利関係の存否についての判断、またはその申立ての適法性に関する判断があり、後者に生ずるのが訴訟判決の既判力である。しかし、本案判決についての既判力とは異なり、訴訟判決の既判力は、訴え却下の事由となった訴訟要件の判断のみに生ずる。後に訴訟要件を具備、補正すれば、同一の訴訟物につき再度訴えを提起することは可能となる。また、訴え提起行為の有効要件としての訴訟能力や代理権の欠缺については、既判力は働かず、再度訴えが提起された時点で、あらためてその有無を審理し直さなければならない。

4 既判力の基準時

（1）　基準時の意義

　私法上の権利関係は、時の経過とともに、変動（発生・変更・消滅）する可能性があるが、判決はある時点での判断であり、判決の基礎となる訴訟資料も、訴えに始まり審理が終結されるまでの一定の期間に得られたものである。裁判所は、事実審の口頭弁論終結時（基準時）までに収集した訴訟資料に基づいて訴訟物の当否を判断する。

　したがって、既判力も基準時の権利関係について生じる。基準時後に生じた事由（例えば、弁済等）は既判力に拘束されず、別途、これを主張する機会が保障される（民執35Ⅱ）。反対に、口頭弁論終結以前に存在している事実や証拠は、その終結時までに提出されなければならず、判決が確定した後は、当事者は提出することはできず（既判力の遮断効）、提出しても採用してもらえない。

　基準時は事実審の口頭弁論終結時である。控訴されずに第一審で確定したときは、第一審の口頭弁論終結時、控訴審あるいは上告審まで行ったときは、控訴審の口頭弁論終結時となる。上告審は法律審であるからである。上告審は、事実審が適法に確定した事実に拘束され（321Ⅰ）、職権調査事項以外の事実については審理せず（322）、実体について証拠調べが必要なら原審に差し戻す（325・326）。

（2）　基準時後の形成権の行使

　問題となるのは、基準時前に発生していた形成権（取消権、解除権、相殺権）の基準時後の行使である。例えば、売主が買主に対し土地の売買代金支払請求訴訟に勝訴し、判決が確定した後に、売買契約の際に売主に騙されていたことに気が付き、詐欺により買受けの意思表示を取り消し（民96）、売買代金債権は消滅したとして「強制執行は許さない」との判決を求めて請求異議の訴え（民執35）を提起した等である。

　形成権は、行使によってはじめて権利関係が変動することからすれば、形成権行使の意思表示のあった時点、すなわち、形成権行使の意思表示が到達（97）して、取消しの効果（売買代金債権の消滅）が生ずる時点を基準とすることが考えられる。しかし、形成権の事由自体は基準時前に存在していたのだから、基

準時前に行使しなければならなかったと考えれば、形成権の事由が発生した時
点、上記の例で言えば、契約成立時を基準として考えることになる。騙されて
いたことに気づいたのが判決確定後だったというような場合には、口頭弁論が
終結される前に行使しなければならなかったというのは不合理に思われる。し
かし、錯誤の場合には、その効果は無効であることから、当然にその主張は遮
断されるのに、無効より瑕疵の軽度な取消しの場合には、基準時後の事由であ
るとして主張することができるというのは均衡を欠く。また、判決確定後に重
要な証拠がみつかったというような場合にも、既判力が生じて提出できなくな
るが、それとどこが異なるのかとも考える。

　判例は、同じ形成権でも、詐欺による取消権、白地手形補充権については、
行使することができたのに行使しなかったとして、既判力により遮断されると
し（最判昭和 55.10.23 民集 34 巻 5 号 747 頁、最判昭和 57.3.30 民集 36 巻 3 号 501 頁）、相殺
権や建物買取請求権については、既判力によってその主張は遮断されない（最
判昭和 40.4.2 民集 19 巻 3 号 539 頁、最判平成 7.12.15 民集 49 巻 10 号 3051 頁）と分けて考
えている。建物買取請求権につき、判例は、前訴確定判決によって確定された
訴訟物の発生原因に内在する瑕疵に基づく権利とは異なり、これとは別個の制
度目的及び原因に基づく権利であることを理由として挙げている。

　なお、不法行為に基づく損害賠償請求訴訟の判決確定後に、後遺症が判明し
た場合に、後遺症の発生を基準時後の事由であると解して認めるべきとの見解
があるが、後遺症の原因は、前訴の基準時前である事故発生時に存在している
という点で形成権行使の問題と共通する。だが、上記判例の考え方からして
も、前訴の訴訟物からの独立性を説明することはできず、基準時後の事由とし
て救済を図ることはできないと考える。

（3）　定期金賠償を命ずる確定判決の変更

　将来の逸失利益（介護費用、看護費用、休業・失業の補償等）については、事後、
継続的に必要とされるものであるから、事由が止み、それが不要となるまで、
定期的に賠償金を払わせることが合理的である（東京高判平成 15.7.29 判時 1838 号
69 頁参照）。定期金賠償を命ずる確定判決の変更を求める訴えの規定（117）は、
間接的にそれを認め、判決確定後の物価の急上昇、被害者の症状の変化等、口

頭弁論終結後の事情を考慮し、既判力の生じた判決内容につき事後的な修正を認めるものである。また、この訴えは、口頭弁論終結前に生じた損害についての定期金賠償に限られるので、継続的不法行為において将来の損害の定期金賠償を命ずる判決の場合には、請求異議の訴え（民執35）による。

　この変更は、既判力の基準時を動かすものではなく、基準時前の事由を主張できない点では変わりがない。また、前訴の審判対象について再度の審判を求めるものでもなく、不法行為や因果関係の存在等については前訴の判断に拘束され、損害額の算定部分のみを審判の対象とする特殊な訴えである。

　この訴えの性質について、通説は、確定した定期金賠償判決の効力を、訴え提起以降の部分について覆滅・解除するように求める訴えであり、訴訟法上の形成の訴えであると解する。また、前訴判決が全部認容であった場合に増額を求めるときは、増額部分については、争いはあるが給付訴訟として捉え、増額を認める判決が確定したときは、増額部分について既判力・執行力が生ずると解する。減額請求の場合には、減額部分についての既判力・執行力の排除を求める訴訟上の形成の訴えとしての性質と、減額部分については債務が存在しないことを確定する確認の訴えとしての性質を併せ持つとする。

5　既判力の客観的範囲

　既判力は、訴訟物についての判断にのみ生じ（114 I）、判決理由中の判断には生じない。例えば、YがXの土地上に建物を所有して同地を不法占拠しているとして、XがYに対し土地明渡請求権を主張して訴えを提起したが、Yは自分の土地であると争った。この訴訟の判決において、既判力が生ずるのは土地明渡請求権の存否の判断であって、土地の所有権がどちらにあるのかという判断には既判力は生じない。

　判決理由中の判断に既判力が及ばないのは、政策的な理由による。すなわち、判決理由中で判断される可能性のある攻撃防御方法はひとつではない。Yが土地を明け渡さずに済むための主張には、土地は自分のものであるとの主張のほかにも、借りているのだとの占有権原の主張や、そもそも自分は占有していない等も考えられる。もし、それらにすべてに既判力を生じさせるとすれ

ば、それらの点についても再度訴えを提起して争うことはできなくなるので、裁判所は、論理的な順序に従いひとつひとつ事実や争点の判断を固めていかなければならず、当事者もひとつひとつ徹底的に争っておく必要がある。それに対し、訴訟物の判断にのみ既判力が及ぶものとすれば、そもそも被告は占有していないとの事実が認定できれば、裁判所は、他の判断はせずとも請求を棄却し、審理を終結することができる。当事者にとっても、既判力が及ばないのであれば、訴訟物以外の事項については柔軟な対応が可能となる。また、理由中の判断についても既判力で蒸返しを遮断したいと考えるなら、原告は、所有権確認請求をも併合して訴えればよい（136）し、被告には、中間確認の訴え（145）により、所有権確認請求を追加するという方法もあることから不当ではないと考えられる。

　しかし、土地の所有権が争われ、その点について審理判断がなされたとしても、そこには既判力が及ばず、再度、裁判所の審理判断を仰ぐことができるというのは妥当であろうか。裁判所に紛争が持ち込まれ、審理判断がなされた事項であっても蒸返しが認められるということについては、紛争解決の一回性の要請から疑問が呈される。判決理由中の判断についても一定の要件のもとで後訴での拘束力を認める「争点効」理論が提唱された所以である。

　このように判決理由中の判断には既判力は及ばないが、相殺の抗弁は例外である。相殺の抗弁は、訴訟物とは別個独立の権利（自働債権）の存在を主張立証し、その存在が認められたときに、対当額で訴求債権を消滅させるものである。相殺のために主張した請求の成立または不成立の判断は、相殺をもって対抗した額について既判力を有する（114Ⅱ）。

　相殺の抗弁が成立または不成立の場合の既判力の内容は、通説によれば、次のようである。例えば、XがYに対し貸金500万円の返還を求め、Yが別口債権550万円で相殺の抗弁を出したが、相殺が成立せずに、Xの請求が全額認容された場合の既判力は、Xの500万円の貸金債権の存在（114Ⅰ）とYの反対債権の対抗部分500万円の不存在（114Ⅱ）に生ずる。また、相殺の成立により、Xの請求が棄却された場合の既判力は、Xの500万円の貸金債権の（消滅）不存在（114Ⅰ）とYの反対債権（自働債権）の対抗部分500万円の（消滅）不存在

（114Ⅱ）に生ずる。

　相殺の抗弁についても、判決理由中の判断であることから既判力が及ばないとすれば、相殺の抗弁が認められ、原告の請求が棄却された場合にも、被告は新たに訴えを起こし、前訴で相殺に供した反対債権を再請求できることになる。また、相殺の抗弁が認められずに原告の請求が全額認容された場合にも、被告は認められなかった反対債権を再請求できることになる。そのような結果は不合理であるので、相殺の抗弁については、判決理由中で判断されるものであるが、例外として、既判力が認められた。

　これに対し、例えば、弁済により消滅したとして原告の請求が棄却された場合には、原則どおり既判力は貸金債権の不存在の判断にのみ生じ（114Ⅰ）、原因なき弁済であったと主張して、被告が不当利得返還請求することは、既判力により妨げられない。

6　既判力の主観的範囲
（1）　当事者間のみの相対効

　既判力は当事者間にのみ及ぶのが原則である（115Ⅰ①）。民事訴訟が対象とするのは、当事者の私的利益をめぐる紛争であり、私的利益をめぐる紛争においては、実際に訴訟を追行した当事者にのみ既判力を生じさせれば十分である。また、我が国の民事訴訟が当事者の意思を尊重する仕組み（処分権主義、弁論主義）となっていることからすれば、訴訟に関与せず、手続保障も与えられない第三者に審理の結果である判決の効力を及ぼすことは、その者の利益を害するおそれがあり不当であるからである。したがって、例えば、XY間における甲土地の所有権確認請求訴訟でX勝訴の判決が確定したが、隣人Zが争い、別途、Xに対する訴訟を提起したとしても、前訴判決の既判力に抵触するものではない。訴訟上の請求（訴訟物）は、前訴はYに対するXの土地所有権の主張（その土地についてのXの所有権）であり、後訴は、Xに対するZの土地所有権の主張（その土地についてのZの所有権）であり、実体法上の一物一権主義を前提にするとXの所有権とZの所有権は両立せず、矛盾する関係にある。しかし、「Xが甲土地の所有権を有する。」との既判力は前訴当事者であるXYの

みを拘束する。隣人ＺはＸの所有権を争うことができる。同じように、甲土地をＺがＸとＹに二重売買し、Ｘが登記請求訴訟を提起し、勝訴判決を得て確定し、判決による登記（不登63Ⅰ）を得た後、Ｙがその判決効を否定し、登記の効力を争うことも既判力には抵触しない。訴訟上の請求は、前訴は、Ｚに対するＸの移転登記請求権の主張であり、後訴は、Ｘに対するＹの「真正な登記名義の回復を原因とする抹消に代わる所有権移転登記請求」権の主張であって、矛盾する関係にある。しかし、前訴判決の効力は当事者であるＸＺのみを拘束し、Ｙは争うことができる。ただし、実体法上の理由でＹの請求が棄却されることは別問題である。

　例外として、形成判決には対世効（人訴24Ⅰ、会社838）が認められるが、立法において、最も利害関係のある者を当事者とし（人訴12）、あるいは職権探知主義を採り（人訴20）、また、請求棄却のときは対世効を認めない（会社838）等として、第三者の手続保障に配慮し、その利益保護を図っている。

　また、当事者のみにしか効力が及ばないのでは、紛争解決の実効性が著しく削がれる場合がある。そのため、以下のように、例外として、訴訟に関与しない第三者にも判決の効力を及ぼすことが認められる。

（2）　第三者の訴訟担当の場合の利益帰属主体である本人

　訴訟担当の場合には、担当者の受けた判決の効力は、訴訟物たる権利義務の帰属主体である被担当者、本人にも及ぶ（115Ⅰ②）。被担当者に既判力が及ばないとすれば、担当者に勝訴しても、被担当者に再度訴えを提起され、紛争が蒸し返されるのを防止するために既判力の拡張の必要性があり、また、法律の規定により、あるいは担当者の授権により、担当者に当事者として訴訟追行権限が委ねられているのであるから、被担当者の手続保障に適切な代行が見込まれるとして、被担当者へ判決効が及ぶことも正当化される。

（3）　口頭弁論終結後の承継人

　既判力の基準時後（事実審の口頭弁論終結後）の承継人にも判決の効力は及ぶ（115Ⅰ③）。死亡による包括承継の場合も、特定承継の場合も、いずれも基準時後の承継であれば承継人は判決効を受ける。また、承継の原因は、売買等当事者間の法律行為であると、競売等の国家行為であると、法律の規定（民254等）

であるとを問わない。この場合、前訴における承継人の手続保障を考える必要はない。前訴当時にはまだ何らの利害関係も有しておらず、承継人が受け継いだのは、前訴判決により確定された内容の権利であると考えられるからである。

　承継人の範囲、何を承継した場合に承継人として判決の効力が及ぶのかについては、既判力の拡張を認めないと前訴が無駄となり不当であると考えられるような場合、前訴判決結果の潜脱を招くと考えられるような場合に認めるべきである。よって、訴訟物たる権利義務関係そのものだけでなく、占有の承継人や係争物の譲受人のように、訴訟物から派生する権利義務関係を承継する者にも既判力の拡張は認められ（最判昭和26.4.13民集5巻5号242頁）、承継人の善意悪意も問わないと解されている。また、旧訴訟物理論によっても、訴訟物が物権的請求権であるか債権的請求権であるかを問わず、既判力の拡張は認められる（大決昭和5.4.24民集9巻6号415頁、最判昭和26.4.13民集5巻5号242頁）。

　そして、口頭弁論終結後の承継人に既判力が拡張されることの根拠については議論がある。当事者適格を承継したことを根拠とする見解（適格承継説）は、当事者適格の承継により、被承継人の追行した訴訟の結果である既判力を引き受けるものと考える。この見解によれば、訴訟係属中の承継人についても、訴訟係属中に当事者適格を承継したことにより、「生成中の既判力」である被承継人の訴訟状態を引き継ぐものと統一的に説明される。しかし、訴訟追行権を有すべき者を選び出すための基準と、前訴当事者の訴訟追行の結果を引き受けなければならない者は誰かと考えるにあたっての基準とは異なるであろう。後者の見地からすれば、訴訟物に関連する実体法上の地位を承継した者に既判力は拡張される（依存関係説または従属関係説）と考えるのが妥当であろう。

　だが第三者が固有の攻撃防御方法を（民94Ⅱ・177・192等）有する場合に既判力が拡張されるか否かについては、判例は、この場合には口頭弁論終結後の承継人にはあたらず、固有の事由を主張できるとする（最判昭和41.6.2裁判集民83号675頁）。学説も、実質説と形式説の争いがあり、実質説は、固有の防御方法の有無をまず審理し、否定される場合に、口頭弁論終結後の承継人にあたると考えた。これに対し、形式説は、固有の攻撃防御方法の有無を問わずに承継人

として既判力の拘束を受けるとする。しかし、形式説のように、口頭弁論終結後の承継人にあたり、既判力の拡張を受けると解したとしても、前訴の基準時後に生じた固有の事由の主張は、既判力に抵触するものではないから妨げられない。実質説と形式説との議論に意味があるのかとの批判もあるが、実質説が承継人にあたらないとする結果、前訴判決で確定された権利義務自体を争えるということになるなら不当であろう。

（4）　請求の目的物の所持者

当事者、訴訟担当の被担当者またはこれらの者の口頭弁論終結後の承継人のために請求の目的物を所持する者にも既判力は及ぶ（115 I ④）。訴訟物に対し利害関係がなく、目的物の占有につき自己固有の利益を有しない者には手続保障を受ける権利も認める必要がないからである。例としては、不動産の明渡請求における不動産の管理人、寄託契約等における受寄者、当事者との同居人等が挙げられる。賃借人や質権者のように、自己固有の利益のために所持する者はここに言う所持者には含まれないし、また、無能力者の法定代理人、法人の機関、雇人は単なる所持機関にすぎないから、所持するのは本人にほかならず、やはりここに言う所持者ではない。しかし、雇人等も、本人の事実上の支配を離れた場所で所持するときは所持者である。

⑥　当事者の意思による訴訟の終了

訴えを起こした場合には、必ず裁判所の判決により決着をみなければならないわけではなく、当事者は自らの意思により訴訟を終了させることができる（処分権主義）。訴えの取下げ、請求の放棄・認諾、訴訟上の和解は、判決によることなく当事者の自主的な行為により訴訟を終了させる行為類型である。

1　訴えの取下げ
（1）　意　義

訴えの取下げとは、訴えによる審理・判決の申立てを撤回する意思を裁判所に対し表示する、原告が単独で行う訴訟行為である。訴えの取下げにより、訴

訟は最初から係属していなかったものとみなされ（262 I）、原則としては、その後同一の請求について再び訴えを提起することもできることになる。

（2）要　件

　訴えの取下げは、訴えの一部についてすることもできる（261 I）。だが、固有必要的共同訴訟の場合には、共同原告の一部による訴えの取下げ（最判昭和46.10.7 民集 25 巻 7 号 885 頁）も、共同被告の一部に対する訴えの取下げ（最判平成6.1.25 民集 48 巻 1 号 41 頁）も、その効力を生じないと解される。また、請求の趣旨のみを数量的に減縮する場合を一部取下げとみるか、一部放棄とみるかについては議論がある。一部請求後の残額請求を認めない立場によれば、再訴を可とする取下げとみることはできないことになる。

　訴えの取下げは、訴訟が係属しなかったことになるだけなので、実体法上、当事者の自由な処分が許されない権利に関する訴えでもすることができる。また、不適法な訴えも取り下げることはできる。

　だが、訴えの取下げに条件を付することはできない（最判昭和 50.2.14 金法 754号 29 頁）。訴訟係属を不安定にすることが理由とされる。

　訴えの提起後判決が確定するまではいつでも訴えは取り下げることができる（261 I）。終局判決の言渡し後でも、上訴審に係属後でも可能である。だが、相手方が本案について準備書面を提出し、弁論準備手続において申述し、口頭弁論をした後の取下げには、相手方の同意を要する（261 II）。ただし、相手方が訴えの却下を求め、予備的に本案について弁論している場合には、第一次的には本案判決をすべきでないと主張していることから、その同意なくして訴えを取り下げることができると解される。また、反訴の取下げの場合には、本訴が取り下げられた後は、原告の同意を要しない。既に係属中の訴訟を利用して、本訴の請求・防御と関連する限度で提起された反訴を取り下げるのに、本訴を取り下げた原告の同意を要するとするのは妥当ではないからである。

　同意を要する場合には、同意により訴えの取下げの効力が生じる。また、同意の拒絶により取下げは効力を生じないことが確定的になり、その後同意をしても取下げの効力は生じない（最判昭和 37.4.6 民集 16 巻 4 号 686 頁）。訴訟係属を不安定にしないためであり、同様の理由から、取下げに対する同意に条件を付

すことは認められないし、同意の有無が明らかにならないと訴えの取下げの効力も不確定のままとなることから、法定の期間内に異議を述べないときは、取下げに同意したものとみなされる（261Ⅵ）。なお、同意の拒絶は黙示でもよい。

（3）　方　式

訴訟の終了という重要な効果をもたらす行為であるため、書面による。ただし、口頭弁論等の期日（261Ⅳ）、進行協議期日（規95Ⅱ）で行うときは口頭でもよい。訴えの提起と異なり内容が複雑でないため、書記官により作成される調書で明確化することで足りると考えられるからである。調書は、相手方欠席のときは謄本を送達しなければならない（261Ⅴ）。

（4）　効　果

訴えの取下げにより、訴訟係属は遡及的に消滅し（262Ⅰ）、取下げ前になされた訴訟行為はすべてなかったことになる。取下げ前になされた終局判決も失効するから、仮執行宣言により債権者が強制執行をするときは、債務者は執行文付与に対する異議（民執32）を申し立てることができ、また、裁判所書記官に訴え取下げの証明書の交付を請求し（91Ⅲ）、証明書を提出して、強制執行の停止と執行処分の取消しを求めることができる（民執39Ⅰ③・40Ⅰ）。

訴訟の係属を前提とする補助参加や訴訟告知等はなかったことになるが、反訴（146）や独立当事者参加（47）等は、訴えの取下げの影響を受けない。また、反訴と本訴とは、同一の訴訟手続で審理・判決され、争点整理も弁論も証拠調べも共通に行われるものであるので、本訴取下げ後も反訴が係属しているときは、本訴についてなされた訴訟行為は、反訴の審判との関係では効力を失わない。類似必要的共同訴訟において、共同訴訟人の1人が訴えを取り下げた場合にも、その者の訴訟行為を他の共同訴訟人が援用するときは、効力は失われない。また、訴訟行為としての効力は失われても、行為の事実とその記録は消えないので、それら記録を例えば他の訴訟で書証として利用することはできる。

訴えの取下げがあったにもかかわらず、看過されて判決がなされた場合には、判決は無効とはならず（大判大正14.6.4民集4巻317頁）、取下げの有効を主張して上訴することができ、上訴審は原判決を取り消し、取下げにより訴訟が終了したことを主文で宣言すべきであると解される。

訴訟行為に基づく実体法上の効果については、訴え提起による時効の完成猶予の効果は訴訟終了の時から6か月を経過するまでとなり（民147Ⅰ）、出訴期間等（民201・747Ⅱ・777、会社828・831、342、行訴14Ⅰ）遵守の効果は遡及的に消滅する。

　本案について終局判決があった後に訴えを取り下げた者は、同一の訴えを提起することができない（262Ⅱ　再訴の禁止）。だが、当事者と訴訟物が同一であっても、再訴の提起を正当ならしめる新たな利益または必要性があるときには、認められる。また、再訴を禁止することは、請求の放棄と同様の結果になるので、婚姻無効の訴え、親子関係確認の訴え等の人事訴訟のように、請求の放棄のできない請求について再訴の禁止の規定の適用があるか否かについては議論がある。

　訴えの取下げの効力が争われるときは、訴訟の係属が争われていることから、期日指定の申立てにより、当該訴訟手続の中で解決する。審理の結果、有効であると認められるときは、訴訟終了宣言判決をする。無効であるとするときは、中間判決、あるいは審理を続行し終局判決の理由中でその旨を明らかにする。

2　請求の放棄・認諾

（1）意　義

　請求の放棄とは、原告が訴訟上の請求である権利主張の当否の審判の申立てを維持しながら、その請求について自らこれを否定する（理由がないことを認める。）意思表示であり、請求の認諾とは、自分に対する訴訟上の請求である権利主張に理由があることを認める意思表示であり、いずれも裁判所に対し単独で行われる訴訟行為である。

（2）要　件

　放棄・認諾は、判決確定前であれば、いつでも、どの審級でもすることができ、放棄・認諾前の判決は、放棄・認諾のなされた限度で当然に失効する（大判昭和12.12.24民集16巻2045頁、大判昭和14.4.7民集18巻319頁）。

　請求の放棄・認諾は、訴訟物について処分する結果をもたらすものであるか

ら、訴訟物は、法律上当事者が自由に処分することができるものでなければならない。また、その請求が強行法規に反しないことを要する。身分関係に関わる人事訴訟では、原則として、請求の放棄・認諾はできない（人訴19Ⅱ）が、離婚訴訟や離縁訴訟では、協議離婚（民763）も協議離縁（民811）も認められていることから、請求の放棄はすることができ、また、認諾についても附帯処分等の裁判を要しない場合に限りすることができる（人訴37Ⅰ・44）。

　請求の放棄・認諾は、一方のみの意思表示によるものであるから、無条件に確定的になされるものでなければならない。「請求は認めるが相殺する。」とか、「請求は認めるが反対給付と引換えでなければ弁済しない。」といった陳述は、認諾として認められない。その効力は一義的で明確でなければならない。

　訴訟要件の具備を要するか否かについては議論がある。認容または棄却の判決と同一の効力を有するとされることからすれば、必要であると考えられる。当事者の意思に基づくもので判決とは異なるのだということを理由として不要とする見解もある。また、個々の訴訟要件の趣旨により分けて考える見解もある。

（3）　方　式

　訴えの取下げは書面によるのが原則である（261Ⅲ）が、請求の放棄・認諾は、口頭弁論等の期日における口頭の陳述による（266Ⅰ）。また、請求の放棄・認諾をする旨の書面の提出により、口頭弁論等の期日に欠席しても、その旨の陳述をしたものとみなすことができる（266Ⅱ）。

　なお、原告の放棄と被告の認諾とがともになされた場合には、認諾を認めるべきである。原告の放棄により、当該訴訟では被告は勝訴したとしても、訴訟物を異にする別訴では被告の不利に働く場合がある（既判力を認めないとしても事実上の影響力が及び得る。）のだから、訴訟に巻き込まれた被告の判断を優先すべききと考える。

（4）　効　果

　請求の放棄・認諾は調書に記載されると、その記載は確定判決と同一の効力を有する（267Ⅰ）。訴訟は終了し、給付訴訟における認諾調書には執行力（民執22⑦）、形成訴訟における認諾調書には形成力が生ずる。

　既判力については議論があるが、通説は既判力も認める。大審院の判例にも既判力を認めたものがある（大判昭和 19.3.14 民集 23 巻 155 頁）。だが、下級審判決においては、認諾の無効による請求異議の訴えを認め（東京高判昭和 41.10.13 下民集 17 巻 9〜10 号 962 頁）、請求の放棄・認諾の無効の場合には、期日指定の申立てにより手続の続行を求めることができるとしている（東京高決昭和 42.4.21 下民集 18 巻 3〜4 号 407 頁）。判決と異なり、放棄・認諾の成立過程は裁判所が必ずしも知り得ず、また、放棄・認諾は当事者の意思に基づくものであり、処分行為と同じ結果をもたらすことから、意思表示の瑕疵については再審によらずとも無効を主張し得ると考える。

3　訴訟上の和解

（1）意　義

　訴訟上の和解とは、訴訟の係属中に、裁判官の関与の下に、当事者双方が、一定の法律関係について互いに譲歩し、訴訟を終了させる旨の期日における合意を言う。

（2）方　式

　訴訟上の和解は、両当事者の最終意思確認のため、和解期日に当事者双方が口頭で陳述することによるのが原則である。

　しかし、当事者間で合意が成立していても、当事者が裁判所から遠隔地に居住している等の理由により、和解を成立させることができないのは不合理であり、また、合意が調っているのであれば、成立のためだけに出向かせる必要はないのではないかということから、和解条項案の書面による受諾の制度（264）が設けられた。この制度によれば、遠隔地に居住する等の理由により、出頭が困難な場合には、あらかじめ裁判所等から提示された和解条項案を受諾する旨の書面を提出し、相手方当事者が、口頭弁論に出頭し、その条項案を受諾したときは、和解が成立したものとみなされ、書記官は調書に記載する（規 163 Ⅲ）。

　また、当事者間で互いの条件を擦り合わせることはできないが、当事者双方とも、裁判所によって示される条件であれば納得するという場合もある。そのような場合には、和解条項に服する旨を記載した書面により（265 Ⅱ）、当事者

双方が共同で申立てをし、裁判所が事件の解決のために適当な和解条項を定め（265 I）、口頭弁論等の期日における告知その他相当と認める方法による（265 III）告知が当事者双方になされると、和解は成立したものとみなされ（265 V）、書記官は調書に記載する（規 164 II）。実質は仲裁に近いことから、裁判官仲裁とも呼ばれる。

（3）　要　件

　裁判所は、訴訟がいかなる程度にあるかを問わず、和解を試み、または、受命裁判官若しくは受託裁判官に和解を試みさせることができる（89）。

　和解は、訴訟物の一部を対象とすることができるが、その対象となる請求は特定できるものでなければならない。和解の成立した範囲で、訴訟は終了する。

　和解については、両者の意思に基づくものであるから、条件を付けることも認められる。だが、請求の放棄・認諾の場合と同様に、法律上当事者が自由に処分することができない場合にはできない。また、訴訟物の主張は強行法規に反しないことを要する。人事訴訟についても同様の規律である。

　訴訟要件の具備を要するかについては、議論がある。起訴前の和解（→(6)）にも和解調書の効力が認められることから必ずしも必要ではないと解されるが、当事者の合意に基づくものであることから、訴訟上の和解の有効要件として、訴訟能力、法定代理人や訴訟代理人の代理権等は必要であると解される。

（4）　法的性質

　和解の法的性質については、議論がある。期日に当事者双方が当事者間でなされた合意を裁判所に示す訴訟行為であって、私法上の無効原因により和解は無効とならないとするのは訴訟行為説である。訴訟の期日に締結される私法上の和解契約（民 695・696）であり、訴訟の終了は和解によって紛争が消滅したことに伴う当然の結果であり、裁判所の調書は和解内容を公証するものにすぎず、私法上の無効原因があれば和解も無効であるとするのは私法行為説である。訴訟を終了させる訴訟行為と私法上の和解契約とが併存するとし、無効原因については私法上の無効原因には実体法、訴訟行為としての無効原因には訴訟法、それぞれ別々に規律され、一方の無効は他方に影響を及ぼさないとする

併存説、行為はひとつだが私法行為と訴訟行為の二重の性質を有し、どちらの無効原因も他方に影響を及ぼすとする両性説等がある。

しかし、訴訟行為説によっても、私法上の意思表示の瑕疵に関する規定が適用されると解する場合や、併存説によっても、私法上の合意と訴訟法上の合意は無関係ではなく、一方の有効性が他方の有効性の前提となっていると解する場合には、結論の差異は生まれず、性質論から当然に導かれるわけではない。

（5）　効　果

和解内容が調書に記載されると訴訟は当然に終了する（訴訟終了効）。また、調書に記載されると、その記載は確定判決と同一の効力を有する（267 I）。訴訟は終了し、給付義務の記載には執行力（民執22⑦）が生じ、離婚訴訟で離婚の合意が成立した場合等、形成判決と同じ内容の和解条項には形成力も生ずる。

既判力についても議論がある。性質論との関係で言えば、訴訟行為説は既判力肯定に、私法行為説は否定に結びつくように思えるが、訴訟行為説によっても、裁判と和解との本質的な差異を強調して既判力を否定する見解もあり、論理必然的な関係があるわけではない。

和解は当事者間の合意、双方の意思に基づくものであることから、意思表示に瑕疵がある場合に無効や取消しの主張を認めないのかということが問題となるのだが、訴訟上の和解に既判力が認められるとすれば、その効果によって、和解の範囲に抵触する判断は許されず、無効の主張はできなくなる。

既判力を肯定する見解は、267条の文言どおり、既判力についても確定判決と同一の効力を認めるものである。訴訟上の和解も、裁判所の関与の下に行われる点で請求の放棄・認諾と異なるとする。これに対し、否定する見解は、裁判所の関与の程度は一様ではないと反駁し、判決とは異なり、当事者の意思による自治的解決であるため既判力に馴染まないこと、和解条項は訴訟物以外の事項も含み得るので、既判力の範囲が明らかではないことから認めるべきではなく、また、既判力は有さずとも、実体法上の合意の存在により、実体法上の効果（民696）が主張できるのであるから、紛争解決機能としては十分であるとする。判例は、既判力を認める（最大判昭和33.3.5民集12巻3号381頁）が、また、

和解に意思表示の瑕疵がある場合には無効となることを認めている（最判昭和 33.6.14 民集 12 巻 9 号 1492 頁）。学説上も、制限的既判力説は、意思表示に瑕疵なきときに限り既判力を認めるが、既判力とは、その内容が有効か正当かを問わずに、拘束力を認めるものであるから、意思表示の有効性の審理を要するとするのは既判力の考え方には適わないとの批判がある。

既判力肯定説は、確定判決の場合と同様に再審事由ある場合に限り再審によってのみ既判力は覆滅するのだとする。これに対し、否定説、制限的既判力説は、意思表示の瑕疵等、実体法上の瑕疵による無効の主張を認め、その場合には訴訟終了原因が存在しないことになるので、訴訟の係属を前提として期日指定の申立てをすることが考えられる（大決昭和 6.4.22 民集 10 巻 380 頁）。そして、審理の結果、無効原因が認められれば、審理を続行することになり、認められなければ判決で訴訟終了宣言をする。また、和解無効確認の訴え、請求異議の訴え（民執 35）によることも考えられる（大判大正 14.4.24 民集 4 巻 195 頁、大判昭和 14.8.12 民集 18 巻 903 頁）。どのような方法によるかであるが、判例・実務はいずれも認めている。

（6）　訴え提起前の和解

訴え提起前の和解（275）とは、即決和解とも呼ばれ、訴訟開始前に当事者双方が簡易裁判所に出頭して行う。金銭、その代替物、有価証券以外の給付を目的とする請求については執行証書（公正証書）は債務名義と認められていないことから、簡易な債務名義作成の手段として利用されている。訴訟上の和解も訴え提起前の和解も処分権主義に基づくものであるが、訴訟上の和解は訴訟を終了させるものであるが、訴え提起前の和解は訴訟係属前に訴訟を予防するためにされる和解であるとされる。

訴え提起前の和解の調書にも確定判決と同様の効力がある（275Ⅳ・267Ⅰ）。

第11章 上　　訴

① 不服申立ての意義

　当事者間で解決がつかずに裁判所に持ち込まれた以上、判決が下されたならば当事者はその判断に従い紛争を終結させることが望ましいが、ここまでにみたような訴訟の仕組みからして、その原因が当事者にあるか裁判所にあるかを問わず、裁判結果が真実とは異なると納得がいかない場合に、当事者に不服申立ては認められるのか。どのような場合に認められるのか。

　迅速を重んずれば、裁判外の他の民事紛争解決制度のように一審限りとし、不服申立ては認めないといった制度も考えられよう。しかし、適正な裁判を保障し、当事者の権利を実現するとともに国民の司法に対する信頼を確保することを目的として、我が国の民事訴訟は三審制をとり、事実認定については1回（控訴）、法適用については2回（控訴と上告）の再審理の機会を認め、さらに極めて限定された要件の下、確定した裁判に対する不服申立てとして再審制度が設けられている。

　では、どのような場合に、どのような範囲で不服申立ては認められるのか。非常の救済手段として位置づけられる再審制度のみならず、控訴、上告等についても、無限定に再審理が認められる仕組みとはされていない。再審理の機会があるゆえに第一審に真剣に取り組まないということになれば、それに付き合わされる相手方にとっても、国民の納税による国家機関たる裁判所にとっても不利益となる。また、確定した判決が容易に覆るなら、その判決を基に築かれた関係もまた足場を失い、人々の生活や経済の安定も揺らぐこととなる。適正、迅速、公平、訴訟経済といった裁判の理想のバランスがここでも求められることになる。

②　上訴総論

1　上訴の意義と種類

　上級裁判所に対し、未確定の裁判の取消し・変更を求める不服申立てを上訴と言う。再審が確定した裁判に対する不服申立てであり、異議（357・367Ⅱ・378）が裁判をした裁判所自身に対する不服申立てであるのと異なる。

　また、上訴には、原審の裁判の形式に応じ、判決に対する上訴である控訴・上告・特別上告（327）と、決定・命令に対する上訴である抗告・再抗告・許可抗告（337）・特別抗告（336）の別がある。しかし、判決で裁判しなければならないのに誤って決定・命令をしたなど、裁判機関が本来すべき裁判とは異なった形式の裁判（違式の裁判）をした場合には、原審の採った方式に応じて上訴をすればよい（328Ⅱ）。裁判所が違えた判断を当事者に正しくするよう求めるのは不合理だからである。ただし、その審判の範囲は本来すべきであった裁判の不服申立事由に限られる（最判平成 7.2.23 裁判集民 174 号 319 頁）。

　ここでは、控訴と上告を扱うが、上告には特別の定めがある場合（314〜317・319・323〜326、規 197・201・202 等）を除き、控訴の規定が準用されている（313、規 186）。

2　上訴の要件

（1）　上訴の要件

　上訴は、①原裁判が不服申立てのできる裁判であり、その裁判に適した上訴であること、②法定の期間・方式に従い有効に提起されたものであること、③上訴人が上訴の利益を有すること、④不上訴の合意ないし上訴権の放棄がないこと、を要し、これらの要件を欠くときは、上訴は不適法として却下される。

（2）　上訴の利益

　上訴は、原判決に対し不服を主張する利益がなければならない。この不服の利益は、判例・通説である形式的不服説によれば、原審における申立てで求めたものに比べ、判決の主文で与えられたものが小さい場合に認められ、判決の効力の及ぶ事項を基準として判断され、判決理由中の判断に不服があっても不

服の利益はないとされる（最判昭和31.4.3民集10巻4号297頁）。よって、第一審における申立てが全部認容された原告には上訴の利益は認められないことになるが、その理由は、審判の範囲を自ら設定し全部勝訴した原告に、実体法上さらに有利な判決を得るための不服申立てを認めることは、相手方や裁判所の負担を考えるならば妥当ではないと考えられるからである。

　また、申立てで求めたものより判決で与えられたものが小さいということは、その質においても問われ得る。例えば、訴え却下の判決が下された場合には、被告には、請求棄却判決（既判力ある紛争解決基準・実体的判断）を求めて上訴する利益があるとされる（最判昭和40.3.19民集19巻2号484頁）。これに対し、請求棄却の判決が下された場合には、訴え却下判決を求める被告の上訴は認められないとするのが通説である。

　しかし、形式的不服説によれば不服の利益が否定されるような場合にも、例外として認めた方が妥当な場合もある。例えば、①一部請求を全額認容する判決に対し請求の拡張を求めて原告が控訴した場合には、一部請求を否定する説、また、明示ある限りで肯定する判例理論において明示なき事案では、控訴の利益を認める（名古屋高金沢支判平成元.1.30判タ704号264頁。被告が相続人の1人であり、一審係属中に他の相続人の相続放棄により、原告の請求できる額が増えた結果、黙示の一部請求になった事案。）。この場合、請求されたのは一部であっても既判力は残部にも及び、残額については請求の機会が失われることとなるからである。なお、控訴審においても訴えの変更（請求の拡張）は認められるが、原則としては、訴えの変更によりさらに有利な判決を受けられることは控訴の利益とは認められない。訴えの変更は、控訴の利益の存在も含め、控訴が適法であることを前提として認められるものであり（大判大正10.3.11民録27輯514頁）、訴えを変更することのみを目的とした控訴の利益は認められない。しかし、例外として、①の場合のように、別訴ではその請求ができなくなる場合（人訴25、民執34Ⅱ・35Ⅲ）には、認めるべきと考えられる。

　②相殺の抗弁を認めた請求棄却判決に対し、訴求債権の不成立等相殺以外の事由による請求棄却を求めて控訴した被告にも控訴の利益が肯定される。形式的不服説によれば、相殺の抗弁についての判断は判決理由中の判断であり、請

求棄却を求めて請求棄却の結果となっているのであるから、控訴の利益は否定されるようにも思われる。しかし、その判断には判決理由中の判断ではあるが既判力も認められ（114Ⅱ）、被告は自動債権を失うことになり、実質的には敗訴であることから例外として控訴の利益は認められると考えられる。また、③控訴を認容して一審へ差し戻す控訴審判決に対し、取消理由となった判断を争うための控訴人の上告の利益（最判昭和45.1.22民集24巻1号1頁）も認められる。やはり、理由中の判断であるが、「上級審の裁判所の裁判における判断は、その事件について下級審の裁判所を拘束する。」との規定（裁4）により、上告を不可とするとその判断を争う機会を失うためである。

（3） 上訴権の放棄と不上訴の合意

終局判決言渡しにより上訴権が発生した後に、これを行使しない意思を裁判所に対し表示する、当事者の一方が単独で行う訴訟行為が上訴権の放棄（284、規173Ⅰ）であり、原判決が確定する結果、訴訟が無駄になるといったこともないため、相手方の同意も要しない。控訴の提起後であっても、その取下げとともに行うことができる（規173Ⅱ）。上訴権の放棄は職権調査事項である。

両当事者の上訴しない旨の合意については、終局判決言渡し前であっても認められ、その場合には判決は言渡しとともに確定するが、言渡し後の合意の場合は、判決は合意の成立と同時に確定し、その実質は上訴権の放棄である。281条1項但書は、第一審終局判決言渡し後、上告権を留保した控訴権のみの放棄の合意（飛越上告の合意）について定めているが、終局判決の前後を問わない控訴権、上告権ともに発生させない不控訴の合意も認められる。飛越上告の合意は、事実関係に争いがなく、法の解釈適用のみに争いがある場合に、事実審のみを省略する合意であり、このような合意を281条1項は明文で認めるものであるが、仲裁契約同様に第一審のみでの解決を望むのであれば、不控訴の合意も認めてよい。

（4） 附帯上訴

附帯上訴については以上のことはあてはまらない。上訴人の上訴を契機に、原判決を自己のためにも有利に取消しまたは変更するよう主張して、その当否の審判を求める申立てを附帯上訴（293Ⅰ）と言う。後に述べる不利益変更禁止

の原則により、上訴審では被上訴人に有利に原判決が変更されることはなく、公平を欠くことから認められた被上訴人のための攻撃的申立てであり、上訴権を放棄・喪失していても認められるし（293Ⅰ）、既に上訴審は開始されていることから不服の利益も要さず、全部勝訴していても請求の拡張のために行うことも可能である。しかし、独立の上訴ではないことから、上訴人により開始された上訴審手続を利用するにすぎず、相手方の同意を要さずに認められる上訴の取下げ（292Ⅱ・262）や却下により効力を失う。ただし、上訴権のある間に、上訴の認められる範囲の事項について申し立てられた場合には、独立した上訴として扱われる（293Ⅱ）。

3 上訴の当事者

　原審の当事者が上訴権を有するのであるが、終局判決言渡し後に、当事者が死亡するなどして当事者の承継人として受継の決定（128Ⅱ）を受けた者は、新当事者として上訴人または被上訴人となることができる。

　独立当事者参加（47）、共同訴訟参加（52）できる者も、控訴人として参加とともに控訴を提起でき、訴訟の目的となっている権利・係争物の譲渡（特定承継）があった場合にも、参加の申出（47Ⅰ）とともに譲受人は控訴人となることができる。同様に、訴訟係属中に相手方から訴訟の目的である義務等を承継した第三者に対し、訴訟引受けの申立て（50）とともに、これを被控訴人とする控訴をすることもできる。上告については、法律審であることから、参加承継については議論のあるところであり、引受申立てについては事実審の口頭弁論終結後は許されないとされる（最決昭和37.10.12民集16巻10号2128頁）。

　また、補助参加人は、被参加人が不上訴の合意または上訴権放棄をしない限り（45Ⅱ）、上訴の提起もでき（45Ⅰ）、上訴の提起とともに参加申出をすることもできる（43Ⅱ）。だが、自らが上訴人または被上訴人になるわけではない。

　必要的共同訴訟の1人が適法に上訴すれば、全員について上訴があったものと扱われるが（40Ⅰ）、類似必要的共同訴訟において、上訴しなかった者が上訴人の地位につくのか否かについては議論がある。否定する見解は、上訴した当事者は上訴しない他の共同訴訟人に代わってその請求についての訴訟追行権限

を行使するのだと解する。判例は、類似必要的共同訴訟の一類型である住民訴訟（最大判平成 9.4.2 民集 51 巻 4 号 1673 頁）、株主代表訴訟（最判平成 12.7.7 民集 54 巻 6 号 1767 頁）において、上訴人とならないとした。（⇔同じく類似必要的共同訴訟であると解される数人の提起する養子縁組無効訴訟については、共同原告の 1 人の上訴で他の共同訴訟原告も上訴人となることを前提とする判例もある（最決平成 23.2.17 家月 63 巻 9 号 57 頁））。

　独立当事者参加訴訟の当事者の 1 人が他の当事者の 1 人に対してのみ上訴した場合の残りの当事者の地位については、40 条 1 項の準用により上訴人となるとする説（大判昭和 15.12.24 民集 19 巻 2402 頁）と 2 項の準用により被上訴人となるとする説（最判昭和 50.3.13 民集 29 巻 3 号 233 頁。多数説）がある。

4　上訴審の審判の対象

　上訴審においては、訴訟物は、不服の主張の内容をなすが、それ自体が直接審判の対象となるのではなく、原裁判に誤りがあると主張し、その取消し・変更を求める上訴人の不服申立てに理由があるのか否かにつき審理・判断されることになる（通説）。上訴審においても処分権主義により、審判の範囲は当事者の上訴または附帯上訴による不服申立ての範囲に限られ、控訴審における口頭弁論も当事者が取消し・変更を求める限度においてのみ行われる（296 I・320）。原判決の取消し（破棄）・変更ができるのは、不服申立ての範囲内に限られる（304）。不服の範囲を超えて自己に有利に原判決を変更されることはなく（利益変更禁止の原則）、また、附帯上訴のない限り、自己に不利益に変更されることもない（不利益変更禁止の原則）。例えば、貸金 1000 万円の返還請求訴訟を提起し 600 万円の認容判決を得た原告のみが、認容されなかった 400 万円のうち 300 万円につき控訴を提起した場合に、控訴審は 1000 万円であるとの心証を得ても 900 万円支払えとの判決しかできないし、また、500 万円しかなかったのだとの心証でも原判決の 600 万円を下回る変更をすることはできず、控訴は棄却されるに止まることとなる。

5 上訴の効果

上訴が提起されると判決の確定が遮断され（116Ⅱ）、上訴審への移審の効力が生じ、この確定遮断と移審の効力は、不服申立てのあった部分のみでなく原判決全体に及ぶ（上訴不可分の原則）。よって、4で述べたように、審判の対象となるのは不服申立てのあった範囲に限られるものの、上訴人が上訴審で不服申立ての範囲を拡張することが可能となり、被上訴人も附帯控訴によって自己の有利に審理の範囲を拡張することができることとなる。また、不服申立てなき部分も確定しないこととなるが、仮執行宣言は可能である（294・323）。しかし、請求の主観的併合における通常共同訴訟の場合には、共同訴訟人独立の原則（39）により上訴不可分の原則の適用はない。

6 上訴の取下げ

上訴は終局判決があるまで、取り下げることができる。取下げが適法になされると、訴訟は最初から上訴審に係属しなかったものとみなされ、上訴審手続は終了する（292・262Ⅰ）。上訴の取下げは、上訴権の放棄とは異なり上訴権を失わず、再び控訴することを妨げないが、上訴期間の経過により、あるいは期間経過後の取下げであれば期間の満了とともに原判決は確定することになる。上訴の取下げが終局判決前に限られるのは、このように取下げにより原判決が確定することになるため、上訴審判決をみて、原判決の方が有利であると取り下げるといったことを認めるべきではないからである。また、原判決が確定する結果、訴訟が無駄になるといったこともないため、上訴の取下げには訴えの取下げのように相手方の同意を要しない（292Ⅱにより261Ⅱは準用されていない。）。

③ 控 訴

1 控訴の提起

控訴は、判決書の送達を受けた日から2週間の不変期間内に、控訴状を第一審裁判所に提出してしなければならない（285・286Ⅰ）。控訴状には、当事者と法定代理人のほか、第一審判決の表示とその判決に対して控訴する旨を記載

しなければならないが（286Ⅱ）、不服の範囲の主張や控訴理由は必要的記載事項とはされておらず、仮に記載したとしても準備書面としての意味を有するにすぎない（規175）。控訴不可分の原則により、確定遮断の効力も移審の効力も原判決のすべてに生じ、控訴の提起としては、不服の範囲まで示すことは求められない。また、控訴状に第一審判決の取消しまたは変更を求める事由（判決の取消しまたは変更を求める際に根拠となる事由。不服申立ての範囲内の原判決の結論に影響を与える事実認定の誤りや法令解釈の誤り等。）の具体的な記載がないときは、控訴人は、控訴の提起後50日以内に、これらを記載した控訴理由書を控訴裁判所に提出することを要するが（規182）、控訴審の効率化のために政策上求められるものであって、控訴の適法要件ではなく、控訴審での審判の対象は、この控訴理由書の記載にも限定されず、口頭弁論で陳述すれば足り、不服の範囲は弁論終結に至るまで変更することができる（不服の範囲の限定と拡張）。

　控訴状を提出された第一審裁判所書記官は、控訴が適法なときは、遅滞なく控訴裁判所書記官に訴訟記録を送付する（規174）。控訴裁判所の裁判長は控訴状を審査し（288）、適式であれば被控訴人に送達する（289）。

2　控訴審の審理手続

（1）　続審制と更新権の制限

　控訴審の審理は、第一審の資料のうえに、上訴審の資料を加えて判決をする続審制により、第一審でなされた訴訟行為は控訴審でもその効力を有する（298）。第一審の審理を踏まえずに一からやり直す覆審制も、上告審におけるような、原判決の事実認定の拘束を受け（321Ⅰ）、第一審で提出された資料について、上訴審の裁判官がその手続と判断の誤りを審査するに止まる事後審制も控訴審では採られていない。

　控訴審の審判に必要な限度で、当事者は第一審における口頭弁論の結果を陳述しなければならない（296Ⅱ）。続審制の下では、控訴審の口頭弁論は第一審の続行であると捉えられることから、直接主義の要請により、その結果の上程を要することになる。これにより、第一審でなされた弁論、証拠調べその他の訴訟行為は控訴審でも効力を有し、控訴審における裁判の資料となる。よっ

て、裁判上の自白（179）、責問権の放棄（90）等については、撤回も、それに反する主張も認められない。しかし、申立て・申出が第一審において却下されていても、終局判決前の裁判であって控訴裁判所の判断を受けるものは（283）、変更され得る。

　また、続審制の下では、当事者は第一審で提出しなかった新たな攻撃防御方法を提出でき、これを更新権と言う。しかし、更新権を無制限に認めるならば、当事者は第一審の充実に努めず、訴訟遅延を招くおそれがある。そのため、控訴審手続には、第一審訴訟手続の規定が準用されており（297）、適時提出主義（156）が採られ、時機に後れた攻撃防御方法は却下される（157）が、時機に後れたかどうかの判断は、控訴審の弁論は第一審の続行である以上、第一審・控訴審を通じてなされる。また、控訴審において争点整理手続が行われた場合だけでなく（297）、第一審において争点整理手続が行われている場合にも（298Ⅱ）、控訴審における攻撃防御方法の提出は、相手方の求めがあるときは争点整理手続の終了前に提出できなかった理由を説明しなければならないとされる（167・174・178）。さらに、訴訟遅延防止のため、控訴状または控訴理由書に原判決の取消し、変更を求める具体的な理由の記載を求め、被控訴人にも反論書の提出を命ずることができ（規182・183）、また、攻撃防御方法の提出期間を定め、守らない当事者には裁判所に理由を説明させるものとしている（301）。

（2）　控訴審における訴訟行為と審級の利益

　我が国の上訴制度では三審制が採られており、判決効の生ずる事項につき、当事者は三審級にわたって攻撃防御を行い、また、それぞれ異なる裁判主体の審理を受けるべき手続上の地位が保障されている。これを審級の利益と言う。控訴審での新たな訴訟行為が認められるかどうかは、この審級の利益を害しないかの検討も要する。

　例えば、控訴審における訴えの変更については、訴えの変更は請求の基礎に変更がない限りで認められるものであるから（143）、事実上第一審の審理を受けていると考えられる限りは相手方の審級の利益を害するとは言えず（最判昭和29.2.26民集8巻2号630頁）認めてよい。また、審級の利益の放棄であると考えられる飛越上告（281）が認められていることからすれば、請求の基礎に変更

がある場合でも、相手方の同意または異議なき応訴があれば認められる。しかし、法律審である上告審においては、口頭弁論が開かれても訴えの変更はできない（最判平成14.6.11民集56巻5号958頁）。

　これに対し、控訴審における反訴の提起は、相手方の同意または応訴ある限りで認められる（300）。しかし、反訴についての相手方の審級の利益を保護する趣旨であることから、債務不存在確認を求める本訴に対し、その支払いを求める反訴のように、反訴の訴訟物について第一審で実質的な審理が行われている場合、あるいは控訴審で当事者参加をした参加人に対し参加被告が提起する反訴のように、審級の利益保護の必要のない場合には、この要件は不要である。

3　控訴審の判決

（1）　却　下

　上訴要件や訴訟要件を欠く等、控訴が不適法でその不備を補正することができないことが明らかであるときは、控訴状を受けた第一審裁判所が決定で控訴を却下する（287）。また、同じく控訴が不適法でその不備を補正することができない場合でも、第一審裁判所により却下されなかったときは、控訴裁判所が口頭弁論を経ずに判決で却下する（290）。ただし、審級管轄を誤り、控訴状が誤って上訴裁判所に提出されたような場合に、上訴期間を渡過し、上訴の機会を失うという不利益は、提訴期間を渡過した場合と変わらぬものと考えて、16条の趣旨を類推して移送を認めるべきである。

　控訴却下の判決に対しては上告が可能である（311 I ）が、その確定により、控訴による確定遮断の効力は生じなかったこととなり、控訴期間経過の時に原判決は確定したものと扱われる。

（2）　棄　却

　第一審判決を相当とするとき、また、理由が不当でも結論が相当であるときは、原判決を維持し、控訴棄却の判決をする（302）。

　訴えを不適法として却下する判決に対し控訴がなされ、控訴審が原判決を維持する判断をする場合にも、控訴棄却の判決をする（最判昭和34.6.16民集13巻6

号 718 頁）。また、棄却判決は口頭弁論に基づくことを要し、控訴審の口頭弁論終結時の状態で決する。よって、原判決時には不当でも、控訴審で新たな攻撃防御方法を斟酌し、原判決の主文と一致した結論となる限り、控訴は棄却される。例えば、売買代金支払請求訴訟において、原審では錯誤取消しを認めて請求を棄却したが、控訴審では契約は有効であるとしながら、弁済による消滅を認めて原判決の結論を維持するような場合である。また、第一審の訴訟手続違反についても、違反した手続をやり直し、または、除去して原判決を維持できる場合には、控訴は棄却となる。

　しかし、予備的相殺の抗弁を認めた請求棄却判決に対し、訴求債権の不成立等相殺以外の事由による請求棄却を求めて被告が控訴した場合に、控訴審では相殺以外の事由により請求を棄却すべきものと認めるときは、相殺の抗弁についての判断は、判決理由中の判断であっても既判力を生ずるため（114Ⅱ）、結論としての棄却に変わりがなくても、原判決を取り消し、あらためて請求棄却の判決をすべきである。同様に、訴えを不適法として却下した理由は不当であるが、他の理由でやはり不適法となるときは、訴え却下の結論に変わりはないが、既判力の内容を異にするため、原判決を取り消し、あらためて訴え却下の判決をすべきである。訴訟判決の既判力は、却下の理由とされた個々の訴訟要件についてのみ生じ、判決理由中でなされるその欠缺の判断は、主文と一体となり既判力の内容をなすからである。

　なお、控訴審において訴えの変更があり、新請求についての結論が原判決の主文と一致するとき、また、選択的併合でひとつの請求を認容した判決に対し被告が控訴し、他方の請求が認められると判断するとき等の場合に、控訴棄却とすべきか、原判決を取り消したうえで新たな判決をすべきかについても議論のあるところである（最判昭和 32.2.28 民集 11 巻 2 号 374 頁は、判断対象（訴訟物）を異にする場合には、主文の文言が同一であっても棄却とすべきではないとする。）。

　原判決を維持する控訴棄却の判決が確定すると、原判決も確定し、債務名義となる。既判力の基準時は控訴審の口頭弁論終結時である。

（3）　取消自判

【第一審判決の取消し】

　　控訴裁判所は、第一審判決が不当であるとき、すなわち、第一審判決の判断内容（事実認定、法適用）が誤っている場合、訴訟手続に重大な法律違反があるときは、第一審判決を取り消さなければならない（305）。ただし、上述のように、いずれの場合も控訴審の口頭弁論終結時を基準として、第一審判決を維持できるときは控訴を棄却することになり（302）、訴訟手続違反については、控訴審で違反した手続をやり直し、または、除去したうえで、第一審判決の結論を不当とする場合に取り消すことになる。ゆえに、訴訟手続の違反のみで取消し事由となるのは、手続違反が重大であり、当事者に第一審での弁論の機会が実質的に与えられたとはいえない場合に、事件を差し戻す（308）前提としてである。しかし、判決の成立過程（評決手続・判決書作成手続・判決言渡手続等、判決の成立過程を意味する。）が法律に反するときは、たとえ内容が正当であっても、原判決を維持することはできず、必ず取り消さなければならない（306）。

【自判とその範囲】

　　第一審判決が取り消された場合には、控訴審は第一審に代わり訴えに対し応答しなければならない。控訴審は事実審でもあることから、自ら訴えに対し裁判するのを原則とする。このように取消しと同時に自判することを「変更する」と言う。

　　控訴審へと移審するのは第一審判決全体であるが、自判するのは不服の範囲に限られ、不服なき部分について原判決は維持される。では、主位的請求を棄却し予備的請求を認容する判決に対し、原告のみが控訴した場合、被告のみが控訴した場合、控訴審が主位的請求を理由があると認めるときは、判決はどうなるのであろうか。予備的併合は、主位的請求の認容を解除条件として、予備的請求についてあらかじめ審判を申し立てるものであることから、裁判所は、主位的請求を認容するときは、予備的請求については判決してはならず（大判昭和16.5.23民集20巻668頁。この場合、全部判決となる。）、主位的請求を棄却するときは、必ず予備的請求について審判しなければならない（大判昭和11.12.18民集15巻2266頁）。よって、原告が主位的請求の棄却を不服として控訴し、裁判所

がこれを認めるときは、被告の不服申立てなくとも予備的請求認容部分も含めて原判決を取り消し、主たる請求を認容する判決をすべきである。

　これに対し、被告のみが予備的請求の認容を不服として控訴した場合には、控訴審の審判の範囲は予備的請求を認容した第一審判決の当否に限られ（最判昭和58.3.22裁判集民138号315頁）、主位的請求に対する原審の判断の当否は控訴審の審判の対象とはならないとするのが判例・多数説である。よって、控訴審は、主位的請求に理由があるから予備的請求は棄却となるとの判断であっても、原告の不服申立てなき限り、原判決の主位的請求を棄却する部分は維持されるが、予備的請求を認容する部分は取り消され、両敗けするという原告に酷な結果となる。

　しかし、選択的併合では、裁判所が請求のひとつを認容した場合には、予備的併合で主位的請求が棄却され予備的請求が認容された場合とは異なり、原告は、認容されなかった方の請求の認容を求めて控訴することは認められない。これは不服の利益の問題ではなく、併合形態が、どちらかを認めてくれというものであり、複数の請求のうちのひとつの請求の認容を解除条件として審判を申し立てるものであるためであり、附帯控訴も認められない。よって、予備的併合の場合とは異なり、そもそも原告に控訴も附帯控訴も認められない以上、被告のみが控訴をした場合にも、控訴審裁判所は他の請求についても審判の対象とし、原審判決を取り消し、他の請求を認容することができると解される。

　独立当事者参加訴訟においても、審判の範囲と原判決の取消しの可否は問題となる。この場合には、不利益（利益）変更禁止の原則と合一確定の要請とが衝突する（最判昭和48.7.20民集27巻7号863頁は、合一確定の要請を優先させ、不利益変更禁止の原則に例外を認めている。）。

（4）　差戻し

【訴え却下判決の取消し・差戻し】

　訴えを不適法として却下した原裁判所の判決を控訴裁判所が取り消す場合には、事件を第一審裁判所に差し戻さなければならない（307　必要的差戻し。また、訴えの取下げ、訴えの取下げの合意または訴訟上の和解を有効として訴訟の終了を宣言した判決も、訴え却下に準じて差し戻すべきである。）。この場合に控訴裁判所が自判する

と、本案について第一審を欠くことになるからであり、審級の利益の保護を趣
旨とする。

【訴え却下判決の取消自判と不利益変更禁止の原則】

したがって、第一審で十分に本案についても審理がなされている等、さらに
弁論をする必要がない場合には、差し戻さずに自判してもよいと例外を認める
（307但書）。例えば、原審の判決や訴訟記録から相当程度実体審理がなされてい
ることが明らかであり、審級の利益を害するおそれのない場合（大阪高判昭和
53.5.24 下民集 29 巻 5〜8 号 310 頁・33 巻 9〜12 号 1497 頁、同 40.11.29 訟月 12 巻 3 号 387 頁、
最判昭和 49.9.2 裁判集民 112 号 517 号等）には差し戻す必要はないと解される。

だが、訴えを不適法として却下した原裁判所の判決を控訴裁判所が取り消す
にあたって、さらに弁論する必要がないと自判する場合には、不利益変更禁止
の原則との関係が問題となる。すなわち、不適法として却下する判決が下さ
れ、原告のみが控訴し、被告が控訴も附帯控訴もしていない場合には、不利益
変更禁止により、裁判所は原判決を取り消し、請求認容判決はできても請求棄
却判決を下すことはできず、棄却すべき場合には、原判決を維持する控訴棄却
の判決とするしかないとされる（大判昭和 15.8.3 民集 19 巻 1284 頁、最判昭和 37.2.15
裁判集民 58 号 695 頁、高松高判昭和 44.3.7 下民集 20 巻 3〜4 号 111 頁、仙台高秋田支判昭和
48.8.29 高民集 26 巻 3 号 279 頁、最判昭和 49.9.2 裁判集民 112 号 517 頁、福岡高判昭和
52.10.24 判タ 362 号 334 頁、札幌高判昭和 53.11.15 判タ 377 号 92 頁）。

しかし、控訴棄却判決は、訴え却下の原判決を維持するものであり、既判力
ある紛争解決基準・実体的判断は得られない。請求に理由がないことが明らか
であるのに、不利益変更禁止の原則ゆえに請求棄却判決ができないというのは
不合理である。また、控訴棄却判決により維持される原判決は、訴えを不適法
として却下しているが、控訴審の審理の結果としては、訴えは適法であったの
である。不利益変更禁止の原則により、訴えは適法であるとの判断であるにも
かかわらず、不適法とした原判決を維持することになるのはやはり首肯し難
い。よって、不利益変更禁止の原則は、原判決が上訴人に認めた実体法上の地
位を奪うことを禁じたものと解し、この場合には、原判決は訴訟判決であり、
上訴人に何ら実体法上の地位を認めてはいないのだから、控訴審は請求棄却判

決をしても差し支えないと解すべきである。なお、この理は、控訴審で自判せずに差し戻された第一審裁判所が実体判決をする場合、また、被告のみが控訴し請求認容判決をする場合にも同様に妥当する。

【差戻し後の手続】

差戻し後の手続は、第一審手続の続行であり、新たな口頭弁論手続が開始されるが、従前の手続は、違法として控訴審判決により取り消（308Ⅱ）されない限りは有効である。また、第一審裁判所は、法律上の判断であると事実上の判断であるとを問わず、控訴審判決が取消しの理由とした判断に拘束される（裁4　最判昭和45.1.22民集24巻1号1頁）。さらに控訴があった場合には、控訴審もまた、取消しの理由とした判断に拘束される。

【任意的差戻し】

訴え却下判決を取り消す場合以外にも、事件につき、さらに弁論をする必要があるときにも、事件を第一審裁判所に差し戻すことができる（308Ⅰ　任意的差戻し）。審級の利益の保護の趣旨からして、さらに弁論をする必要があるときに認められる。控訴審が取り消さなければならない第一審判決の不当には、第一審判決の判断内容（事実認定、法適用）が誤っている場合、訴訟手続に重大な法律違反がある場合があるが、前者の場合には、例えば、法の解釈の不当により、弁論が十分でないと判断される場合等である。後者については、手続の違法により、当事者に第一審での弁論の機会が実質的に与えられたとは言えない場合である。任意的差戻しの場合には、差し戻すか否かの判断は控訴裁判所の裁量に委ねられる。ただし、その判断が著しく不当な場合、すなわち、第一審の弁論の必要が全く認められないにもかかわらず差し戻されたような場合、第一審の弁論期日に出頭する機会さえ与えられなかったが差し戻されないような場合には、裁量の範囲を逸脱し違法である。

第一審の訴訟手続の法律違反を理由として事件を差し戻したときは、違法を指摘された手続の部分は取り消されたものとみなされる（308Ⅱ）。この場合、控訴審でその手続をやり直し、または、除去したうえで自判し、第一審の結論を維持するなり、取り消すなりするのではなく、差し戻して第一審を再度続けることになったのであるから、差戻しの前提として、瑕疵ある手続を取り除く

必要があるからである。取り消されたものとみなされた部分については、差戻し後の手続の基礎とすることはできない。

【第一審の管轄違いを理由とする移送】

　管轄違いを理由として第一審判決を取り消すときは、判決で、事件を管轄裁判所へ移送しなければならない (309)。控訴審で主張できる第一審裁判所の管轄権の欠缺は専属管轄に限られ (299) るが、専属管轄に反するまま第一審の審理・判決が行われた場合には、管轄権を有する裁判所による第一審の審理の機会が与えられなければならず、控訴審裁判所は原判決を取り消し、原審裁判所に差し戻して第一審管轄裁判所に移送させる (16 I) ことになろうが、それでは迂遠であるので、直接第一審管轄裁判所へ移送させることにしたものである。また、移送の裁判が確定すると、訴訟は、始めから移送を受けた裁判所に係属したものとみなされ (22Ⅲ)、移送前に移送裁判所で行われた訴訟手続は、移送後も効力を有すると解するが、管轄違いによる移送の場合には、訴訟手続の違法を理由とする任意的差戻しの場合に、その部分の手続が取り消されるとの規定 (308Ⅱ) を類推適用し、管轄違いの第一審裁判所における訴訟手続は、すべて取り消されたことになると解される。

4　上　告

1　上告の意義

　上告とは、控訴審の終局判決に対する法律審への上訴である。ただし、高等裁判所が第一審となった場合 (311 I) や飛越上告の合意がある場合 (311Ⅱ) には、第一審終局判決に対し上告をすることができる。

　上告も上訴であることから上訴要件を具備しなければならない。加えて、上告審は法律審であることから、上告理由 (312) の存在を主張しなければならない。高等裁判所に対する上告は、判決に影響を及ぼすことが明らかな法令違反があることを主張する場合にも認められる (312Ⅲ) が、最高裁判所に対する上告は、憲法違反 (312 I) または絶対的上告理由 (312Ⅱ) を主張する場合に限られる。最高裁判所の負担軽減を理由とする。

上告理由を主張する場合には、上告権が認められ、上訴要件を充たし、上告が適法であるときは、上告裁判所は上告理由の存否について審判をする。

2　上告の提起

上告は、控訴審判決の送達を受けた日から2週間の不変期間内に（313・285）、上告状を原裁判所に提出してしなければならない（314）。上告状には、当事者と法定代理人のほか、原判決の表示とその判決に対して上告する旨を記載しなければならない（313・286Ⅱ）。

上告が提起されると、原裁判所の裁判長が上告状を審査し（314Ⅱ）、その後、原裁判所が上告の適法性を審査し（316Ⅰ）、不備が補正されないときは命令で上告状を却下し（314Ⅱ・288・137）、また、上訴要件を欠く等、上告が不適法でその不備を補正することができないことが明らかであるときも決定で上告を却下することができる（316）。上告状または上告が却下されなかった場合には、原裁判所書記官は、当事者に上告提起通知書を、被上告人には同時に上告状も送達する（規189）。

上告理由は上告状の必要的記載事項とはされていないが、記載されなかった場合には、上告人は、上告提起通知書の送達から50日以内に上告理由書を原裁判所に提出しなければならない（315Ⅰ、規194）。上告理由書が提出されない場合には、原裁判所は決定で上告を却下する（316Ⅰ②）。

上告状却下の命令または上告却下の決定があった場合を除き、事件は上告裁判所に送付され（規197Ⅰ）、上告審に移審する。事件の送付は、原裁判所の書記官が訴訟記録を上告裁判所の書記官に送付することによる（規197Ⅱ）。

3　上告理由

上告理由の存在が認められるときは、原判決が破棄される（325）。上告理由は、その主張が上告の適法性を基礎づける要件となるとともに、原判決破棄という上告認容判決を下すための要件であり、以下のものがある。

（1）　憲法違反

原判決の判断内容またはその基礎となった訴訟手続に、憲法の解釈の誤り、

その他の憲法の違反があるときは、上告理由となる（312 I）。それ以外の法令違反については「判決に影響を及ぼすことが明らか」であること、法令違反と判決の結論との間に因果関係が要求されているが、法体系上の憲法の優越性に鑑み、また違憲立法審査権の機能をより発揮させるために、判決に影響を及ぼす可能性がある限り、上告理由となると解される。

（2）　絶対的上告理由

手続法違反については、判決への影響が明らかでないことが多いため、重大な手続違反については判決の結論との因果関係を問わずに上告理由とした。絶対的とは判決への影響を問わないという意味である。

絶対的上告理由（312 II）には、①法律に従って判決裁判所を構成しなかったこと（例えば、口頭弁論に関与しない裁判官が判決に関与した場合（最判昭和 32.10.4 民集 11 巻 10 号 1703 頁、最判平成 19.1.16 裁判集民 223 号 1 頁）等）、②判決に関与できない裁判官の関与（例えば、除斥原因がある裁判官が判決に関与した場合等）、③専属管轄の違反、④法定代理権、訴訟代理権等の欠如（当事者が訴訟行為をすることができない状態、手続保障を欠くままに審理及び判決を受けた場合に拡張して解されている（最判昭和 58.5.27 裁判集民 139 号 23 頁）。）、⑤口頭弁論の公開違反、⑥判決の理由不備（主文を導き出す理由の全部または一部を欠くとき）、理由の食違い（論理的一貫性を欠き主文における判断を正当化するに足りないとき）がある。

（3）　法令違反

原判決の判断内容またはその基礎となった訴訟手続に憲法以外の法令違反があるときは、判決に影響を及ぼすことが明らかな場合に限り、上告理由となる（312 III・325 I 後段・II）。法令の解釈適用は裁判所の職責であるから、判断上の誤りについては、当事者の主張した上告理由に拘束されずに上告裁判所の審理の対象となるが、手続法違反については、職権調査事項以外は、上告理由に基づいてのみ調査される（320）。

法令違反には、廃止された法令や未施行の法令の適用、抵触法に反する法令の適用、そして、法令解釈違反と法令適用違反がある。法令適用違反は、認定された具体的事実によって法律要件が充たされるのかどうかの判断に誤りがあるような場合に問題となり得る。

経験則は、法令ではないが、経験則に反する判断がなされることは、経験則に基づき心証形成をしなければならない自由心証主義 (247) に反するものであって、法令違反であると解される。しかし、経験則違反がすべて上告理由となるわけではなく、高度の蓋然性ある経験則違反の場合に限り、上告理由となると解する。

（4）　再審事由

再審事由のうち、上告理由となっていない4号ないし10号が上告理由となるか否かについては議論がある。再審の補充性（338 I 但書）を根拠として上告理由となるとする見解もあるが、再審事由たる瑕疵と当該確定判決の結論との間の因果関係を、4号事由については不要であるが、裁判の基礎資料に関する瑕疵については必要であると解されることから、5号以下の再審事由を絶対的上告理由に準ずるものと解することはできず、上告受理申立理由となるに止まると解する。

4　上告受理制度の意義

憲法違反または絶対的上告理由がない場合でも、判例違反及び法令の解釈に関する重要な事項を含むことを主張して、最高裁判所に上告受理の申立てをすることができる（318 I）。法令違反を理由とする最高裁判所への上告が制限されていることから、設けられた制度である。最高裁判所の負担軽減と法令解釈の統一の要請の調和を図るものである。

5　上告受理申立ての手続

（1）　上告受理申立て

上告受理申立てについては、上告の規定が準用される（318 V）。

上告受理申立てを受けた原裁判所から事件の送付を受けた最高裁判所は、上告受理申立理由の存否を審理し、上告審として事件を受理するか否かを判断する。

上告受理申立理由とは、最高裁判所が上告審として事件を受理すべき事由である。法令の解釈に関する重要な事項が含まれる場合であり、原判決に最高裁

判所の判例（これがない場合には、大審院または上告裁判所若しくは控訴裁判所である高等裁判所の判例）と相反する判断がある場合が例として示されている（318Ⅰ）。最高裁判所の判断を示すことが法令解釈の統一のために必要と認められる場合に上告受理申立理由となると考えられる。

　なお、上告理由は上告受理申立理由とはならない（318Ⅱ）。上告と上告受理申立てはともにすることができるが、上告が上告期間内に提起されていても、上告受理申立期間後に上告受理申立てに変更することは許されない（最判平成12.7.14判タ1040号131頁）。

（2）　上告受理決定

　最高裁が上告受理申立理由の存在を認め、事件を受理するとの決定により、上告があったものとみなされる（318Ⅳ）。この場合に、上告受理申立理由として主張されたものは、重要でないとして排除された（318Ⅲ）もの以外は、上告理由とみなされる（318Ⅳ）。

6　上告審の審理・裁判

（1）　書面審理による裁判

　上告裁判所は、上告が不適法でその不備を補正することができないとき、上告理由書を提出しない等の場合には、決定で上告を却下することができる（317Ⅰ・316Ⅰ）。また、上告の理由が明らかに312条1項及び2項に規定する事由に該当しない場合には、決定で上告を棄却することができる（317Ⅱ）。いずれも決定であるから口頭弁論を開かないで行うことができる。以上のほか、上告状、上告理由書、答弁書その他の書類により、上告を理由がないと認めるときも、口頭弁論を経ないで、判決で上告を棄却することができる（319）。

　上告審は法律審であるため、口頭弁論を要さずに判断できる場合が多いことと負担の軽減を理由とする。

（2）　口頭弁論による裁判

　書面審理による裁判が認められる場合以外、したがって、上告を認容し、原判決を破棄する場合には、口頭弁論を実施しなければならない（87Ⅰ）。

　口頭弁論は、当事者が原判決の変更を求める限度においてのみ行われ（313・

296Ⅰ)、不服申立ての限度においてのみ原判決を破棄することができる（313・304）。

　上告裁判所は、主張された上告理由のみ調査をする（320）が、法令の解釈適用は裁判所の職責であるから、実体法の解釈適用の誤りである判断上の過誤については、当事者の主張した上告理由に拘束されずに上告裁判所の審理の対象となる。手続上の過誤についても、職権調査事項については上告理由として主張されていなくても調査しなければならない（322）。

　上告審は法律審であるから、原判決において適法に確定した事実に拘束される（321Ⅰ）。ただし、職権調査事項については、必要な場合には上告審が事実認定をする（322）。

　審理の結果、上告裁判所が、上告に理由がないと判断する場合には、判決により上告を棄却する。上告に理由があるとき、判決に影響を及ぼすことが明らかな法令の違反があると認められるときは、原判決を破棄し、原裁判所に差し戻し、または、これと同等の他の裁判所に移送しなければならない（325Ⅰ・Ⅱ）のが原則である。例外として、事件が原裁判所の確定した事実に基づき裁判をするのに熟し、さらに事実審理を要しない場合（326①）には上告裁判所自らが事件につき裁判する（破棄自判）。また、事件が裁判所の権限に属しないことを理由として判決を破棄するときも自判しなければならない（326②）が、その趣旨は、職権調査事項については自ら事実認定をすることができる（322）ため、差し戻さずともよいということであるから、2号の場合に限らず、訴訟要件の欠缺の場合には自判するものと解されている。

（3）　差戻し、移送後の裁判

　差戻しまたは移送を受けた裁判所は、新たに口頭弁論を開き、裁判しなければならない（325Ⅲ）。差戻審は従前の口頭弁論の再開であり、続行である。だが、原判決に関与した裁判官は、差戻審の裁判に関与することはできない（325Ⅳ）ので、直接主義の要請から弁論の更新を行わねばならない（249Ⅱ）。

　また、差戻しまたは移送を受けた裁判所は、上告裁判所が破棄の理由とした事実上及び法律上の判断に拘束される（325Ⅲ）。この拘束力は同一手続内にのみ及ぶ、審級制度を維持するための特殊な効力であり、差戻し後の判決に対し

上告がなされた場合には、その上告審をも拘束する（最判昭和 46.10.19 民集 25 巻 7
号 952 頁）。

　拘束される法律上の判断とは、破棄判決が直接の理由とした原判決による法
の解釈または適用を否定した判断である。これに対し、事実上の判断とは、上
告裁判所が自らすることができる事実認定であり、本案たる事実に関する判断
には拘束されない（最判昭和 36.11.28 民集 15 巻 10 号 2593 頁）。よって、差戻審が再
度の審理によって差戻し前と異なる事実認定をすることは妨げられず、その場
合には、破棄理由たる判断と異なる法規の適用を行う結果となっても違法では
なく（最判昭和 43.3.19 民集 22 巻 3 号 648 頁）、破棄判決の法律上の判断の拘束力は
失われる。

索　引

著者紹介

小嶋　明美（こじま　あけみ）

早稲田大学法学部卒業。北京大学法律系（普通進修生）、早稲田
大学大学院法学研究科博士前期課程、同後期課程にて学ぶ。
博士（学術）
現在、創価大学法科大学院教授
著書に、
『現代中国の民事裁判―計画から市場へ、経済改革の深化と民事
　　裁判―』（成文堂）がある。

民事訴訟の仕組みと理論［改訂版］

2014 年 2 月 20 日　初　版第 1 刷発行
2024 年 1 月 30 日　改訂版第 1 刷発行

著　者　小　嶋　明　美

発行者　木　村　慎　也

印刷　中央印刷／製本　和光堂

発行所　株式会社　北樹出版

〒153-0061　東京都目黒区中目黒 1-2-6
電話（03）3715-1525（代表）　FAX（03）5720-1488